요즘 제주

요즘 제주

프롤로그

요즘 제주에 대체 뭐가 있는데요?

6년 전 <요즘 제주> 초판을 출간한 후 제주 도민을 만나게 되면 이런 말을 하곤 한다. "제주 여행에 관한 건 무엇이든 제게 물어보세요." 물론 반은 농담이다. 하지만 또 반은 진담이다. 아무리 제주 출신이고 현재 제주에 살고 있어도 하루가 멀다 하고 달라지는 제주의 변화 속도를 따라잡기란 그리 쉬운 일이 아니기 때문이다. 제주 여행서에 '요즘'이라는 제목을 붙인 것은 게으르지 않겠다는 독자와의 약속이자 일종의 모험이기도 했다. 물론 때론 힘들었다. 하지만 매년 꾸준한 업데이트로 그 약속을 지켜왔고 명멸하는 숱한 제주 책 가운데서 큰 사랑을 받으며 6돌을 맞게 된 것이 감사하고 스스로 대견하다.

○

바다로, 맛집으로, 오름으로, 치열하게 제주를 여행했다. 그 사이 우도 산호사해수욕장은 서빈백사로, 다시 산호해수욕장이라는 다른 이름으로 불리게 되었다. 어제는 햇살 와랑와랑했던 바다가 태풍이 상륙한 오늘 미친 듯이 포효하는 것을 지켜보았고, 폭설로 교통대란이 일어났을 때 제주의 눈보라 돌풍이 그렇게 사납다는 것도 처음 알았다. 로컬푸드 맛집을 워낙 많이 찾아다니다 보니 처음엔 길쭉한 고구마처럼 보였던 제주도가 지금은 오동통한 해삼으로 보인다. 또 제주도 지도는 습관처럼 내 머릿속에서 시계로 변신하곤 한다. 성산일출봉은 3시, 서귀포는 6시 방향이다.

○

숱하게 제주도에 드나들면서 이 책에 대한 또렷한 목표의식을 갖게 되었다. 넘쳐나는 정보의 홍수 속에서 여행의 밑그림을 그리게 해주는 책, 여행의 맥을 짚어주는 책, 바로 그것이다. 감성에 기대는 에세이 스타일도 진부하고, 온갖 정보 때려 넣은 백과사전 스타일도 따분하다. 꼭 필요한 정보만 담되, 이왕이면 사진은 시원시원하고 글은 간단명료했으면 했다. 한 곳의 여행지를 여러 각도에서 입체적으로 보여주기 위해, 되도록 여러 번 가보고 오래 머무르며 수없는 확인 과정을 거쳤다. 그리고 "제주 여행 갈 건데 요즘 어디가 좋아?" 내지는 "꼭 먹어봐야 할 음식은 뭐야?"라고 묻는 후배에게 "그건 말이야~"하며 침 튀기며 신나게 알려주는 기분으로 쓰려고 노력했다.

○

트렌디한 스폿을 담고자 노력했지만 그렇다고 고전적인 여행지를 배제하지는 않았다. 진부한 여행지나 맛집이라도 오랜 세월 여행자들이 찾는 이유가 분명 있을진대, 그 전통은 가볍게 무시할 만한 게 아니었다. 다행히도 기대를 저버리지 않은 곳도 있었지만 때론 고민스럽기도 했다. <수요미식회> 패널들이 맛있다고 극찬한 맛집이었지만 도무지 원고에 적을 말이 떠오르지 않아 대략 난감한 적도 있었다. 두 작가조차도 같은 음식점에 가서 맛이 있네 없네, 끝없이 옥신각신했다. 맛의 기준이 천차만별이니 그런 거다. 하지만 숙소는 <대한민국 펜션여행 바이블>을 펴내며 전국 2000여 곳의 펜션을 뒤져 베스트 70여 곳을 뽑아낸 내공을 발휘했다. 사실 여행 갈 때 숙소만큼 고민스러운 것도 없다. 여행자의 주머니 사정과 일행, 취향에 따라 고를 수 있도록 도미토리에서 펜션, 글램핑과 카라반에 특급호텔까지 고루 섞고자 노력했다.

○

가고 또 가도 도무지 물리지 않는 마력의 섬, 제주. 가슴이 버석거릴 때 굳이 해외 배낭여행을 떠나지 않아도 제주도가 충분히 영혼을 촉촉하게 축여준다. 그래서 투명에 가까운 블루 컬러의 바다가 보고 싶을 때, 진득한 고기국수가 갑자기 당길 때, 한잔 쭉 들이켜면 하하 웃음이 나는 진한 커피를 마시고 싶을 때, 간질간질한 소녀 감성으로 메마른 가슴을 적시고 싶을 때면 저렴한 항공권을 찾고 있는 나를 발견한다. 우리에게 제주도가 있어서 참, 다행이다. 그러니 떠날 수 있는 한 시시때때로 떠나시라. 그 여행길에 <요즘 제주>가 동행하여 똑소리 나는 가이드 역할을 할 수 있다면 더 바랄 게 없으리라.

코로나19 특집

국내에 코로나19의 여파가 미치기 시작했던 2020년 초에 누가 짐작이나 했을까? 이토록 끈질기게 우리의 일상과 건강을 위협하는 강적과 싸우며 살아야 한다는 것을. 코로나19로 많은 것이 변했지만 특히 여행은 더욱더 그렇다. 우리 일상의 커다란 활력소였기에 마음 가는 대로, 발길 닿는 대로 떠날 수 있었던 지난날이 꿈만 같다.

특히 해외 여행은 거의 마비 상태인데 한국에 들어오는 외국인 관광객은 코로나19 이전에 비해 1% 수준이라 한다. 관광산업의 비중이 큰 일부 유럽 국가들이 나서서 전자 백신 여권(트래블 패스)이나 코로나19 음성 확인을 전제로 상호 입국 금지 조치를 해제하거나 격리 조치를 완화하는 비격리 여행권역(트래블 버블) 도입을 적극 찬성하고 있지만 이 역시 산 넘어 산인 상황. 몇 년이 지나야 다시 예전처럼 해외 여행을 할 수 있을지는 아무도 모른다.

그나마 해외 여행에 비하면 국내 여행은 숨통이 약간 트인 상황이라 다행이다. 2020년 11월 이후 본격화된 3차 대유행이 길어지고는 있지만 이제는 거리두기 단계별 안전여행 수칙을 지키는 일도 일상화되어 있고 백신 접종이 순조롭게 이루어지면 더욱 여행이 활성화될 것이다.

이번 개정판에는 코로나19 유행이 지속하는 상황 하의 과도기적, 예외적인 여행 정보들을 꼼꼼히 수정했다. 그러나 여행지나 맛집, 카페, 숙소 역시 거리두기 단계에 따라 탄력적으로 운영하기 때문에 이 책이 나올 때쯤이면 또 상황이 바뀌어 있을지도 모른다. 여행을 떠나기 전에 반드시 홈페이지를 확인하거나 전화 문의해볼 것을 권한다.

문화체육관광부와 한국관광공사에서 권장하는 다음의 '거리두기 단계별 안전여행 가이드'를 참고하면 보다 안전하게 여행할 수 있겠다.

(2021.2.15. 개정)

거리두기 단계별 안전여행 가이드

korean.visitkorea.or.kr 033-738-3552

구분	1단계 생활방역	1.5단계 지역사회	2단계 유행 단계	2.5단계 전국적 유행 단계	3단계
개념	생활 속 거리두기	지역적 유행 개시	지역 유행 급속 전파, 전국적 확산 개시	전국적 유행 본격화	전국적 대유행
교통수단	●마스크 착용	●온라인 예매 권장	●마스크 착용	●교통수단 내 음식 섭취 금지 ※ 2.5단계부터는 KTX, 고속버스 등이 50% 이내로 예매 제한될 수 있음	
실내 관광지*	●마스크 착용 및 출입 시 방역 협조 ●다른 이용자와 최소 1m이상 거리두기 ●저층 이동 시 엘리베이터보다는 계단 이용		●1-1.5단계 기본 지침(가이드) 준수 ●밀집 여행지 특히 방문 자제	●가급적 방문 자제	●원칙적 방문 제한 ※국공립 시설 운영 중단 ※놀이시설·워터파크 운영 제한 및 집합금지
실외 관광지**	●마스크 착용 및 출입 시 방역 협조 ●다른 이용자와 최소 1m이상 거리두기 ●실외에서도, 사람이 밀접한 여행지의 경우 개인 방역 특히 유의 (마스크 상시 착용, 대화 자제, 손 소독 등)				
음식점	●마스크 착용 및 출입 시 방역 협조 ●혼잡 시간대 피해서 이용 ●주문 음식이 나오기 전까지 마스크 착용 ●카페 음료 테이크아웃 권장		●가급적 외식을 자제하고, 이용 시 포장 이용 ※수도권의 경우, 2단계 시 식당·카페 매장 이용은 22:00까지 가능		
쇼핑	●마스크 착용 및 출입 시 방역 협조 ●실내 공간에서 오랜 시간 머무르지 않기 ●혼잡한 시간대와 사람이 몰리는 공간 피하기			●쇼핑 시설 방문 자제 ●온라인 통한 주문 권장 ※3단계 시, 백화점 등 대규모 점포 운영 제한 및 집합금지	
숙박시설	●마스크 착용 및 출입 시 방역 협조 ●객실 내부 환기 후 사용 ●텐트나 캠핑카 숙박 시에도 실내 환기 후 사용			●가급적 이용 자제 ●이용 시 거리두기 및 방역에 특히 유의	

*실내 관광지 : 박물관, 미술관, 전시관, 공예, 요리, 악기 체험 등
**실외 관광지 : 명승지, 한옥마을, 짚라인, 루지, 패러글라이딩, 번지 점프 등

목차

프롤로그 **4**
코로나19 특집 **6**
제주 여행 교통 정보 **16**

PART 1
한눈에 보는 **요즘 제주**

요즘 제주 미리 보기 **22** • 요즘 제주 숙소 **24** • 요즘 제주 별미 **28**

PART 2
취향 저격 제주 여행

THEME

1 돌고래 여행 **36**
2 말과 초원 여행 **38**
3 숲 트레킹 여행 **40**
4 오름 여행 **42**
5 첫 올레길 여행 **44**
6 바다 체험 여행 **46**
7 섬 여행 **48**
8 재래시장 여행 **50**
9 감귤밭 체험 여행 **52**
10 핑크뮬리 여행 **54**
11 미술관 여행 **56**
12 건축물 여행 **58**
13 해변 여행 **60**
14 드라이브 여행 **62**
15 감성사진 여행 **64**
16 카페 여행 **66**
17 맥주 여행 **68**
18 키즈존 여행 **70**
19 동네 책방 여행 **72**
20 디자인 소품숍 여행 **74**
21 럭셔리 여행 **76**
22 빈티지 여행 **78**

SPECIAL THEME

〈효리네 민박〉 속 여행지 **80**

COURSE

1 뒹굴고 만들고 즐기는 2박 3일 가족 여행 **84**
2 알콩달콩 셀카놀이 2박 3일 커플 여행 **86**
3 도란도란 깔깔깔 2박 3일 친구랑 여행 **88**
4 외롭지만 외롭지 않아 2박 3일 나 홀로 버스 여행 **90**
5 바람돌이 되어 제주 한 바퀴 2박 3일 스쿠터 일주 여행 **92**
6 더 늦기 전에 2박 3일 부모님과 여행 **94**

PART 3
제주시 중심권

제주시 중심권 버킷리스트 10 **98** • 제주시 중심권 지도 **100**

SIGHTS

넥슨컴퓨터박물관 **102**
아라리오뮤지엄 **103**
수목원테마파크 **104**
국립제주박물관 **105**
제주도립미술관 **106**
브릭캠퍼스 제주 **107**
도두항 & 이호테우해변 **108**
용담이호해안도로 **109**
제주마방목지 **110**
한라수목원 **111**
절물자연휴양림 **112**
산지등대 **113**
알작지 **113**
삼양검은모래해변 **114**
신비의 도로 **114**
삼성혈 **115**
제주목 관아 & 관덕정 **115**
제주러브랜드 **116**
두맹이 골목 **116**

FOOD

제주태백산 **117**
순옥이네명가 **118**
아루요2 **119**

돌하르방식당 **120**
우진해장국 **121**
칠돈가 **122**
자매국수 **123**
마구로하브동 **124**
모살물횟집 **125**
제주김만복 **126**
참직한 멜국수 **127**
김희선제주몸국 **128**
쿠쿠아립 **129**
웅스키친 **130**
관덕정분식 **131**
미친부엌 **132**
바그다드 **133**
갯것이식당 **134**
제주시새우리 **135**
와르다레스토랑 **135**
대우정 **136**
올래국수 **136**
일통이반 **137**
서문뒷고기 **137**
맥파이 브루어리 **138**
제스피 **139**
덕인당보리빵 **139**

CAFE

니모메빈티지라운지 **140**
아날로그감귤밭 **141**
커피파인더 **142**
미쿠니 **143**
아라파파 **144**
그러므로 **145**
메종드쁘띠푸르 **145**

SHOP

동문재래시장 **146**
제주시민속오일시장 **147**
바이제주 **148**
더 아일랜더 **148**
모퉁이옷장 **149**
아코하루 **149**

STAY

빌림 **150**
비아제주 카페 & 스테이 **151**
타오하우스 **151**
숨 게스트하우스 **152**
신라스테이 제주 **152**
롯데시티호텔 제주 **153**
메종글래드호텔 제주 **153**

PART 4
제주시 동부권

제주시 동부권 버킷리스트 10 **156** • 제주시 동부권 지도 **158**

SIGHTS
김녕요트투어 **160**
에코랜드 **162**
비밀의숲 **163**
세계자연유산센터 &
거문오름 **164**
하도어촌체험마을 **165**
제주라프 **166**
메이즈랜드 **167**
김녕미로공원 **168**
렛츠런팜제주 제주목장 **169**
김녕금속공예벽화마을 **170**
제주돌문화공원 **170**
제주조천스위스마을 **171**
해녀박물관 **171**
함덕해수욕장 **172**
월정리해변 **173**
세화김녕해안도로 **174**
김녕해수욕장 **175**
사려니숲길 **176**
제주교래자연휴양림 **178**
산굼부리 **179**
비자림 **180**
만장굴 **181**
용눈이오름 **182**
다랑쉬오름 **183**

아부오름 **183**
1112번 삼나무숲길 **184**

FOOD
해녀의부엌 **185**
만월당 **186**
훈남횟집 **187**
곰막식당 **188**
명진전복 **189**
세러데이아일랜드 **190**
종달리엔 엄마식당 **191**
치저스 **192**
쉬림프박스 **193**
해녀촌 **194**
선흘곶 **195**
문어아저씨 **195**
성미가든 **196**
벵디 **196**

CAFE
북촌에가면 **197**
풍미독서 **198**
카페록록 **199**
카페 동백 **200**
카페공작소 **201**
월정리Lowa **202**

풍림다방 **203**
그계절 **204**
토끼썸 **205**

SHOP
벨롱장 **206**
세화오일장 **208**
만춘서점 **209**
달리센트 **210**
나나이로 & 아코제주 **211**
소심한책방 **211**

STAY
언니네여인숙 **212**
하도리보통날 **213**
하도리1091 **214**
무이비엔 **215**
렌소이스 게스트하우스 **216**
마 메종 **217**
비젠빌리지 **218**
그대봄 **219**
자넷앤캐시 **219**
아쿠아뷰티크 **220**
디스이즈핫 **220**
스테이 프롬제이 **221**
소낭 게스트하우스 **221**

PART 5
제주시 서부권

제주시 서부권 버킷리스트 10 224 • 제주시 서부권 지도 226

SIGHTS
한림공원 228
렛츠런파크 제주 229
아르떼뮤지엄 230
9.81 파크 231
유리의성 232
더럭초등학교 & 연화지 233
테지움 제주 234
제주도립김창열미술관 234
그리스신화박물관 235
제주현대미술관 235
협재해수욕장 & 금능으뜸해변 236
한담해안산책로 238
곽지과물해변 239
신창풍차해안도로 240
하귀애월해안도로 241
귀덕해안도로 & 한림항 241
차귀도 242
차귀도 배낚시 242
차귀도요트 243
환상숲곶자왈공원 244
노꼬메오름 245
새별오름 246
금오름 247
성이시돌목장 테쉬폰 247

수월봉 지질공원 248
새별오름 나홀로나무 248

FOOD
밥깡패 249
수우동 250
문쏘 251
맛있는 폴부엌 252
문동일셰프의 녹차고을 253
신의한모 254
바다제비 255
하이월드 256
명리동식당 257
피어22 257
보영반점 258
금능포구횟집 258
제주맥주 259
우유부단 259

CAFE
몽상드애월 260
카페 봄날 261
우무 262
명월국민학교 263
크래커스 264

앤트러사이트 제주 265
유람위드북스 266
키친오즈 267
제주돌창고 268
하우스레시피 269
망고레이 269

SHOP
베리제주 270
디자인에이비 271

STAY
어랭이비치 & 어랭이퐁낭 272
청수리아파트 273
텔레스코프 274
제주무이 275
달숲하우스 276
에코힐글램핑 276
피우다 게스트하우스 277
게스트하우스 정글 277

11

PART 6
서귀포시 중심권

서귀포시 중심권 버킷리스트 10 **280** • 서귀포시 중심권 지도 **282**

SIGHTS
요트투어 샹그릴라 **284**
마린스테이지 **285**
여미지식물원 **286**
감귤박물관 **287**
서귀포유람선 **288**
서귀포잠수함 **289**
조안베어뮤지엄 **290**
녹차미로공원 **290**
왈종미술관 **291**
세계조가비박물관 **291**
제주 테디베어뮤지엄 **292**
박물관은 살아있다 **292**
제주유리박물관 **293**
아프리카박물관 **293**
이중섭미술관 & 거주지 **294**
엉덩물계곡 **294**
중문색달해변 **295**
제주해양레저 **296**
디스커버제주 **297**
쇠소깍 **298**
천제연폭포 **299**
정방폭포 & 소정방폭포 **300**
천지연폭포 **301**
외돌개 & 황우지 **302**
돈내코유원지 **303**
대포주상절리 **304**
서귀포항 & 새연교 **304**
엉또폭포 **305**
서건도 **305**

FOOD
칠십리고기완자 **306**
더 파크뷰 **307**
수희식당 **308**
용이식당 **309**
덕성원 **310**
삼보식당 **310**
제주할망뚝배기 **311**
다정이네 **311**
향원복집 **312**
낭낭회센타 **312**
사우스바운더 **313**

CAFE
바다다 **314**
더클리프 **315**
베케 **316**

제주에인감귤밭 **317**
서홍정원 **318**
유동커피 **319**
테라로사 제주 **320**
봉주르마담 **321**
이정의댁 **321**

SHOP
서귀포매일올레시장 **322**
리틀포레스트 **323**
숨비아일랜드 **324**
제스토리 **324**

STAY
히든클리프호텔 & 네이처 **325**
마가렛펜션 & 앤티크카페 **326**
헤이 서귀포 **327**
호텔 더본 제주 **327**
미도호스텔 **328**
밸류호텔서귀포JS **328**
제주신라호텔 **329**
롯데호텔제주 **329**

PART 7
서귀포시 동부권

서귀포시 동부권 버킷리스트 10 **332** • 서귀포시 동부권 지도 **334**

SIGHTS
성산일출봉 **336**
섭지코지 **338**
유민미술관 **339**
아쿠아플라넷 제주 **340**
조랑말체험공원 **341**
보롬왓 **342**
빛의 벙커 **343**
휴애리 **344**
제주동백수목원 **345**
제주허브동산 **346**
목장카페 드르쿰다 &
드르쿰다 in 성산 **347**
김영갑갤러리 두모악 **348**
성읍민속마을 **348**
남원큰엉 **349**
표선해비치해변 **349**
백약이오름 **350**
따라비오름 **351**
졸띠유채밭 **352**
신풍 신천바다목장 **352**

FOOD
맛나식당 **353**
공새미59 **354**
공천포식당 **355**
가시식당 **356**
성산회관 **357**
그리운바다 성산포 **358**
가시아방국수 **359**
주어코지국수창고 **360**
로이앤베이 **360**
시흥해녀의집 **361**
띄미 **361**
무주항 **362**
정다운김씨네 **362**

CAFE
아줄레주 **363**
오르다 **364**
동백포레스트 **365**
카페 서연의집 **366**
카페 EPL **367**
신산리 마을카페 **367**
간이옥돔역 **368**
카페숑 **368**

SHOP
라바북스 **369**
B일상잡화점 **369**
쁘띠동백 **370**

STAY
어라운드폴리 **371**
인디언썸머 **372**
달1037 **373**
신플토산 **374**
플레이스 캠프 제주 **375**
ILO SUITE **376**
호텔창고 **377**
소원재 **378**
르페도라펜션 **379**
슬로우트립 **379**
하마다 게스트하우스 **380**
모구리야영장 **380**
휘닉스 제주 섭지코지 **381**
해비치호텔&리조트 **381**

PART 8
서귀포시 서부권

서귀포시 서부권 버킷리스트 10 **384** • 서귀포시 서부권 지도 **386**

SIGHTS
- 오설록티뮤지엄 **388**
- 카멜리아힐 **390**
- 제주항공우주박물관 **392**
- 제주신화월드 **393**
- 마린파크 **394**
- 헬로키티아일랜드 **395**
- 세계자동차 & 피아노박물관 **396**
- 수풍석뮤지엄 **397**
- 피규어뮤지엄 제주 **398**
- 뽀로로앤타요 테마파크 **399**
- 파더스가든 **400**
- 바이나흐튼 크리스마스박물관 **400**
- 본태박물관 **401**
- 소인국테마파크 **401**
- 방주교회 **402**
- 서귀포 김정희 유배지 **402**
- 대평마을 **403**
- 모슬포항 **403**
- 송악산 **404**
- 산방산 & 산방굴사 **405**
- 사계어촌체험마을 **405**
- 용머리해안 **406**
- 형제해안도로 **407**
- 안덕계곡 **408**

FOOD
- 제주고로 **409**
- 월정리갈비밥 **410**
- 스모크하우스 인 구억 **411**
- 홍성방 **412**
- 덕승식당 **413**
- 산방식당 **414**
- 진미명가 **415**
- 춘미향식당 **416**
- 사계의시간 **417**
- 서광춘희 **417**

CAFE
- 풀베개 **418**
- 원앤온리 **419**
- 마노르블랑 **420**
- 와토커피 **421**
- 스테이위드커피 **422**
- 인스밀 **423**
- 소자38 **424**
- 사계생활 **424**

SHOP
- 이듬해봄 **425**

STAY
- 제이앤클로이 **426**
- 라림부띠끄호텔 **427**
- 젠하이드어웨이 제주 **428**
- 더머뭄 **429**
- 제주아올 **429**

PART 9
제주의 섬

우도 432

SIGHTS

우도 보트투어 435
산호해수욕장 436
우도봉 & 우도등대 437
검멀레해변 & 동안경굴 438
우도 비양도 439
하고수동해변 439

FOOD

호로락 440
풍원 441
회양과 국수군 442

SHOP

밤수지맨드라미 443

마라도 446

SIGHTS

국토최남단비 448
마라도등대 448
마라도성당 449

FOOD

마라도 짜장면 449

가파도 450

SIGHTS

가파도 청보리밭 452
가파도 올레길 452
낚시 & 바릇체험 453

FOOD

가파도 용궁정식 453

비양도 454

SIGHTS

비양도 산책로 456
비양봉 등대 456
비양도 기암 457

FOOD

호돌이식당 457

CAFE

하하호호 444
안녕, 육지사람 445

STAY

노닐다 게스트하우스 445

PART 10
한라산

COURSE

성판악 탐방로 460
관음사 탐방로 461
영실 탐방로 462
어리목 탐방로 463
돈내코 탐방로 463

PART 11
올레길

COURSE

올레길 1코스 468
올레길 6코스 470
올레길 7코스 472
올레길 8코스 474
올레길 10코스 476
올레길 14코스 478
올레길 20코스 480

한라산 · 올레길 지도 482

제주 여행 교통 정보

제주로 가기

비행기 타고 가기

2~3개월 전에 예약하는 얼리버드 티켓이 저렴하다는 것은 삼척동자도 안다. 그런데 갑자기 사흘 후인 주말에 제주도에 가야 한다면? 부지런히 여러 사이트를 비교하며 마우스품을 파는 수고를 감수하자. 제주도 티켓깨나 예약해본 작가가 귀띔해주는 깨알 팁.

> **TIP**
>
> 1. 스카이스캐너, 와이페이모어, 카약닷컴 등의 항공권 가격 비교 사이트에서 검색한다. 자체 검색 엔진이 최저가 순서대로 가격을 제시해준다. 실시간으로 가격을 알려주며 바로 예매할 수 있어 편리하다.
> - 스카이스캐너 www.skyscanner.co.kr
> - 와이페이모어 www.whypaymore.co.kr
> - 카약닷컴 www.kayak.com
>
> 2. 소셜커머스를 활용하자. 소셜커머스 업체와 항공사, 여행사와의 제휴로 대폭 할인된 가격의 항공권이 자주 나온다. 쿠차를 이용하면 소셜커머스의 항공권을 한 번에 모아 보여준다.
> - 쿠차 www.coocha.co.kr
>
> 3. 땡처리 항공권 사이트를 이용하면 출발이 임박한 항공권을 저렴하게 구입할 수 있다.
> - 땡처리닷컴 www.ttang.com
> - 땡처리항공닷컴 www.072air.com
>
> 4. 항공사마다 파격적인 프로모션을 할 때가 있지만 금방 동이 난다. 평소 항공사의 SNS 계정을 팔로우해놓으면 유용한 할인 정보를 빛의 속도로 얻을 수 있다.

배 타고 가기

항공편을 확보하기 어렵다면 배 타고 가는 수밖에. 낭만도 있고 경험도 풍지민 사실 문제는 수도권에서 배 타고 제주까지 가려면 시간이 너무 많이 걸린다는 것이다. 제주 가는 배편은 주 3회 운항하는 부산을 비롯해 목포, 여수, 완도, 고흥(녹동), 해남(우수영) 등에서 이용할 수 있다. 차량을 꼭 가지고 들어가야 하거나 항공편 예약이 어려울 때 최선의 배편 이용 팁은 다음과 같다.

> TIP

1. 제주 배편 티켓 사이트는 온라인 티켓 예약이 가능하고, 통상 3% 정도의 할인 혜택도 있다. 코로나19 상황인 요즘 각 선사마다 파격적인 할인 혜택을 제공하기도 하니 홈페이지를 꼼꼼히 체크해볼 것.

- **제주배닷컴** www.jejube.com
  목포, 완도, 여수, 고흥(녹동), 해남(우수영), 부산
- **가자제주닷컴** www.gajajeju.com
  부산, 목포, 완도, 여수, 고흥(녹동)
- **배부킹** www.vebooking.co.kr
  부산, 목포, 완도, 여수, 고흥(녹동), 해남(우수영) 등

2. 수도권에서 출발한다면 서울역, 용산역, 광명역 등에서 출발하는 KTX를 타고 여수엑스포역이나 목포역에서 내려 각 지역 항구의 크루즈를 연계해서 제주에 갈 수 있는 레츠코레일의 레일십을 이용하는 방법도 있다. KTX와 선박이 통합된 One-ticket 여행 바우처로 발행되며, 각각의 티켓을 구입했을 때보다 30~40% 저렴한 가격에 이용할 수 있다.

- **레츠코레일** www.letskorail.com

3. 우선적으로 고려할 것은 저렴한 것보다 운항 시간이 짧은 것. 운항 시간이 길어질수록 체력이 소진되고 여행 시간은 짧아진다.

4. 자동차를 선적해야 한다면 넉넉한 시간을 두고 알아볼 것. 차량 선적이 불가능한 배도 있고, 배마다 선적할 수 있는 자동차 수가 한정되어 있기 때문이다.

제주에서 여행하기

렌터카

효율적인 제주 여행을 위한 최선의 선택은 역시 렌터카. 더욱이 여럿이 함께라면 편리하고 경제적인 렌터카를 마다할 이유가 없다. 포털 사이트에서 '제주 렌터카'로 검색하면 다양한 렌터카 업체가 뜬다. 일일이 가격 비교를 할 시간이 없다면 한번에 렌터카 업체를 모아 비교해주는 제주패스렌터카 사이트를 살펴보는 것도 좋다. 테슬라 전기차나 BMW컨버터블 같은 럭셔리 수입차부터 착한 가격의 경차까지 제주 내 80여 개 렌터카 업체의 다양한 차량이 주르륵 뜬다. 대인, 대물, 자손, 자차 보험이 포함된 차량은 좀 더 가격이 높긴 하지만 안전을 생각한다면 추천. 공항 주차장에 렌터카 영업소가 있어 바로 픽업할 수 있는 업체보다 셔틀버스를 타고 이동해야 하는 업체가 좀 더 저렴하다. 운전면허증은 필수, 단거리만 이용한다면 최소 30분부터 10분 단위로 이용할 수 있는 쏘카를 이용하는 것도 한 방법이다. 코로나19로 인해 가족이라면 8인, 그 외 5인 이하로 인원 제한을 두기도 한다.

- 제주패스렌터카 www.jejupassrent.com 1544-0445
- 쏘카(제주공항점) www.socar.kr 1661-3315

스쿠터

제주 여행 붐이 일기 시작하던 2010년대 초반만 해도 자전거나 스쿠터를 타고 제주도 해안선을 따라 한 바퀴 도는 것이 여행자의 로망이자 젊음의 상징이었다. 4000여km를 완주하자면 사나흘이 꼬박 걸리던 자전거 여행은 무척 고단했던 것도 사실. 자전거보다 기동성도 좋고 야성적인 매력이 넘치는 스쿠터 여행이 한때 붐이었으나, 요즘 그 열기가 예전만 못하다. 자전거, 스쿠터, 버스의 장점을 렌터카가 몽땅 흡수한 모양새. 하지만 스쿠터로 바닷바람을 맞으며 해안도로를 달리는 쾌감은 다른 어떤 교통수단으로 대체 불가하다. 스쿠터로 제주 일주를 하려면 우선 그날의 종착 지점에 숙소부터 예약하자. 무엇보다 운전이 아직 미숙하다면 너무 무리하게 달려야 닿을 수 있는 위치는 피할 것. 코스 중간중간 가고 싶은 여행지를 선택하면 되는데 한라산이나 중산간 지역은 겨울이 아니라도 안개가 끼고 비가 내리는 등 예측불허의 날씨 때문에 시야 확보가 힘들 수 있다는 것을 감안해야 한다.

버스

제주도 버스 여행은 제주를 느리게 여행한다는 데 의미를 찾을 수 있지만, 솔직히 짧은 여행 일정을 효율적으로 활용하기는 어렵다. 더구나 편안함은 포기해야 한다. 기본적으로 관광객보다는 제주 현지인을 위한 노선이기 때문에 서일주, 동일주 노선을 타더라도 가고 싶은 여행지까지 또다시 버스를 갈아타야 하거나 때론 많이 걸어야 하는 경우도 생긴다. 특히 하루에 일정 횟수 이상 운행하지 않는 버스를 이용한다면, 버스를 놓치지 않기 위해 여행을 다소 포기해야 하는 일도 생긴다. 무엇보다 마지막 버스를 놓치고 예약한 숙소에 가시 못하는 불상사만큼은 반드시 막을 것. 하지만 한 번쯤 가볍고 여유로운 마음으로 버스 여행의 낭만을 누리고자 한다면 시도해봄 직하다.

TIP

1. 제주시 공식 앱 '제주버스정보'와 포털사이트 '다음', '네이버' 지도 앱은 버스를 탈 때, 버스에서 내려 목적지를 찾아갈 때 유용한 앱이다.

2. 제주시외버스터미널과 서귀포신시외버스터미널 두 군데가 시·종착점이다.

3. 버스 여행 일정을 짤 때는 숙소와 식당을 먼저 결정한 다음 여행 동선을 최대한 단순화시킨다.

4. 버스에 탑승하면 기사님에게 목적지를 꼭 확인하자. 현금, 티머니, 후불 교통카드를 사용하고, 환승 시에는 할인 요금이 적용된다.

5. 제주시나 서귀포시 중심권에서 벗어난 곳에서 버스가 끊겼다면, 구간 요금이 적용되는 콜택시를 부르는 편이 낫다. 콜택시는 타는 곳이 아니라 가고자 하는 목적지를 기준으로 부르는 것이 다소 저렴할 수 있다.

- 5.16 콜택시 064-751-6516
- 성산콜택시 064-784-8585
- 표선콜택시 064-787-7733
- 남원콜택시 064-764-9191
- 서귀포OK콜택시 064-732-0082
- 중문콜택시 064-738-1700
- 안덕콜택시 064-794-1400
- 모슬포콜택시 064-794-5200
- 한경콜택시 064-772-1818
- 애월콜택시 064-799-9007
- 하귀콜택시 064-713-5003

PART 1

한눈에 보는
요즘 제주

핫 플레이스가 하루가 다르게 늘고 있는 제주. 핑핑 도는 제주의 속도를 따라잡는 게 숨 가쁘지만, 달라진 제주를 여행하기 위해선 분명 새로운 여행법이 필요할 터. 직접 살을 부대끼며 체득한 여행 노하우를 가감 없이 털어 '요즘 제주'를 한눈에 파악하는 미리 보기 서비스를 제공한다. 본격 여행에 앞서 눈으로 훑어가며 지금까지와는 사뭇 달라진 제주를 만나보시라.

요즘 제주 미리 보기

1. 제주 여행이 쉬워지는 6개 권역 분류

제주, 생각보다 넓고 갈 곳도 많아졌다. 예전과는 확연히 다른 압도적 스폿 수 덕에 멀리 이동하지 않아도 충분히 만족스러운 여행을 할 수 있다. 이런 여행자의 니즈를 반영해 <요즘 제주>는 '제주시 중심권 · 동부권 · 서부권, 서귀포시 중심권 · 동부권 · 서부권'으로 권역을 6개로 세분화했다. 잘게 쪼갠 만큼 깊이 있게 분석하고 담았다.

제주시 중심권

제주시 서부권

서귀포시 중심권

서귀포시 서부권

일러두기

이 책에 실린 정보는 2021년 5월까지 이루어진 정보 수집을 바탕으로 합니다. 정확한 정보를 싣고자 노력했지만, 끊임없이 변하는 현지의 물가와 코로나19 등의 상황에 따라 여행 정보에 변동이 있을 수 있습니다. 도서를 이용하면서 불편한 점이나 틀린 정보에 대한 의견은 아래 메일로 제보 부탁드립니다.

RHK 출판사 hjchoi@rhk.co.kr

SNS에 없는 취향저격 제주 여행법

제주에 왔으면 오름에 올라 두 눈 가득 바다 전경을 담아보고, 바닷가 카페에서 커피 한잔하는 것도 잊으면 안 되겠다. 요즘 대세인 제주발 크래프트 비어도 만나보자. 이 모든 로망을 22가지 테마 여행법과 6가지 코스로 안내한다. '오름·돌고래·숲 트레킹·카페·맥주·핑크뮬리' 등 가장 핫한 키워드와 꼼꼼한 코스로 여행하자.

'진짜'만 가려낸 명소·맛집·카페·숍·숙소

때로는 계절을 달리 해 여러 번 가보고, 때로는 오래 머물며 여러모로 뜯어보았다. 여기에 소개된 모든 스폿은 작가가 직접 눈으로 확인하고 진짜만 쏙쏙 뽑아낸 것. 그렇게 신중히 고른 스폿을 'SIGHTS(명소)·FOOD(맛집)·CAFE(카페)·SHOP(숍)·STAY(숙소)'로 나누어 소개한다

'요즘 제주 베스트 130' 휴대용 전도

제주에서 꼭 가봐야 하는 진짜배기 130곳을 추려 폴더 지도에 담았다. 온라인 지도의 갑갑함을 날려버리는 510 x 350mm의 시원시원한 사이즈. 본문 안에는 각 권역별 지도를 삽입해 권역 내 모든 스폿을 한눈에 보여준다. 지도 보는 법은 간단하다.
● = 명소&숍, ● = 맛집&카페, ● = 숙소.

요즘 제주 숙소

제주 여행에서 가장 간직하고픈 순간을 꼽으라면, 숙소에 돌아와 친구와 막걸리 한 병을 사이좋게 나눠 마시며 도란도란 얘기꽃을 피우던 때다. 멋진 풍경에 감탄하고 맛있는 음식을 온종일 탐해도 결국 가장 행복한 순간은 숙소에 돌아와 샤워하고 푹 쉴 때가 아니던가. 근래 몇 년간 제주 숙소는 다양한 여행자의 욕구를 반영해 급격히 변화하고 있다. 숙소는 단지 잠을 자는 공간을 넘어 또 다른 여행의 시작. 개성 만점 숙소들의 괄목할 만한 성장과 변화가 제주 여행의 트렌드를 이끌고 있다.

도미토리에서 **호텔형 게스트하우스**로

숙소는 여행 패턴에 따라 민감하게 변화한다. 올레길을 걷거나 자전거, 스쿠터 여행이 한창일 때는 도미토리 형태의 게스트하우스가 우후죽순 늘었지만, 지금은 다소 좁더라도 우리만의 오붓한 공간을 선호하는 추세. 이런 여행자의 성향을 반영해 도미토리의 벙커 침대를 빼고 2인실로 개조하거나 슈퍼싱글 침대 딱 하나만 들어가는 아담한 사이즈의 1인실도 생겨났다. 요즘에는 아예 욕실이 딸린 2인실 규모의 프라이빗한 공간을 제공하고 부대시설인 카페에서 조식을 제공하는 경우도 많다. 덕분에 10만 원대의 가성비 좋은 숙소가 많아졌다.

개성으로 무장한 **독채 렌털하우스**의 등장

집 하나를 온전히 빌려주는 독채 렌털하우스는 제주에서 가장 많이 늘어난 숙소 형태다. 처음에는 오래된 제주 전통가옥을 리모델링해서 마당을 포함한 집을 빌려주는 형태였는데, 요즘에는 주인장의 개성을 반영한 단독주택을 새로 지어 통째로 빌려준다. 가격대는 일반 펜션에 비해 높은 편이지만 우리만의 별장 같은 느낌이라 선호도가 높다. 가족 단위나 친구 여럿이서 내 집처럼 편안하게 바비큐 등을 해먹으며 즐기기 좋다.

3. 스파에 풀빌라, 캠핑까지 **펜션의 진화**

펜션의 가장 큰 특징은 취사가 가능한 주방이 딸려 있다는 점. 하지만 여기에 그치지 않고, 제트 스파나 개인 풀장 등 럭셔리한 수(水) 공간을 갖춘 펜션이 인기를 끌고 있다. 그간 풀빌라는 일반 여행지에기에 다소 문턱이 높은 것도 사실이었는데, 객실과 풀장 규모를 다소 줄여 착한 가격에 즐기는 '미니 풀빌라'가 그 대안이 되기도 한다. 캠핑 테마를 숙소에 도입해 차별화를 이룬 곳도 눈에 띈다. 자연을 온전히 즐길 수 있도록 설계된 것은 물론이고 카라반을 갖추거나 데크, 잔디밭에 캠핑 사이트를 구축할 수 있어 다양한 선택이 가능하다.

4. **키즈 펜션**의 인기

아이와 함께인 가족 여행자들이 증가하면서 키즈 펜션의 인기도 수직 상승 중이다. 숙소에 아이를 위한 수영장, 트램펄린 등의 놀이시설을 비롯해 각종 놀잇감, 식기류, 상비약, 유아 욕조, 젖병 소독기까지 갖춰져 있어 아이 짐을 확 줄여서 한결 가벼운 몸으로 여행할 수 있다.

만족도 100%의 숙소 고르기

여행 계획을 세울 때 교통편 예약 다음으로 중요한 것이 숙소 선택이다. 사실 맛집이나 여행지는 그다음이다. 여행의 만족도를 결정하는 데 꽤나 큰 비중을 차지하기에 십자가를 지고 숙소를 예약하는 이의 어깨가 무거울 수밖에. 그러나 잘만 고르면 일행으로부터 폭풍 칭찬이 쏟아진다. 여행 스타일과 목적, 일행에 따라 내게 꼭 맞는 숙소 고르기.

코로나19 걱정 뚝!
언택트 숙소

제아무리 입 딱 벌어지는 뷰와 SNS에서 자랑하고픈 인피니티 풀이 있으면 뭘 하나. 펜데믹 시대인 요즘은 코로나19로부터 안전하게 즐기는 여행이 최고다. 우리끼리 오붓하게 쉴 수도 있고, 마음의 부담을 덜 수 있는 언택트 숙소들.

예) 빌림 p150, 텔레스코프 p274, 어라운드폴리 p371, 심플토산 p374, ILO SUITE p376

여자 혼자라도 안심
나 홀로 묵기 좋은 숙소

홀로 여행하는 '혼행족'들이 안심하고 이용할 수 있는 숙소. 깔끔한 룸 컨디션은 기본, 1인실 단독룸을 갖추고 있거나 별도의 공간에 여성 전용 객실을 두어 더욱 안전에 신경 쓴 곳들도 있다.

예) 하마다 게스트하우스 p380, 슬로우트립 p379, 미도호스텔 p328, 숨 게스트하우스 p152

방해받고 싶지 않아
프라이빗 커플 숙소

오로지 둘만을 위한 조용한 숙소. 분위기 있는 객실 인테리어는 기본, 카페가 딸려 있어 조식이나 차를 제공하기도 한다. 간혹 아이가 있는 손님을 받지 않아 가족 여행자가 이용할 수 없는 곳도 있다.

예) 심플토산 p374, 제주무이 p275, 인디언썸머 p372, 하도리보통날 p213, 제이앤클로이 p426

우리끼리 오붓하고 편안하게
가족·친구와 묵기 좋은 숙소

온전한 우리만의 공간에서 식사도 직접 준비하고 바비큐도 즐기면서 내 집처럼 편안하게 이용할 수 있는 독채 렌털하우스.

예) 빌림 p150, 어랭이비치&어랭이퐁낭 p272, 그대봄 p219, 무이비엔 p215

에메랄드빛 제주 바다가 코앞
바다를 즐기는 숙소

바닷가 바로 앞이거나 바다와 매우 가까워 제주다움을 한껏 느낄 수 있는 숙소.

예) 어랭이비치 & 어랭이퐁낭 p272, 젠하이드어웨이 제주 p428, 마 메종 p217, 제이앤클로이 p426, 아쿠아뷰티크 p220

정성껏 차린 아침으로 든든하게
조식이 맛있는 숙소

정성스레 마련해주는 조식 덕분에 아침부터 식당을 찾지 않아도 여행의 시작이 충분히 든든한 숙소다.

예) 그대봄 p219, 렌스이즈 게스트하우스 p216, 디스이즈핫 p220, 스테이 프롬제이 p221, 하마다 게스트하우스 p380

느긋하게 떠나도 돼. 접근성 굿
공항 이동이 편리한 숙소

공항까지의 거리가 가까워서 제주의 마지막 밤을 여유 있게 즐기기 좋다. 비행기 시간에 맞추느라 서두르지 않고 느긋하게 꿀잠 자고 공항으로 향할 수 있다.

예) 비아제주 카페&스테이 p151, 숨 게스트하우스 p152, 타오하우스 p151, 롯데시티호텔 제주 p153

놀잇감. 유아용품. 놀이시설 짱짱한
아이를 위한 숙소

각종 놀잇감과 유아용품을 비롯해 트램펄린, 수영장 등을 갖춘 온전히 아이를 위한 숙소다. 굳이 관광지를 따로 찾지 않더라도 숙소 내 시설을 활용해 놀기 편리하다.

예) 자넷앤캐시 p219, 제주아올 p429

숙소에서 모두 해결
호텔 & 리조트

대규모 시설 투자로 객실, 레스토랑은 물론 수 공간, 쇼핑, 갤러리 등을 갖춘 숙소. 각종 서비스와 편의시설을 두루 누리고 싶을 때 선택하면 좋다.

예) 제주신라호텔 p329, 롯데호텔제주 p329, 해비치호텔 & 리조트 p381, 히든클리프호텔 & 네이처 p325, 호텔 더본 제주 p327

요즘 제주 별미

불과 몇 년 전만 해도 올레꾼을 위한 올레길 맛집, 자전거 & 스쿠터족을 위한 해안도로 맛집이 관심거리였다. 그러나 요즘은 기존에 사랑받던 토종 별미와 더불어, 제주 이민자들이 내놓은 어반 & 킨포크, 혹은 일본 가정식 스타일의 퓨전 요리 맛집이 함께 사랑받고 있다. 양쪽 모두 싱싱한 제주 로컬푸드를 재료로 하는 것은 공통점. 특히 새롭게 떠오르고 있는 신흥 맛집들은 돌문어, 딱새우, 전복 등 제주의 특산물로 멋스럽게 세팅한 비주얼로 SNS 인증샷을 유발, 홍보 효과를 톡톡히 누리고 있다.

제주에서 꼭 맛봐야 할 **토종 별미**

흑돼지구이

고기 자체의 쫄깃함은 물론 비계까지도 구우면 사각사각한 식감이 별미라 버릴 게 없는 제주 흑돼지. 이런 흑돼지를 두툼하게 구워 멜젓(멸치젓)을 찍어 먹는 것이 제주 스타일이다. 제주식 돼지구이는 근고기, 뒷고기 등으로 구분하기도 하는데, 근고기란 근 단위로 판다 해서 붙여진 이름으로 불판 위에 통째로 얹어 굽는 게 특징. 뒷고기는 여러 설이 있지만 돼지를 부위별로 정향한 후 남은 자투리 고기라는 설이 일반적이다. 뒷고기는 가격이 저렴한 편.

흑돼지 : 가시식당 p356 / 정다운김씨네 p362 / 제주태백산 p117
근고기 : 칠돈가 p122 / 뒷고기 : 서문뒷고기 p137

두루치기

고추장 양념을 한 돼지고기에 파무침, 콩나물무침, 무생채 등을 한데 넣어 볶아 먹는 DIY 스타일의 서민 음식이다. 내륙에서 즐겨 먹는 주물럭과 비슷한 맛으로 저렴한 가격에 양도 푸짐하다. 다만 불판 위에 모든 재료를 얹어서 내는 내륙식과 달리, 제주식 두루치기는 각 재료를 따로 내놓아 취향에 맞게 조절해서 볶아 먹는다.

용이식당 p309 / 서문뒷고기 p137

고기국수

돼지 뼈와 잡고기를 푹 고아낸 뽀얀 국물에 중면을 말고 그 위에 돔베고기를 얹어 낸다. 멸치국수와 달리 묵직한 국물이 포만감을 주는데, 예전에 제주에서 먹었던 고기국수는 국물이 진하고 느끼한 편이었다면 요즘은 여행자의 입맛에 맞춰 조금 더 순화된 편. 역시 서민적인 착한 가격을 고수한다.

자매국수 p123 / 올래국수 p136 / 가시아방국수 p359 / 주어코지국수창고 p360

물회

제주 사람들은 원래 그때그때 잡은 활어와 해산물을 숭덩숭덩 썰어 된장 육수에 시원하게 말아 먹는 물회를 즐겼다. 특히 제철의 자리돔물회와 한치물회는 변함없는 인기. 요즘은 육지 사람들의 입맛에 맞춰 오리지널 된장 베이스보다는 고추장이나 고춧가루를 첨가한 육수에 전복, 뿔소라 등을 썰어 넣는 물회가 인기를 얻고 있다.

순옥이네명가 p118 / 공천포식당 p355 / 금능포구횟집 p258 / 수희식당 p308

생선회

자연산이 널린 제주라 우럭이나 광어 같은 양식 물고기는 횟감으로 껴주기도 힘들다. 횟감의 황제라 칭하는 다금바리를 비롯해 옥돔, 방어, 벵에돔, 참돔, 갈치, 고등어, 한치가 제주도 인기 횟감. 한상 제대로 차려내는 횟집이나 가성비 좋은 실비 횟집 중 취향껏 골라서 맛보자. 재래시장 수산물 코너에서 만원 단위로 포장해가는 방법도 있다.

진미명가 p415 / 모살물횟집 p125 / 그리운바다 성산포 p358 / 동문재래시장 p146 / 서귀포매일올레시장 p322

회국수

삶은 국수에 채소와 두툼하게 썬 회를 얹고 매콤달한 소스를 끼얹어 함께 비벼 먹는 회국수. 잿방어나 갈치 같은 제철 활어를 아낌없이 쓰고 면발 역시 두툼한 편이라 육지의 것보다 식감이 뛰어나다.

해녀촌 p194 / 곰막식당 p188 / 회양과 국수군 p442

해물뚝배기

전복, 딱새우, 꽃게 등을 뚝배기에 푸짐하게 넣고 집된장을 베이스로 한 육수를 부어 삼삼하고 시원하게 끓여낸 해물탕. 해물뚝배기 맛집들은 당일 아침에 공수한 신선한 해산물과 집된장의 황금비율 레시피를 무기로 하고 있다.

제주할망뚝배기 p311 / 삼보식당 p310 / 순옥이네명가 p118

보말 음식

제주 사람들은 고둥과의 보말 중 비교적 깊은 바닷속에서 자라는 수두리보말을 최고로 친다. 이것을 삶아 알맹이만 꺼낸 다음에 창자째 박박 주물러 육수를 낸다. 이 육수를 쌀과 함께 뭉근히 끓여낸 보말죽, 미역과 함께 끓인 보말국, 칼국수 면발을 넣어 끓인 보말칼국수 등으로 먹는다. 국물이 구수하고 담백하며 먹고 나서 속도 편하다.

갯것이식당 p134 / 일통이반 p137 / 춘미향식당 p416 / 호돌이식당 p457

갈치 요리

제주산 갈치는 거울로 써도 좋을 만큼 눈부신 은빛 비늘이 특징이다. 그물이 아닌, 주낙이라는 낚싯법으로 잡아 올리기에 은빛 비늘이 온전히 살아 있다. 고등어와 함께 비린내의 대명사(!)인 갈치이지만, 제주에서 갓 잡은 갈치는 맑은 갈칫국이나 회로 먹어도 전혀 비리지 않고 담백하며 고소하다. 물론 소금 톡톡 뿌려 구워도 맛있고, 빨간 양념에 조려도 맛있다. 다만 예전처럼 많이 잡히지 않기 때문에 가격이 천정부지로 오르는 것이 안타까울 뿐.

덕승식당 p413 / 수희식당 p308 / 맛나식당 p353

몸국

'몸'은 모자반의 제주 말. '몸'이라는 이름 때문인지 많이 먹으면 몸이 매우 튼튼해질 것만 같은 갈조류다. 실제로 모자반은 칼슘이 풍부해 골다공증에 좋은 것으로 알려져 있다. 제주에서 잔칫날 잡은 돼지와 순대를 삶고 난 육수에 모자반과 메밀가루를 넣어 끓인 것이 몸국이다. 모자반의 진득한 성분과 메밀가루가 수프 같은 식감을 만들어내며 해장에도 좋아 한 그릇 훌훌 넘기고 나면 속이 편안하다.

김희선제주몸국 p128 / 가시식당 p356 / 우진해장국 p121

모닥치기

국물이 있는 떡볶이에 김밥, 튀김, 만두, 김치전 등을 한데 얹어 국물에 찍어 먹는 떡볶이 모둠이다. '모닥치기'는 제주 말로 '여럿이 함께 힘을 합친다'는 뜻. 사실 육지에서 떡볶이, 튀김, 김밥을 함께 시켜서 떡볶이 국물에 찍어 먹는 맛과 무엇이 다른지는 알 길이 없으나 언제 가도 모닥치기 집 앞은 문전성시다.

동문재래시장(사랑분식) p146 / 서귀포매일올레시장(새로나분식) p322

오메기떡

오메기술의 밑떡으로 쓰였던 오메기떡은 차조 가루로 만든 제주 향토 떡이다. 팥 앙금이 든 쫄깃한 떡의 겉면에 통팥을 묻힌 것을 기본으로, 땅콩과 호박씨 같은 견과류를 묻힌 것 등의 몇 가지 버전이 있다. 동문재래시장과 서귀포매일올레시장에 각각 유명한 떡집들이 있으나 요즘은 포장을 고급화한 다른 떡집들도 주목받고 있다.

동문재래시장(진아떡집) p146 / 서귀포매일올레시장(제일떡집) p322

핫하게 떠오르는 **신흥 별미**

딱새우 요리

유독 제주에서 많이 난다는 딱새우는 딱딱한 껍질 때문에 '인건비도 안 나오는' 흔한 식재료로 주로 국물 내는 데 쓰였다. 그런 딱새우가 요즘 웬만한 고급 요리에 빠지지 않는 대표적인 제주 로컬 푸드로 급부상. 각종 요리의 메인 재료로 쓰고 회로도 먹는다. 알고 보면 달달하고 쫄깃한 데다 감칠맛도 그만이다. 새우, 인생역전이다.

피어22 p257 / 세러데이아일랜드 p190 / 공새미59 p354 / 훈남횟집 p187

돌문어 요리

돌문어는 어떤 요리에 들어가도 존재감이 두드러진다. 주로 칼국수, 짬뽕, 짜장, 볶음밥 위에 통째로 올라가 비주얼을 담당한다. 일반 문어에 비해 작고 단단하고 쫄깃한 게 특징. 주로 해녀들이 깊은 바닷속에 들어가 잡기 때문에 가격이 높은 편이지만, 특유의 식감이 좋고 제주다운 식재료라는 인상이 강해 여행자들의 입맛을 자극한다. 작은 돌문어는 라면 등에 투하해 요리의 격을 높이기도 한다.

벵디 p196 / 문어아저씨 p195 / 성산회관 p357

제주 커리

제주 로컬푸드를 재료로 하여 '제주다움'을 강조하는 커리가 좋은 반응을 얻고 있다. 일본 가정식 스타일의 일품요리로 콩이나 토마토 같은 부재료를 넣어 달달하고 부드럽게 조리한다. 고추를 듬뿍 넣어 매콤하게, 혹은 우유와 크림을 넣어 고소한 맛을 즐기기도 한다. 더불어 소박하고 단아한 '킨포크+일본' 스타일의 인테리어로 젊은 여행자들에게 어필하고 있다.

종달리엔 엄마식당 p191 / 밥깡패 p249 / 문쏘 p251

수제 햄버거

단순해 보이지만 한 끼 식사로 부족함이 없는 수제 햄버거로 유명해진 맛집들이 있다. 위로 높이 쌓아올거나, 접시만큼 크게 옆으로 늘리는 등 상상을 불허하는 비주얼로 승부하기도 하고, 흑돼지 같은 제주 로컬푸드나 숙성 마늘 등 차별화된 재료로 어필하기도 한다. 신선한 패티와 채소, 특제 소스로 여행자들의 입맛을 사로잡고 있다.

풍미독서 p198 / 하하호호 p444 / 스모크하우스 인 구억 p411 / 사우스바운더 p313

> 천연발효빵

이스트를 사용해 만든 일반 빵을 먹고 속이 더부룩한 경우가 많았는데, 발효종을 이용해 저온숙성으로 발효시킨 천연발효빵은 많이 먹어도 속이 편안했다. 자연에 가까운 이 발효빵의 인기는 제주에서 특히 대단하다. 그 가운데는 홍차밀크잼으로 줄 세우는 집도 있다. 책에 소개한 대표 베이커리는 물론이고, 제주에서 내로라하는 천연 발효 빵집들이 더 있는데 모두 소개하지 못해 아쉽기만 하다.

아라파파 p144 / 메종드쁘띠푸르 p145

> 우도땅콩아이스크림

토질, 햇빛, 바람의 삼박자가 꼭 맞아 한 해 땅콩 수확량이 220톤에 달하는 우도에서 땅콩아이스크림을 맛보지 않으면 섭섭하다. 검멀레해변 앞에서 우도 땅콩을 듬뿍 얹어주는 지미스와 뿔소라이트 체험을 무료로 할 수 있는 뽀요요 카페가 원조 경쟁을 벌이고 있다. 선택은 여행자의 몫!

검멀레해변(지미스&뽀요요 카페) p438

> 당근케이크

단맛이 강한 구좌 당근을 이용한 홈베이킹 스타일 당근케이크를 처음 유행시킨 것은 하우스레서피. 요즘에는 조금씩 다른 개성의 당근케이크들이 출사표를 던지며 맛의 지도가 바뀌는 중이나. 카페에서 사이드 메뉴로 당근케이크를 내놓기도 하는데 커피보다 더 이름난 경우도 있다.

하우스레서피 p269

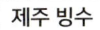

> 제주 빙수

말차, 당근, 한라봉, 감귤, 망고, 오메기떡 등 독특한 재료로 차별화한 빙수들이 제주에 줄을 잇고 있다. 한라산, 오름, 일출봉, 금능바다 같은 제주의 자연을 형상화한 빙수도 나타났다. 제주의 모든 빙수를 다 맛보려면 하루 세 번씩 먹는다 해도 일주일은 더 걸릴 듯.

오설록티뮤지엄 p388 / 제주돌창고 p268

> 제주 특산빵

재래시장에서 앙증맞은 비주얼을 뽐내는 제주 특산빵의 인기가 범상치 않다. 동문재래시장에는 해녀 모양의 빵 속에 자색고구마 앙금을 넣은 '좀녀빵'이, 서귀포매일올레시장에는 돌하르방 모양의 작은 빵에 귤잼을 넣은 귤하르방빵이 독보적 인기! 선물로도 안성맞춤인데, 너무 귀여워서 먹기 미안한 것이 고민이라면 고민.

동문재래시장(좀녀빵) p146 / 서귀포매일올레시장(귤하르방빵) p322

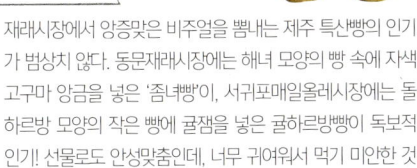

PART 2

취향 저격
제주 여행

해외여행을 밥 먹듯이 다니는 여행의 고수에게도 제주의 아기자기한 매력은 비교 불허! 가고 또 가도 절대 물리는 법이 없는 매력 덩어리다. 바다, 숲, 섬, 오름, 올레길에서 돌고래, 말, 미술관, 건축물, 재래시장, 감귤밭, 카페, 맥주까지 여행자를 설레게 하는 22가지 키워드를 완벽히 분석했다. 여기에 일행에 따라, 상황에 따라, 취향대로 골라 즐기는 6가지 코스까지 숙지하면 실패 없는 제주 여행 완벽 보장!

THEME
01

돌고래 여행

바다의 물 강아지
돌고래 만나기

꺅~꺅~ 소리를 지르는 명랑한 돌고래는 다섯 살 아이와 비슷한 지능을 가졌다고 한다. 울산에서 고래 만나러 떠나는 배를 탄 적이 있는데 고래는 아니 오고 기다림에 지쳐 졸다 깨다가 막을 내렸다. 그런데 제주에서는 의외로 돌고래가 자주 목격된다.

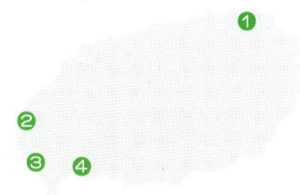

☑ 추천 돌고래 여행지

❶ 김녕요트투어 p.160
야! 돌고래다! 수족관이 아닌 너른 바다에서 돌고래를 만나는 것은 진정 가슴 벅찬 일이다. 요트를 따라 오는 돌고래 세 마리가 아니 글쎄, 나를 보고 웃고 있지 않는가! 이건 바다에 사는 돌고래가 아니라 우리 강아지하고 똑 닮았다.

❷ 차귀도요트 p.243
단 한 번 만남으로 마음을 온통 빼앗겨버린다. 생명력 넘치는 돌고래의 몸짓에 우리 몸속의 엔돌핀이 폭발한다. 행복한 돌고래를 보면 우리도 그만 행복해진다. 또한 돌고래처럼 유연하게 스노클링도 하고 낚시도 즐길 수 있다. 자, 차귀도로 떠나자! 돌고래 만나러.

❸ 디스커버제주 p.297
우리는 알고 있다. 돌고래는 바다에서 살아야 한다는 것을. 가장 자연스럽고 행복한 돌고래를 만나보고 싶은 열망을 충족시키는 야생 돌고래 탐사 프로그램. 야생 돌고래가 자주 출몰하는 동일리 포구에서 50분간 진행된다.

❹ 마린파크 p.394
돌고래를 만져보면 어떤 느낌일까? 실제로 만져보니 매끄러운 고무공 같다. 사람을 워낙 잘 따른다는 돌고래를 만져보고 눈도 맞추고 뽀뽀도 할 수 있고 함께 수영도 즐길 수 있는데, 금세 정이 들어 집으로 데려오고 싶을 지경.

THEME 02 말과 초원 여행

말도 안 되게
말이 흔한 제주

제주가 아니라면 사실 말을 이렇게 가까이서 흔하게 볼 수 있는 곳이 국내에 또 있을까? 몽골이라면 모를까. 말이란 동물을 찬찬히 뜯어보면 참 멋지기 이를 데 없다. 잘 단련된 근육질 몸매에 역광을 받아 눈부시게 흩날리는 갈기와 맑은 호수 두 개를 박아 넣은 듯 영롱한 눈망울! 말과 눈 맞춤하면서 콧잔등을 쓰다듬다 보니 가수 이문세가 퍼뜩 떠오르는 것은….

☑ 추천 말과 초원 여행지

❶ 렛츠런파크 제주 p.229

동물원이 따로 없는 제주에서 아이와 함께 나들이 가기 좋다. 입장료 2000원이면 아이들은 승마 체험이 가능하고 놀이기구도 다양하다. 때는 주말, 함께 동심에 빠져들기 힘든 삭막한 어른이라면 재미 삼아 경마 한 게임.

❷ 제주마방목지 p.110

눈이 폭신하게 쌓였을 때 천연 썰매장으로 변신하는 제주마방목지. 한가롭게 풀을 뜯는 토종 제주마를 배경으로 사진도 찍을 수 있고 봄이면 귀여운 망아지도 볼 수 있다.

❸ 렛츠런팜제주 제주목장 p.169

수억에서 수십억 원을 호가하는 귀하신 말 님(!)들을 알현할 수 있다. 그리고 말들이 춘정에 불타오르는 봄날에 가면 두 말의 사랑방도 훔쳐볼 수 있다.

❹ 조랑말체험공원 p.341

알고 보면 볼거리, 체험거리가 많다. 승마 체험을 해보고 싶다면 널따란 초원이 있는 조랑말체험공원이 최고. 말똥말똥한 눈을 가진 예쁜 조랑말들에게 당근 간식도 선물해주자.

THEME 03

숲 트레킹 여행

온몸에 초록 물드는
힐링 포레스트

숲을 얘기할 때 피톤치드 운운하지만 그보다는 나무를 사랑하는 법을 가르치는 캐나다 초등학교의 야외학습이 떠오른다. 각자 맘에 드는 나뭇잎을 따오게 한 다음. 잎의 테두리를 그리게 한다. 둥근 모양. 뾰족한 모양. 길고 가느다란 모양 등. 이렇게 관찰하면서 그리다 보면 자연스럽게 나무를 사랑하게 된다. 숲을 걷다가 나뭇잎을 스케치하는 습관을 들여 보는 건 어떨까. 알면 사랑하게 된다.

☑ 추천 숲 트레킹 여행지

❶ 사려니숲길 p.176
왠지 사뿐히 즈려 밟고 걸어야 할 것 같은 여린 이름의 숲. 깊고 비밀스러운 이 숲은 통제 구간을 제외하면 걸을 수 있는 구간이 편도 10km 정도이지만 1시간만 맛보기로 걸어도 좋다. 쭉쭉 뻗은 나무들 사이에서 감성 터지는 사진 찍기.

❷ 절물자연휴양림 p.112
반듯하게 잘 닦아놓은 다양한 산책길을 걷거나 해먹에 누워 쉬어가자. 휴양림을 예약해서 숲속의 하룻밤은 어떨까.

❸ 비자림 p.180
비자나무 2800여 그루가 숲을 이루어 단일 수종으로는 세계 최대 규모라는 비자림. 산책길 끝에 수령 800년이 넘은 천 년의 비자나무를 만날 수 있다.

❹ 제주교래자연휴양림 p.178
제주 숲의 맨얼굴을 만날 수 있는 곶자왈 휴양림으로 산책, 혹은 통나무집에서 하룻밤 머물러 가기.

THEME 04 오름 여행

올록볼록 오름 오르며
제주의 속살을 느끼다

오름은 올라야 제맛. 아이도 가볍게 오를 수 있는 오름에서부터 다리가 팍팍해지고 등골에 땀이 나는 오름까지. 368개의 오름을 다 오를 필요 없다. 몇 개만 올라 맛만 봐도 충분하다. 경사가 두려운 '경사 포비아'인 나는 적당히 운동 삼아 오를 수 있는 오름이 참 좋다.

☑ 추천 오름 여행지

❶ 용눈이오름 p.182
노총각이었던 사진작가 김영갑의 마음을 고스란히 빼앗아간 풍만한 여성의 곡선을 가진 오름. 그가 쓴 책 <그 섬에 내가 있었네>를 읽어 보고 용눈이오름에 오르니 느낌이 남다르다.

❷ 다랑쉬오름 p.183
위에서 내려다보면 동심원을 그리는 잘 빠진 몸매의 오름. 게다가 '다랑쉬'라는 이국적인 이름까지 겸비했다. '오름의 여왕'이라 불리는 제주 오름의 랜드마크.

❸ 따라비오름 p.351
옹기종기 모여 있는 가시리 오름 군의 가장으로 세 개의 분화구가 만들어낸 능선이 아름답다. 가을 억새가 유명하다.

❹ 노꼬메오름 p.245
오름이 많지 않은 제주 서부에 위치해 이쪽에서 오름에 오르고 싶다면 노꼬메오름을 추천한다. 중간쯤부터는 갑자기 경사가 급해지지만 그리 버겁지는 않다.

THEME 05 첫 올레길 여행

건강한 두 발로
자박자박 제주 걷기

내가 처음 제대로 걸었던 길은 '국민 올레길'로 불리는 7코스였다. 서로 약간의 오해를 품고 있었던 지인과 함께였다. 검은 현무암이 있는 바다에서 출발해 길가에 쌓아놓은 감귤 한 봉지를 사서 목마를 때마다 까먹으면서 나눈 이런저런 이야기들. 다리가 아프면 바닷가 벤치에 앉아 쉬고 카페에서 커피 한잔하면서 드디어 속 얘기를 꺼내 오해를 풀었다. 그 올레길, 얼마나 아름답고 재미있는 길이었던지!

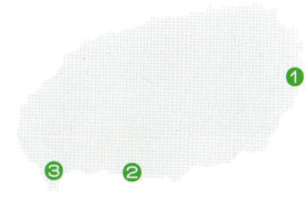

☑ 추천 첫 올레길

❶ 올레길 1코스 p.468

시작점인 시흥초등학교에서 종점인 광치기해변까지 15.6km. 알오름만 오르면 나머지는 평평한 구간. 루마인 카페와 시흥해녀의집 조개죽을 빼놓으면 섭섭하다.

❷ 올레길 7코스 p.472

올레의 여왕. 외돌개에서 시작해 월평포구까지 13.8km. 카페와 쉼터가 간간이 나오고 하이라이트인 대륜동 해안올레길에는 해물라면도 판다. 야자수 숲이 이국적인 그 길.

❸ 올레길 10코스 p.476

2016년 6월까지 1년간의 휴식년을 끝낸 길이다. 화순금모래해변에서 시작해 사계리와 송악산을 거쳐 모슬포항 근처까지 15.5km. 사계리 바닷가 카페와 모슬포항 근처의 홍성방 꽃게짬뽕과 탕수육은 필수.

THEME 06

바다 체험 여행

바다, 보지만 말고 온몸으로 즐겨라

중산간을 제외하면 어디 가든 바다 구경은 눈이 짓무르도록 할 수 있는 제주. 쪽빛 바다를 배경으로 인증샷도 찍고 바지 걷어 올리고 발을 담갔다면. 그다음은 직접 바다를 체험할 차례! 전문가가 아니라도 아이들과 함께 쉽고 즐겁게 제주 바다를 체험할 수 있는 곳들이다.

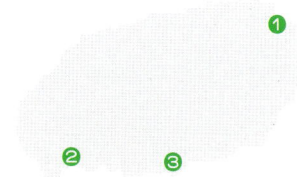

☑ 추천 바다 체험 여행지

❶ 하도어촌체험마을 p.165

<슈퍼맨이 돌아왔다>에서 삼둥이가 생애 첫 낚시에 도전했던 바로 그 마을. 해녀가 많은 마을답게 해녀와 함께 바다에 들어가 뿔소라, 성게 등의 해산물을 잡아보는 해녀 체험이 인기. 노 젓는 법만 알면 누구나 즐길 수 있는 카약, 장비를 빌려 바닷속을 구경하는 스노클링 등 즐길거리가 무궁무진하다.

❷ 사계어촌체험마을 p.405

해녀 체험을 처음 시도한 마을이다. 해녀복, 수경, 테왁 등 해녀 모드로 완전 무장하고 허리 높이쯤 되는 바다에 들어가 해삼, 뿔소라, 보말 등을 딴다. 따는 대로 모두 가져올 수 있는 건 아니고, 뿔소라 한 접시를 맛볼 수 있도록 준비해준다. 체험은 2인 이상만 가능하고 물때를 맞춰야 하므로 최소한 이틀 전에는 예약하자.

❸ 황우지 p.302

바다 한가운데 홀로 우뚝 서 있는 외돌개에서 올레길 옆으로 난 계단을 따라 내려가면 그곳이 바로 숨은 스노클링 포인트, 황우지다. 크고 작은 바다 연못이 여러 개로 깊이가 각각 달라 어른은 어른대로, 아이는 아이대로 물놀이나 스노클링을 즐기기 좋다. 단, 스노클링 장비를 따로 대여해주는 곳이 없으니 미리 챙겨야 한다.

THEME 07   섬 여행

섬 속의 섬, 네 가지 빛깔

제주도에서 그리 큰맘 먹지 않아도 가볼 수 있는 가까운 섬들이 있다. 그중 가장 가까운 비양도까지는 배로 10분, 가장 먼 마라도까지는 30분 걸린다. 섬마다 풍경이 다르고 즐길거리나 먹거리가 다르므로 제주의 웬만한 곳을 둘러봤다면 네 가지 빛깔의 섬에서 1타 4피의 즐거움을 누려보자.

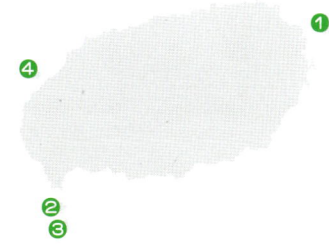

☑ 추천 섬 여행지

❶ 우도 p.432

제주 본섬의 축소판이라 할 우도는 성산항에서 15분 거리다. 유난히도 하얗게 반짝이는 산호해수욕장에서 놀다가 우도봉에 오른다. 스쿠터나 전기자전거를 빌려 우도 한 바퀴. '풍원'의 한치주물럭과 '하하호호' 카페의 수제 햄버거가 맛있다.

❷ 가파도 p.450

파도가 치면 바닷물이 덮칠 것만 같은 납작한 섬 가파도. 봄날의 바람에 나부끼는 청보리밭이 한 폭의 그림 같다. 바릇잡이한 갯것들로 한상 차려내는 '가파도식당'의 용궁정식은 꼭 맛봐야 할 진짜 제주의 맛.

❸ 마라도 p.446

우리나라 땅 가장 남쪽에 위치해 있으므로 마라도에 있는 모든 것은 다 최남단이다. 아담한 섬 안에 성당, 교회, 절, 등대, 작은 학교, 최남단비 등이 빼곡히 차 있다. 맛있다고는 할 수 없지만 마라도 짜장면은 인증샷용 필수 아이템.

❹ 비양도 p.454

우도 안에 있는 비양도 말고 한림항에서 5분이면 닿는 비양도다. 자전거를 빌려 섬 한 바퀴 돌고 등대까지 오른다. 가이드를 자처하는 사교성 있는 비양도 개와 놀다가 선착장 근처의 '호돌이식당'에서 보말죽을 맛보자.

THEME 08

재래시장 여행

사람 냄새 나는
호기심 천국

여행 가서 가장 재미있는 게 재래시장. 작은 골목을 돌아다니며 기웃거리기. 면세점은 죽어도 흉내 낼 수 없는 재래시장만의 흡인력은 못 이기는 척 깎아주는 인정과 없는 게 없는 잡다한 물건들. 그리고 천 원짜리 한 장이면 맛볼 수 있는 간식거리가 아닐까.

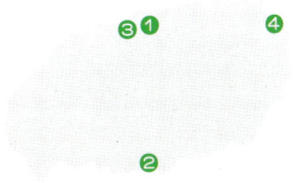

☑ 추천 재래시장

❶ 동문재래시장 p.146
제주국제공항에서 가까운 재래시장이라 제주를 떠나기 직전에 들러 쇼핑하기 좋다. 갈치, 옥돔, 고등어, 오메기떡을 비롯해 지인에게 선물할 감귤이나 초콜릿을 산다. 진공 포장된 흑돼지 오겹살 한 팩(3만 원가량)을 사면 최소 세 번은 먹는다.

❷ 서귀포매일올레시장 p.322
유난히도 이름난 간식거리가 많은 시장이다. 오메기떡, 모닥치기, 꽁치김밥, 마농치킨, 귤하르방빵 등 줄 서는 맛집들이 많다. 저렴하게 회 한 접시 먹기에도 좋고 제주 특산물을 구입해 택배로 보내기도 한다.

❸ 제주시민속오일시장 p.147
끝자리가 2, 7일인 날 제주시에 있다면 꼭 들러보자. 장에 가기 전에는 꼬르륵 소리가 날 만큼 배를 비워두고 갈 것. 워낙 넓은 시장이라 한 바퀴 돌며 간식만 사 먹어도 배가 부르다. 여행하면서 먹을 귤 등의 간식거리도 엄청 싸다.

❹ 세화오일장 p.208
뒷자리 0, 5가 들어간 날짜에 서는 세화리 바닷가 장터다. 이 장이 열리면 벨롱장은 열리지 않는다. 여행자로서는 계절마다 다른 종류의 감귤과 튀김, 떡볶이 같은 간식거리에 눈길이 간다. 여름엔 재미난 야시장도 열린다.

THEME 09

감귤밭 체험 여행

먹고, 따고, 사진놀이 하는
감귤밭 체험

제주를 대표하는 새콤달콤한 감귤. 이제 먹기만 하기엔 아쉽다. 적어도 제주에서 감귤은 사진 속의 배경이자 소품이자 즐거운 체험의 대상이 되었다. 제주 여행 가서 감귤 가위 한 번 들어보지 않고 돌아왔다면 이 또한 슬픈 일. 실컷 먹고, 길이 추억이 될 사진도 남기고, 봉투 옆구리가 터지도록 빵빵하게 감귤을 담아오자. 감귤 따기 체험은 반드시 가능한 시즌을 확인할 것.

☑ 추천 감귤밭 체험 여행지

❶ 아날로그감귤밭 p.141

이름 그대로 아날로그 감성이 물씬한 감귤밭. 카페에서 음료를 주문하고 나서 앞쪽에 펼쳐진 감귤밭 포토존에서 사진놀이를 한다. 감귤밭 한쪽을 테이블, 패브릭텐트 등으로 꾸며 감성사진을 찍기에 제격. 감귤을 딸 수 있는 감귤밭으로 조금 걸어서 이동해야 한다.

❷ 제주에인감귤밭 p.317

감귤밭에 들어가 사진만 찍을 수도 있고, 입구의 카페에서 감귤차를 마시며 쉬기만 해도 좋다. 그러나 이왕이면 바구니와 가위를 들고 감귤밭에 들어가 감귤도 직접 따보자. 귤밭 사이사이로 다양한 포토존을 마련해놓아서 사진 찍기 좋아하는 이들에게 환영 받는다.

❸ 파더스가든 p.400

감귤을 직접 따고 사진을 찍을 수 있는 귀여운 소품들과 다양한 포토존이 마련되어 있다. 만 원이라는 입장료 안에는 감귤 체험뿐만 아니라 5만여 평의 수목원 같은 산책로, 알파카가 있는 동물농장까지 포함되어 있어 가성비가 좋은 편. 맛있는 감귤을 고르는 팁이라든지 난로 위에 구운 감귤 서비스도 꿀.

❹ 휴애리 p.344

흑돼지 공연으로 유명한 휴애리에 흑돼지만 있는 것이 아니다. 한라산을 배경으로 펼쳐진 감귤밭에서 감귤 따기 체험도 할 수 있다. 무엇보다 매력적인 것은 단돈 5000원의 체험료! 감귤이 아직 푸를 때는 청귤 따기 체험이나 청귤청 만들기 체험도 가능하다.

THEME 10 핑크뮬리 여행

분홍 솜사탕처럼
마음에 녹아드는 뷰 스폿

몇 년 전이던가. 블러 처리한 듯 온통 파스텔 톤으로 물든 핑크뮬리 사진을 처음 본 순간. 말 그대로 '심쿵'했다. 세상에 이렇게도 로맨틱한 식물이 있단 말인가! 매년 가을 제주 곳곳이 핑크빛으로 물든다. 어떻게 찍어도 인생샷을 건질 수 있는 핑크뮬리, 바로 여기서 만날 수 있다.

☑ 추천 핑크뮬리 여행지

❶ 키친오즈 p.267

핑크뮬리를 전파한 최초의 카페. 언덕 위의 하얀 집과 어우러진 핑크뮬리는 그야말로 명불허전이다. 처음부터 이런 풍경을 상상하고 맨땅에 트럭 수십 대 분량의 흙으로 돋워 언덕을 만들고 하얀 집을 지은 후 핑크뮬리를 심었다고. 요즘엔 대형 팜파스 갈대까지 곁들여져서 금상첨화. 10월 중순쯤 절정이다.

❷ 마노르블랑 p.420

산방산을 배경으로 멋진 핑크뮬리 사진을 건질 수 있는 포인트로 사랑받고 있다. 초창기에는 예쁜 명품 찻잔에 담긴 홍차를 즐길 수 있는 티하우스였다가 이제는 정원이 아름다운 카페로 더욱 알려져 있다. 흐드러진 핑크뮬리 밭 사이로 가랜드나 테이블, 의자로 꾸민 포토존이 있다.

❸ 북촌에가면 p.197

핑크뮬리 군락의 규모로 말하자면 이 카페가 최고다. 밭 전체를 핑크뮬리 천국으로 만들었다. 카페 2층에서 내려다보면 핑크뮬리 밭을 가로지르는 돌담과 어우러져 한 폭의 그림 같다. 원래는 장미정원으로 유명하던 카페로 여름날의 수국도 장관을 이룬다.

❹ 제주허브동산 p.346

약 300만 개의 조명으로 꾸며져 명실공히 제주 야경 명소로 꼽히는 제주허브동산에 또 하나의 명물로 등장한 것이 핑크뮬리다. 모든 사진 찍기가 그렇듯이 배경에 포인트가 될 만한 피사체가 있을 때 더욱 좋은 구성이 된다. 이곳의 핑크뮬리는 하얀 종탑과 어우러져 감성 충만한 사진을 보장한다.

THEME 11
미술관 여행

제주로 내려간 아티스트를 만나다

제주 여행을 위해 빼곡히 채운 맛집 리스트를 섭렵했다면 이제는 차분하게 영혼의 양식도 채울 차례다. 미술관은 그림이나 사진 구경 외에도 분위기 있는 카페와 아트숍을 갖추고 있어서 쉬어가기에 좋다. 코로나19 상황에는 사회적 거리 두기 강화로 관람 예약 인원을 조정하거나 온라인 사전 예약을 통해 선착순 마감하기 때문에 홈페이지를 먼저 확인하자.

☑ 추천 미술관 여행지

❶ 제주현대미술관 p.235
여성의 아름다움을 여체의 선에서 찾았던 김흥수 화백의 누드 미학을 접할 수 있다. 야외 전시장에도 꽃의 얼굴을 한 야수들이 있다. 규모가 커서 소풍 가는 기분으로 반나절 놀기 좋다.

❷ 김영갑갤러리 두모악 p.348
그의 중산간 오름 사진에서 진한 외로움이 느껴지는 건 드라마틱한 그의 인생사 때문일까. 따라 내려가겠다던 '여친'과 이별한 후 카메라 하나 달랑 메고 제주행을 결심했던 그를 제주 사진으로 만나본다.

❸ 아라리오뮤지엄 p.103
유명한 거장의 작품도 많지만 언뜻 이해되지 않는 실험적 설치미술 작품도 많다. 아라리오뮤지엄 네 곳은 각각 콘셉트가 다르니 취향대로 선택하시라. 탑동 바다를 내려다보며 커피 한잔하기 좋은 카페와 숍이 있다.

❹ 왈종미술관 p.291
밝고 알록달록한 이왈종 화백의 작품을 보면 그가 매우 유쾌한 사람이 아닐까 상상해본다. 바라만 봐도 행복해지는 이 화백의 작품은 꼭 한 점 가지고 싶다. 지갑이 가벼운지라 아트숍에 들렀지만 달력 하나에 10만 원. 이해할 만하다. 아트니까.

THEME 12
건축물 여행

제주에 건축을 새긴 거장의 숨결

틈날 때마다 배낭여행을 하면서 그간 찍었던 사진들을 한데 모아 비교해본 적이 있다. 처음엔 유명 관광지를, 그다음에는 박물관·미술관을, 그다음에는 건축물을 주로 찍었더라. 여행하다 보면 관심사가 그때그때 바뀐다. 제주에서 안도 다다오나 이타미 준 같은 세계적인 거장의 작품을 만날 수 있다는 것만으로 행복해진다.

☑ 추천 건축물 여행지

❶ 수풍석뮤지엄 p.397

재일동포 건축가인 이타미 준의 작품을 만날 수 있다. 이름하여 물과 바람과 돌 박물관. 사유지라 그가 건축한 포도호텔 레스토랑에서 비싼 우동을 먹어야 관람이 가능하다더니, 이제는 아예 투어 프로그램이 생겼다.

❷ 방주교회 p.402

건축가 이타미 준의 작품이다. 교회 주위로 해자 같은 수 공간을 만들어 마치 물 위에 뜬 방주 같은 모습을 하고 있다. 개방하는 시간이 따로 있어서 내부 관람도 가능하지만 예배 시간에는 촬영이 금지되어 있다. 크리스천은 아니지만 들어가서 기도하고 싶어진다.

❸ 섭지코지 p.338

처음 섭지코지에 이런저런 건축물들이 들어설 때 참 많은 말들이 있었지만 이제는 세월의 더께가 앉아 섭지코지의 일부로 동화되어버린 듯하다. 안도 다다오의 글라스 하우스와 유민미술관이 된 지니어스 로사이. 그리고 스위스의 건축가 마리오 보타가 설계한 아고라까지.

❹ 본태박물관 p.401

안도 다다오의 건축 작품. 얼음공주로 이름을 날렸던 노현정 전 아나운서의 시어머니가 운영하는 박물관이다. 피카소와 달리의 작품, 백남준과 안도 다다오를 위한 공간과 땡땡이 호박으로 유명한 쿠사마 야요이의 작품을 만날 수 있다.

THEME 13

해변 여행

에메랄드를
백만 톤쯤 녹인 듯

제주에서 바다 빛이 예쁜 해변 베스트 4를 꼽았다. 여기에 함덕서 우봉해변까지 더하면 완벽한 베스트 5가 된다. 다른 지역의 바다에서는 좀처럼 볼 수 없는 에메랄드 바다와 검은 현무암, 유난히도 눈부신 하얀 백사장이 어우러져 이국적인 풍광을 선사한다.

☑ 추천 해변 여행지

❶ 협재해수욕장&금능으뜸해변 p.236

협재해수욕장과 금능으뜸해변은 사이좋게 붙어 있다. 편의시설이 좀 더 잘 갖춰진 협재에 인파가 몰리는데, 수심도 얕고 파도가 잔잔해 아이들이 놀기에도 좋다. 북적거림이 싫다면 금능으뜸해변으로 가자. 한적하고 물빛도 예쁘다.

❷ 월정리해변 p.173

월정리해변 하면 바다로 난 카페의 사각창과 여름에 참 잘 어울리는 블루레모네이드가 떠오른다. 호젓한 분위기의 월정리를 기억하는 사람은 다소 번잡해진 현재의 풍경이 답답하게 느껴지겠지만 오션뷰를 강조하는 카페와 음식점은 계속 늘어가고 있다.

❸ 김녕해수욕장 p.175

사람을 좋아하면서도 사람 북적대는 곳은 축제라도 싫다. 협재나 월정보다 김녕 바다가 좋은 이유는 아마도 특유의 한적함 때문이리라. 쫄깃센타의 메가쇼킹이 협재 바다를 '생각을 지우는 옥빛 바다(생지옥)'이라 표현했는데, 나에겐 김녕해수욕장이 '생지옥'이다.

❹ 산호해수욕장 p.436

그 옛날 산호사해수욕장이라 불리던 시절에 가족들과 이곳을 찾았다. 얼마나 물빛이 푸르고 맑던지 샌들을 벗고 발을 담그며 놀던 장면이 한 컷의 그림처럼 추억으로 남아 있다. 홍조단괴, 서반뼥사라는 괴상한 이름 대신 산호해수욕장이라는 예쁜 이름으로 바뀐 이 바다는 여전히 팝콘 같은 돌이 깔린 해변과 최고의 물빛을 보여준다.

THEME
14

드라이브 여행

볼륨을 높여라, 그리고 달리자

좀 과장된 표현이긴 하지만 제주도라면 달리는 길이 곧 드라이브 코스. 좋아하는 음악을 휴대폰에 담아 가서 볼륨을 빵빵하게 높이고 달려보자. 요즘엔 웬만한 경차에도 블루투스 기능이 장착되어 있다.

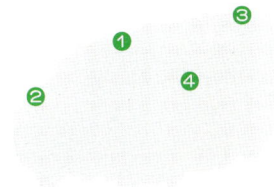

☑ 추천 드라이브 여행지

❶ 하귀애월해안도로 p.241

이 해안도로가 예쁜 드라이브 코스라 하는 것은 아래쪽으로 바다를 내려다보기 때문. 제주국제공항에 막 도착해 용담이호해안도로를 지난 다음 부푼 여행의 기대를 안고 달리는 해안도로라 더욱 아름다워 보이는 것일지도 모른다.

❷ 신창풍차해안도로 p.240

바람이 많은 제주도의 서쪽 해안가에 서 있는 하얀 풍력발전기와 검푸른 바다가 이국적인 경치를 선사한다. 바닷물 속에 잠겼다 드러나는 자바리 조형물이 인상적인 싱계물공원에 내려 잠시 시간을 보내자.

❸ 세화김녕해안도로 p.174

올레길 20코스를 바다로만 달린다고 생각하면 이 길이다. 제주를 몇 바퀴 돌면서 가장 살아보고 싶었던 세화리를 지난다. 방파제 위에 작은 의자를 놓아 인증샷을 유발하는 카페도 있지만 그냥 캔맥주 하나 들고 바다만 바라봐도 좋다.

❹ 1112번 삼나무숲길 p.184

말 그대로 포토제닉해서 광고에도 등장한 바 있다. 특히 S자로 구불거리는 길만 보면 넋이 나가는 여행자라면 이 길을 참 좋아할 듯. 그래도 걷기에는 위험하니 그냥 차창 활짝 열고 드라이브하는 것으로 만족해야 한다.

THEME
15
감성사진 여행

멜로드라마의 주인공처럼

이미 잘 알려진 곳 말고도 화수분처럼 새로운 감성사진 포인트들이 끊임없이 생긴다. 스펙 좋은 카메라가 없다고 걱정할 필요는 없다. 인생샷 서너 장쯤 너끈하게 선사해주는 휴대폰만으로도 OK!

☑ 추천 감성사진 여행지

❶ 카페공작소 p.201

월정리의 한 카페 앞바다에 작은 의자가 놓인 후 제주도 이곳저곳에 의자를 놓은 바닷가 카페들이 늘었다. 특히 세화해변 카페공작소 앞 방파제에는 인증샷을 날리기 좋은 예쁜 의자가 있다.

❷ 카멜리아힐 p.390

시크하게 뚝 떨어지는 동백꽃도 예쁘지만 한여름 수국도 그에 못지않다. 이곳은 꽃뿐만 아니라, 특별히 그것을 감성으로 잘 포장해 여심을 사로잡은 점에 점수를 주고 싶다. 소녀시대 윤아가 화장품 광고를 찍었던 곳, 마음을 움직이는 간질간질한 문구, 마음의 정원 옆 잔디밭에 놓인 빈백 등.

❸ 비밀의숲 p.163

영화 <글래디에이터>에서 봤던 사이프러스 나무가 줄지어 선 막시무스의 집 만큼은 아니지만, 그 비슷한 편백나무길 끝에 민트색 캠핑카가 인생샷 포인트인 핫플 숲이다. 비자림이나 사려니숲길과는 또 다른 아기자기한 제주 감성이 물씬한 사유지로, 입장권을 따로 구매해야만 들어가서 사진을 찍을 수 있다.

❹ 더럭초등학교 p.233

학교에 무지개가 살포시 내려앉았다. 컬러 페인팅 하나로 이렇게 분위기 대반전이 일어날 수 있는 것을! 이 학교에 다니는 아이 중에 피카소가 나올지도 모른다. 사진 놀이하기 좋은 곳이지만 수업이 없을 때 찾는 에티켓은 필수.

THEME 16

카페 여행

존재감 터지는
제주의 카페

도시에서 한 감각 한다는 제주 이민자들이 내려와 저마다의 내공으로 운영하는 카페가 엄청나게 많이 생겼다. 커피 맛이 좋든, 바다 전망이 좋든, 인생샷 찍기에 제격이든 각자의 매력으로 여행자를 유혹하여 요즘 제주에서 카페 투어만 해도 만족도가 높다.

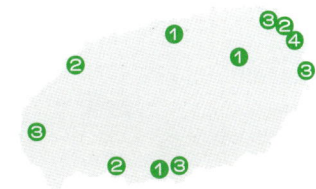

☑ 추천 카페

❶ 커피 맛이 좋은 카페
유동커피 p.319 / 풍림다방 p.203 / 그러므로 p.145

유동커피, 풍림다방, 그러므로(구 시소커피)를 커피 맛이 좋은 제주 3대 카페로 꼽는다. 명불허전. 확실히 이런 카페에 가보면 한 잔의 맛있는 커피를 내놓기 위한 주인장의 노력이 고스란히 느껴진다. 커피 맛이 그리워 다시 찾고 싶다.

❷ 바다 전망 카페
몽상드애월 p.260 / 카페 봄날 p.261 / 카페록록 p.199 / 바다다 p.314

커피 맛보다는 바다 맛을 보러 가는 카페들이다. 예전에는 한담해안산책로 주변에 이런 카페들이 몰려 있었으나 요즘에는 바다 풍경이 가까운 곳 어디라도 오션 뷰 카페가 즐비하다. 시원하게 트인 바다를 바라보며 힐링하기 좋다.

❸ 인생샷 카페
오르다 p.364 / 제주돌창고 p.268 / 베케 p.316 / 그계절 p.204

'여기다' 하고 손꼽을 만한 독특한 분위기나 작정하고 꾸며놓은 포토존 덕에 인생샷 찍기 딱 좋은 카페들이다. 천국의 계단에 오르는 오르다, 수영장 인증샷이 유명한 제주돌창고, 극히 제주스러운 통창뷰가 압권인 베케, 초록 식물 무성한 그계절에서 인생샷을 건져보자.

❹ 피크닉 카페
토끼썸 p.205

야외 마당에서 제주의 자연을 즐기는 피크닉 카페가 한동안 붐을 일으켰다. 인증샷 문화를 영리하게 캐치해 피크닉 매트, 양산, 화관과 꽃팔찌 등 소위 사진발이 잘 받는 소품을 제공하기도 한다.

THEME
17

맥주 여행

제주라서 더 맛있는 맥주

맥주 한 잔에 6000~8000원이란다. 우리가 마시던 맥주의 2~3배에 가까운 가격에 놀라기 전에 '맥주란 배부르게 벌컥벌컥 마시는 술'이라는 고정관념부터 깰 일이다. 제주도 소규모 브루어리에서 생산하는 크래프트 비어는 신선함은 기본, 대형 맥주 회사와는 다른 뚜렷한 개성으로 애주가를 공략하고 있다.

☑ 추천 맥주 여행지

① 맥파이 브루어리 p.138

가벼운 맛의 라거 맥주가 대세이던 시절, 이태원 경리단길에 크래프트 비어펍을 열어 맛있는 피자와 맥주, 즉 '피맥의 성지'로 불리게 되었다. 그 브루어리가 제주에 생겨서 양조장 투어와 함께 탭룸에서 신선한 맥주를 마실 수 있게 되었다.

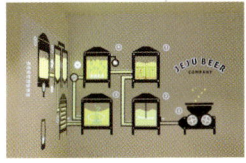

② 제주맥주 p.259

'제주에일' 한 가지만 생산하지만 크래프트 비어 브루어리 제품 가운데 유일하게 제주의 대형 마트에서도 만날 수 있다. 브루어리의 규모도 크고, 견학도 비교적 쉽게 이루어진다. 곳곳을 장식한 예술작품과 다양한 맥주 관련 굿즈를 판매하는 부스가 인상적이다.

③ 제스피 p.139

제주 화산 암반수인 삼다수와 제주산 청정 보리를 활용해 제주만의 고유한 맛을 오롯이 담아낸 크래프트 비어를 만나는 펍이다. 따뜻하면서도 밝은 분위기가 좋은 연동의 제스피 펍에서 5가지 맥주가 나오는 샘플러를 즐겨보자.

④ 사우스바운더 p.313

모던한 창고형 건축물은 안팎으로 스웨그가 넘친다. 양조 전문가와 특급 호텔 셰프가 만나 조합해낸 맥주와 요리의 절묘한 궁합을 경험해보자. 펍 내부의 브루어리에서 제조한 신선한 크래프트 비어를 맛볼 수 있다. 서귀포 히든클리프 호텔 & 네이처에서 멀지 않다.

THEME
18

키즈존 여행

아이가 딱 좋아하는
YES! KIDS ZONE

아이와 함께 여행하려는 부모에겐 아쉬운 일이지만 전국적으로 노키즈존이 늘어가고 있는 이 때, 이렇듯 아이와 제대로 즐길 수 있는 다음과 같은 스폿들이 존재하기에 가족 여행지로서 제주 또한 만족스러울 수밖에.

☑ 추천 키즈존 여행지

❶ 헬로키티아일랜드 p.395

초등학생 이하의 딸과 제주 여행을 한다면 버킷리스트 1순위로 올릴 만한 곳. 일단 키티는 귀염이 뻗치고 블링블링한 핑크빛 실내는 소녀뿐 아니라 처녀의 가슴도 울렁울렁하게 만든다. 실물 사이즈로 만든 헬로키티 주방과 침실이 인기.

❷ 넥슨컴퓨터박물관 p.102

컴퓨터를 떠올리면 왠지 차갑고 딱딱한 이미지. 하지만 부모들은 갤러그 게임의 추억을 소환하고, 아이들에게는 창의력 돋는 토이 프로그램이 인기 만점. 세대를 아우르는 컴퓨터 게임으로 함께 추억을 만들 수 있는 공간이다.

❸ 제주항공우주박물관 p.392

이왕이면 아이가 뭔가를 배우며 놀았으면 한다면 제주항공우주박물관이 답. 항공·우주 분야에서 아시아 최대 규모이니만큼 튼튼한 다리와 체력이 필수. 관람과 체험을 통해 얻는 이 분야의 기초 지식은 덤이다.

❹ 목장카페 드르쿰다 p.347

양, 말, 토끼, 고양이, 강아지도 있다. 목장카페 드르쿰다는 아이들의 정서에도 좋은 동물 친구에게 먹이 주기 체험을 하는 작은 목장. 아이가 동물과 놀 때 부모는 2층 카페에 앉아 차를 마시며 그 모습을 통창 밖으로 내려다볼 수 있어 안심이 된다.

THEME
19

동네 책방 여행

마음을 다독이는
아담한 책방들

전자책이 종이책을 대신할 수 있다고 믿었던 시절이 있었다. 그러나 세월이 흐른 지금, 종이책이 주는 따뜻한 아날로그적 정서와 그것을 품고 있는 작은 동네 책방이 전국에 속속 생겨나는 것을 보면 그 믿음은 틀렸다. 책방 주인의 안목과 취향이 느껴지는 작은 책방을 묶어 동네 책방 투어를 하는 여행자들도 늘고 있다.

☑ 추천 동네 책방

❶ 만춘서점 p.209
더할 수 없이 심플한 화이트 건물과 바깥쪽에 무심한 듯 놓은 나무 테이블이 왠지 마음을 끈다. 여행 중에 구입해 온 마음에 드는 소품이 놓여 있는 나만의 공간에서, 스탠드 불빛 아래 책 페이지를 넘기고 싶은 우리 모두의 로망이 녹아 있다. 함덕에 있다.

❷ 이듬해봄 p.425
제주에서도 다소 외진 대정읍 하모리 마을 골목에 숨어 있는 독립출판 전문 서점이다. 제주의 오래된 농가를 내부만 약간 수리하여 책방으로 만들었다. 소품도 구경하고 조용한 분위기 속에서 책을 읽으며 잠시 쉬어갈 수 있다.

❸ 소심한책방 p.211
제주의 동쪽 끝, 종달리에 자리 잡은 작은 책방으로 제주 관련 서적과 독립출판물, 인문학 서적, 그림책에 귀여운 소품까지 빼곡하게 들어차 있다. 두 주인장이 책장 사이사이에 이 책을 추천하는 이유에 대해 깨알같이 적어놓은 게 특징이다.

❹ 밤수지맨드라미 p.443
우도의 작은 책방 '밤수지맨드라미'는 제주도 해안에서 자생하는 연산호 이름. 멸종 위기종의 이 산호와 우리 삶에서 아련히 멀어져가는 책이 닮아 있어 이런 이름을 붙였다고 한다. 우도 지도를 그려 넣은 손수건이나 뜨개실로 짠 우도땅콩 등 다른 곳엔 없는 독특한 소품도 있다.

THEME 20
디자인 소품숍 여행

하나쯤 '득템'하고픈 핸드메이드 소품

워낙 아기자기하고 독특한 디자인 소품이 많아서 지름신과 사투를 벌여야 한다. 주로 제주와 관련한 해녀, 돌하르방, 감귤, 현무암, 고래, 옥돔 등을 모티브로 한 디자인 소품이 가득하다. 마음 같아선 몽땅 쓸어서 가방 안에 넣어 오고 싶었다. 핸드메이드라 가격대가 만만치는 않은데 꼭 마음에 드는 걸로 한두 개 구입해 방에 걸어놓고 두고두고 제주를 떠올리고 있다.

☑ 추천 디자인 소품숍

① 더 아일랜더 p.148

2013년에 오픈한 1세대 제주 감성 소품숍이다. 고래, 해녀, 한라봉처럼 제주를 모티브로 한 감각 돋는 소품을 갖춰 필수 순례 코스로 꼽혔다. 원도심인 칠성로에서 현재는 중앙로로 이전.

② 디자인에이비 p.271

바다가 보이는 판포리의 디자인 소품숍이자 자체 디자인 상품을 개발하는 오피스. 제주의 오름, 동네, 바다를 주제로 한 일러스트 마스킹 테이프나 제주의 상징을 한데 모은 종이 가랜드는 자체 제작한 인기 상품.

③ 아코하루 p.149

도예가 부부가 운영하는 작은 공방 겸 카페로 도자기로 만든 동물 모형에 프리저브드 플라워를 꽂은 작품이 트레이드 마크. 직접 만든 도자기 제품을 판매하며 소품을 직접 만들어보는 원데이클래스(1인 2만 원)를 진행한다. 하루 전 예약 필수.

④ 나나이로 & 아코제주 p.211

제주의 동쪽 구좌읍 세화리에 가면 나나이로와 아코제주가 나란히 문을 열고 있다. 현무암 캔들을 만드는 나나이로와 도자기 재질의 작은 소품을 만드는 아코제주. 공들여 제작한 핸드메이드 디자인 소품의 진가를 알게 한다.

THEME
21

럭셔리 여행

하루쯤은 왕족처럼

사실 가격만 생각하자면 헉 소리가 절로 나온다. 아래 럭셔리 여행지만 따로 모아서 즐긴다면 꽤나 큰 지출을 각오해야 할 듯. 좋은 사람과의 특별한 순간을 위해 적금이라도 깨야 할까. 하지만 살면서 기념하고픈 특별한 날에 한 번쯤 누려볼 만한 사치도 있는 법이다.

☑ 추천 럭셔리 여행지

❶ 요트투어 : 요트투어 샹그릴라 p.284 / **김녕요트투어** p.160

비키니 수영복을 입고 하얀 돛을 배경으로 우아한 폼을 잡아야 어울릴 듯한 요트는 그러나 부자들의 전유물만은 아니다. 요트투어 샹그릴라와 김녕요트투어를 이용하면 배 안에 마련된 와인과 안주는 물론, 배낚시로 고기를 잡아 회도 즐긴다.

❷ 뷔페 : 더 파크뷰 p.307

높다란 모자를 쓴 호텔 셰프들이 조리해낸 최고의 뷔페 요리를 즐긴다. 메인 요리부터 고급스러운 디저트로 마무리. 맛있는 것 천국이라 어떤 것을 먼저 먹어야 할지 그것이 고민!

❸ 글램핑 : 어라운드폴리 p.371 / **비젠빌리지** p.218

사다리꼴 건축이 독특한 독채 펜션 롯지의 풀빌라, 빈티지 에어스트림 캠핑 트레일러를 갖추고 있는 어라운드폴리는 데크나 잔디밭에도 캠핑 사이트를 구축할 수 있다. 비젠빌리지 역시 펜트하우스와 캠핑 트레일러, 오가닉팜 카페, 레스토랑 등으로 구성된 복합 문화공간.

THEME 22

빈티지 여행

오래된 친구 같은
세월의 더께

하루가 멀다 하고 새로운 것들이 쏟아지는 이 시대. 새것도 좋지만 세월의 흔적이 묻어나는 옛것의 매력은 그 이상이다. 의도적으로 간판조차 달지 않고 촌스러움을 부각한 카페나 식당, 숍까지 이제 빈티지는 대세. 블링블링한 새것은 더는 새롭지 않다.

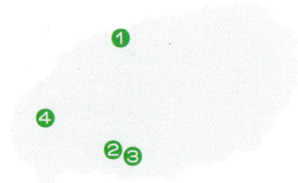

☑ 추천 빈티지 여행지

① 니모메빈티지라운지 p.140
나지막한 외관부터 왠지 친근감이 든다. 거칠게 페인팅한 벽돌에 알록달록한 패브릭과 레이스, 오래된 등나무 가구와 주인의 컬렉션인 소품까지 빈티지로 완전 무장한 카페. 젊은 여행자들이 '분위기 깡패'라 칭하는 곳.

② 이정의댁 p.321
주인의 할머니 댁을 개조한 카페로 할머니 성함 그대로가 카페 이름이 되었다. 모던한 느낌의 콘크리트로 마감한 실내엔 반질반질한 앤틱 가구와 고즈넉한 조명으로 차분하게 연출했다. 여기에 비주얼로 유혹하는 디저트 케이크와 커피 한 잔이면 충분.

③ 리틀포레스트 p.323
영국이나 일본 빈티지 제품 컬렉터였던 어머니에 이어 10여 년 전부터 태국 치앙마이에서 생활한 바 있는 주인이 태국 빈티지 제품이 가득 모아 두었다. 손때 묻은 빈티지 소품 구경만 해도 한참 머물게 되는 곳.

④ 크래커스 p.264
할머니 댁 문짝을 뜯어다 꾸민 듯한 1970년대 코리언 빈티지 콘셉트를 제대로 살린 조수리의 카페. 옛집의 촌스러움이 묻어나는 공간에서 맛있는 커피를 즐길 수 있다.

SPECIAL THEME

〈효리네 민박〉 속 여행지

제주도에 산다고 누구나 행복한 것은 아닐 테다. 그러나 〈효리네 민박〉 속의 제주는 그곳에 가면 파랑새가 있을 것만 같은 공간으로 다가온다. 손님을 잘 먹이고 잘 재운다는 원칙을 지키는 따뜻한 민박집 주인 부부 효리와 상순이 사는 모습을 보면 저절로 마음의 위로를 받는다. 그리고 생각한다. 나도 저렇게 살고 싶다. 그리고 언젠가 저곳에 가보고 싶다.

1

곽지과물해변 p.239
효리 부부와 아이유가 함께 조그만 텐트를 쳐놓고 망중한을 즐기던 애월의 해변. 패들보드도 타고 요가 동작을 선보였던 효리 덕분에 시청자들의 뇌리에 콕 박힌 바로 그곳.

2

한담해안산책로 p.238
이효리와 아이유가 산책했던 한담해안산책로는 애월 한담마을에서 곽지과물해변까지 이어진 1.2km의 해안길. 검은 현무암과 어우러진 비취빛 바다를 보며 걷다 보면 산책로를 따라 카페 봄날과 몽상드애월이 있다.

금오름 p.247
이효리가 <서울>의 뮤직비디오를 찍은 곳이자 걸그룹 트와이스 역시 이곳에서 뮤직비디오를 찍었다는 게 알려져 더욱 주목을 받게 된 오름이다. 예전에는 차를 타고 오를 수 있는 오름으로는 제주에서 유일했지만 이제는 걸어서만 오를 수 있다.

신창풍차해안도로 p.240
10여 기의 하얗고 거대한 풍력발전기가 드라마틱한 풍경을 연출하는 제주도 최고의 해안도로로 손꼽힌다. <효리네 민박>에서는 왕십리 F4가 오픈카를 타고 달리던 드라이브 코스.

성이시돌목장 테쉬폰 p.247
효리네 민박 오픈 첫날, 주인의 의무로 추천해준 관광지가 바로 성이시돌목장 테쉬폰이다. 너른 초원과 더불어 목장 내 숙소로 쓰였던 테쉬폰을 배경으로 감성사진 찍기에 딱 좋다.

6

우도 p.432

민박객 삼남매가 돌아가신 엄마와의 추억이 서린 우도를 찾아 엄마를 기억하고 서로를 애틋하게 다독거렸다. 제주 여행 중 짬을 낼 수만 있다면 삼남매처럼 순환버스를 타고 섬을 한 바퀴 돌고 산호 해수욕장에서 바다를 만끽하는 방법도 좋다.

모퉁이옷장 p.149

구제주 관덕정 건너편의 삼도동 주택가 모퉁이에 위치한 좁고 기다란 빈티지 의류와 소품 가게다. 한 사람이 겨우 지나갈 수 있을 정도로 좁은 이곳에 이효리와 아이유가 함께 들러 쇼핑했다.

바그다드 p.133

제주시청 맛집으로 통하는 바그다드는 이효리와 아이유가 맛있는 한 끼를 먹었던 인도요리 전문점이다. 인도나 네팔 셰프가 요리하는 메뉴들이 고루 맛있는 편으로 인도 음식이 당길 때 찾으면 후회할 일은 없다.

신의한모 p.254

일본식 두부요리 전문점으로 애월읍 하귀리의 동 귀포구를 앞마당처럼 끼고 있다. 일본까지 건너가서 배워왔다는 일본식 두부는 입안에서 사르르 녹는 아이스크림 같은 식감이 특징.

제주시민속오일시장 p.147

오일장 구경만큼 재미있는 게 또 있을까. 제주도민들도 손꼽아 기다린다는 오일장, 이효리도 예외는 아니었다. 매월 끝자리에 2·7이 들어가는 날 열리며 장터 식당에서 폭풍 흡입은 기본, 착한 가격에 제주 특산물을 구입하자.

몽상드애월 p.260

한담 바다 가까이에 위치해 '바닷가 커피 한잔'의 로망을 실현하기 좋은 카페. <효리네 민박>에서는 청각장애가 있는 피팅 모델 손님과 바닷가에 앉아 도란도란 얘기를 나누던 곳.

COURSE 01

뒹굴고 만들고 즐기는 2박 3일 가족 여행

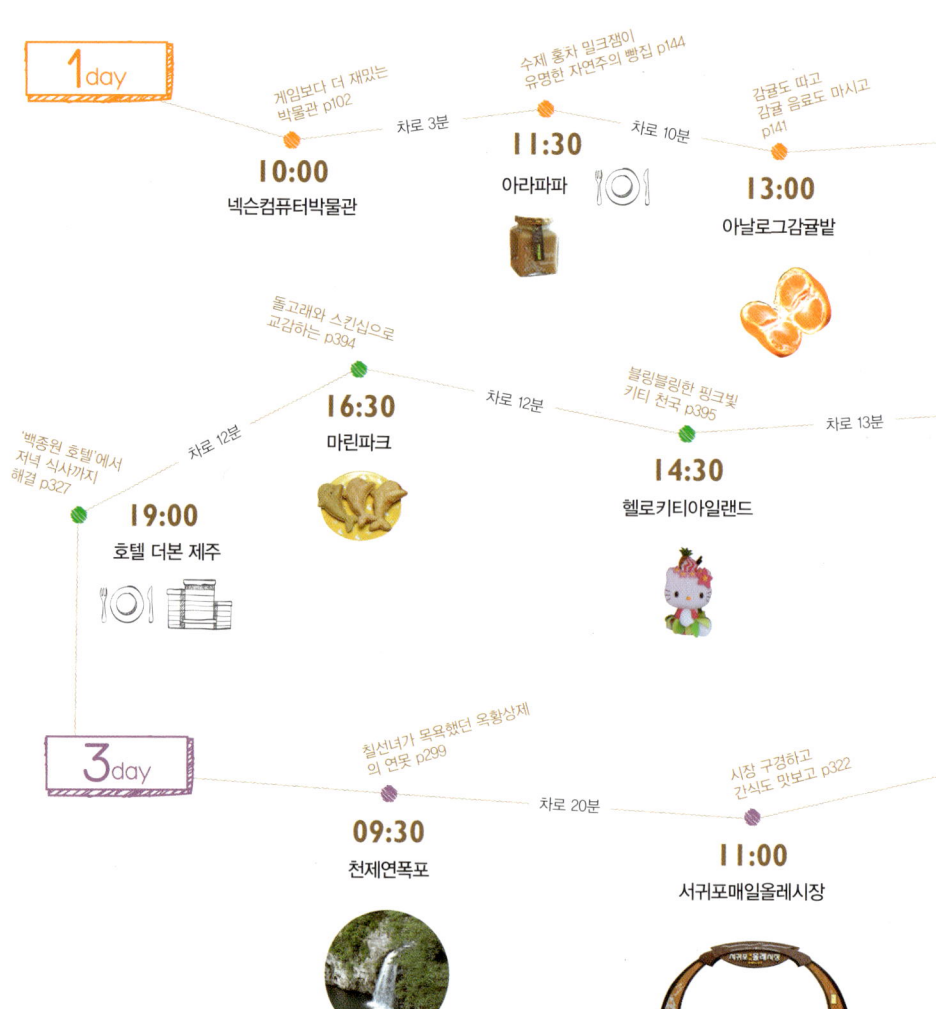

1 day

- **10:00** 넥슨컴퓨터박물관 — 게임보다 더 재밌는 박물관 p102
- 차로 3분
- **11:30** 아라파파 — 수제 홍차 밀크잼이 유명한 자연주의 빵집 p144
- 차로 10분
- **13:00** 아날로그감귤밭 — 감귤도 따고 감귤 음료도 마시고 p141
- **16:30** 마린파크 — 돌고래와 스킨십으로 교감하는 p394
- 차로 12분
- **14:30** 헬로키티아일랜드 — 블링블링한 핑크빛 키티 천국 p395
- 차로 13분
- 차로 12분
- **19:00** 호텔 더본 제주 — '백종원 호텔'에서 저녁 식사까지 해결 p327

3 day

- **09:30** 천제연폭포 — 칠선녀가 목욕했던 옥황상제의 연못 p299
- 차로 20분
- **11:00** 서귀포매일올레시장 — 시장 구경하고 간식도 맛보고 p322

주물럭거리고 작동해보고 온몸으로 구르면서 즐거워하는 아이를 위한 신나는 체험 코스. 쉽게 지루해하는 아이들은 뭐든 직접 해보는 곳이 훨씬 재밌다. 체험 프로그램이 있는 박물관, 동물 친구를 만나고 교감하는 여행지, 숲속을 가르며 기차 타기, 가족 모두가 좋아할 맛집을 포함했다. 다소 빡빡한 일정이니 상황에 맞게 덜어내도록.

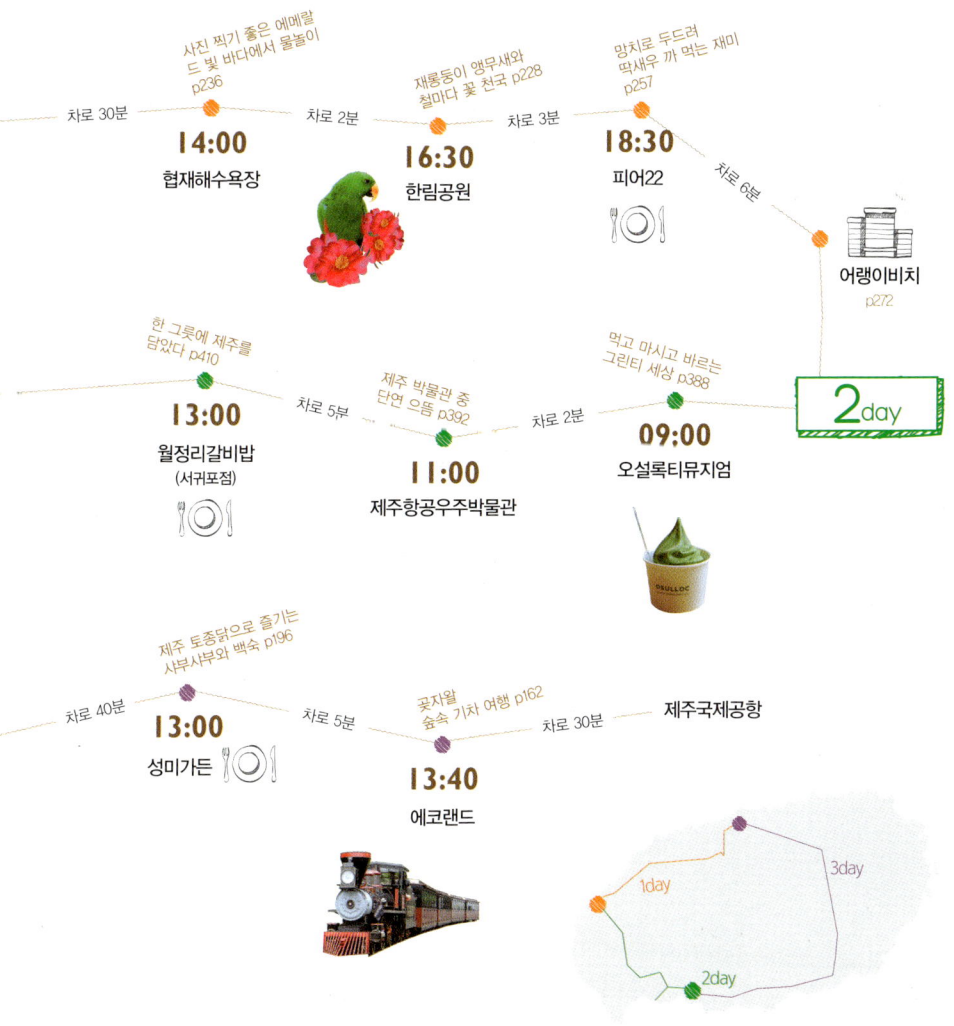

COURSE 02

알콩달콩 셀카놀이 **2박 3일 커플 여행**

1day

- **10:00** 용담이호해안도로
  — 여행 워밍업하는 이름난 드라이브길 p109
  (차로 30분)
- **11:00** 더럭초등학교
  — 무지개빛 학교에서 컬러풀한 사진 찍기 p233
  (차로 10분)
- **12:00** 카페 봄날
  — 통창 너머 일렁이는 바다 보며 커피 한잔 p261
  (차로 20분)
- **13:30** 밥깡패
  — 해녀파스타, 토마토고추커리로 서부권 맛집 팽정 p249

- **13:00** 더클리프
  — 최고의 뷰 보며 칵테일과 피자 p315
  (차로 5분)
  ← 차로 1시간 30분 — 성산항 — 배로 15분
- **15:30** (우도)산호해수욕장
  — 맥주 안주로 삼고 싶은 팝콘 해변 p436
- **16:30** (우도)검멀레해변
  — 우도봉 아래 해변에서 땅콩아이스크림 먹기 p438
- **17:30** (우도)풍원
  — 한라산볶음밥의 원조 p441

배로 15분 — 성산항 — 차로 10분

플레이스 캠프 제주 p375

3day

- **09:00** 카페공작소
  — 세화해변 예쁜 테이블에서 인증샷 찍기 p201
  (차로 15분)
- **10:30** 월정리해변
  — 제주 낭만 1번지 해변에서 산책하기, 또는 투명카누 p173

러블리하고 낭만적인 추억 여행을 위한 코스. 초록 융단이 펼쳐진 녹차밭, 사계절 꽃대궐인 정원, 유난히도 물빛이 예쁜 해변과 원시림 등 제주의 자연은 고스란히 커플들의 셀프 촬영하기 좋은 배경이 된다. 여기에 무드 돋는 바닷가의 숙소와 카페, 감각적 디자인의 소품숍까지 총집합! 꼭 커플이 아니라도 요즘 SNS를 뜨겁게 달구고 있는 핫스폿만 쏙쏙 뽑았으니 누구랑 가도 좋을 수밖에….

- 차로 20분 — **14:30** 금능으뜸해변 (협재와 이웃한 호젓한 에메랄드 바다 p236)
- 차로 20분 — **15:30** 오설록티뮤지엄 (먹고 마시고 바르는 그린티 세상 p388)
- 차로 15분 — **16:40** 카멜리아힐 (수국과 동백꽃 터널에서 감성 사진 찍기 p390)
- 차로 15분 — **19:30** 사운스바운더 (맛있는 크래프트 비어와 최고의 안주 p313)
- 차로 2분 — 히든클리프호텔 & 네이처 p325

2day
- **09:00** 제주 테디베어뮤지엄 (명실상부 제주 최고의 곰 인형 나라 p292)
- 차로 2분 — **10:00** 중문색달해변 (와싱토니아 야자나무가 이국적인 해변 p295)
- 차로 7분 — **11:30** 천제연폭포 (칠선녀가 목욕했다는 전설의 폭포 p299)

- **12:00** 만월당 (제주 옛집에서 맛보는 퓨전요리 p186)
- 도보 5분 — 차로 35분 — **14:30** 에코랜드 (초록초록한 곶자왈 숲속 기차 여행 p162)
- 차로 35분 — **16:30** 더 아일랜더 (제주 작가들의 아트 상품이 한자리에 p148)
- 차로 15분 — 제주국제공항

COURSE 03

도란도란 깔깔깔 **2박 3일 친구랑 여행**

1 day

10:00 아라리오뮤지엄
구도심의 빨간 미술관 투어 p103
차로 2분

11:30 자매국수
제주 3대 고기국수 중 하나 p123
차로 30분

12:40 사려니숲길
숲속의 요정 되어 셀카놀이 p176

14:00 아쿠아플라넷 제주 & 섭지코지
해안가 산책과 바다 생물과의 만남 p340 & p338
차로 10분

16:00 따라비오름
3개의 분화구가 만든 아름다운 오름 산책 p351
차로 30분

17:20 테라로사 제주
제주의 자연을 호흡하며 커피 한잔 p320
차로 15분

18:30 서귀포매일올레시장
수산시장에서 신선한 회와 식사 p322
차로 3분

20:30 서귀포항 & 새연교
새섬까지 무드 돋는 야경 감상과 산책 p304
차로 7분

미도호스텔 p328

3 day

09:00 천지연폭포
평탄한 길 따라 시원한 폭포 만나러 p301
차로 8분

10:30 제주에인감귤밭
감귤 체험하는 카페 p317
차로 35분

12:30 월정리갈비밥 (서귀포점)
제주산 흑돼지 갈비와 고슬고슬 밥의 조화 p410

허물없는 친구랑 함께 가는 여행 코스다. 해방감으로 부푼 마음, 어디를 가고 무엇을 먹든 즐거울 터. 튼튼한 두 다리로 숲길도 걷고, 오름도 오르며, 에너제틱한 보트를 타고 마음껏 소리도 질러보고, 주전부리를 즐기며 시장도 둘러본다. 소박하게 고기국수 한 그릇 먹더라도 카페만큼은 럭셔리하게! 바다 뷰를 즐기며 커피도 음미하고, 감귤 체험하며 감귤차도 마셔본다. 둘이 가도 좋지만 여럿이 가도 즐거운 코스.

COURSE 04

외롭지만 외롭지 않아 **2박 3일 나 홀로 버스 여행**

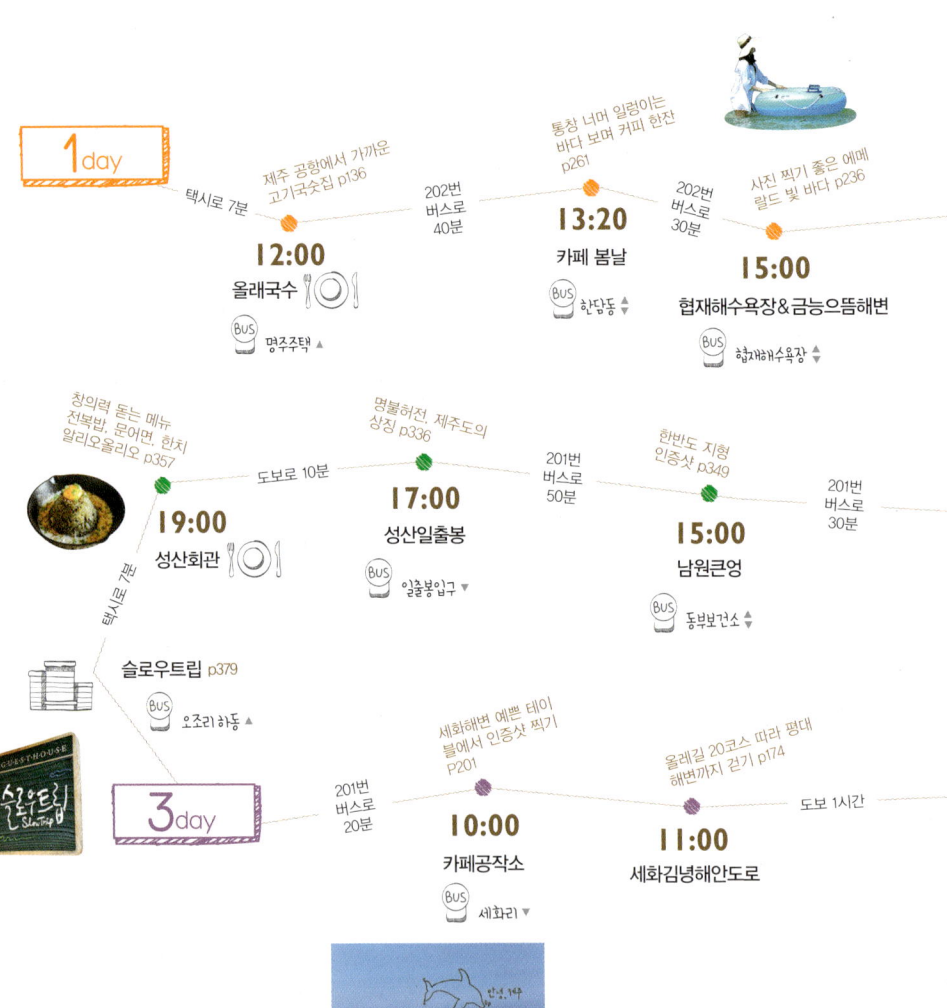

1 day

택시로 7분 — 제주 공항에서 가까운 고기국숫집 p136
12:00 올래국수
BUS 명주주택 ▲

202번 버스로 40분 — 통창 너머 일렁이는 바다 보며 커피 한잔 p261
13:20 카페 봄날
BUS 한담동 ▼

202번 버스로 30분 — 사진 찍기 좋은 에메랄드 빛 바다 p236
15:00 협재해수욕장&금능으뜸해변
BUS 협재해수욕장 ▲

창의력 돋는 메뉴 전복밥, 문어면, 한치 알리오올리오 p357
19:00 성산회관

도보 10분 — 명불허전. 제주도의 상징 p336
17:00 성산일출봉
BUS 일출봉입구 ▼

201번 버스로 50분 — 한반도 지형 인증샷 p349
15:00 남원큰엉
BUS 동부보건소 ▲

201번 버스로 30분

택시로 5분 — 슬로우트립 p379
BUS 오조리하동 ▲

3 day

201번 버스로 20분 — 세화해변 예쁜 테이블에서 인증샷 찍기 P201
10:00 카페공작소
BUS 세화리 ▼

올레길 20코스 따라 평대해변까지 걷기 p174
11:00 세화김녕해안도로

도보 1시간

가끔 외롭기도 하지만 내 맘대로 빡세게, 혹은 나른하게 일정을 조정할 수 있는 여행이니 그 자유는 외로움에 비할 바가 아니다. 201번(동일주 노선), 202번(서일주 노선) 버스와 택시를 적절히 이용해 제주를 둥글게 일주하는 코스. 사실 혼자 하는 여행은 깨소금 맛이다. 그리고 혼자라야 여행 중의 근사한 로맨스도 기대할 수 있다.

COURSE 05

바람돌이 되어 제주 한 바퀴 **2박 3일 스쿠터 일주 여행**

스쿠터나 자전거 대여점은 제주항 근처에서 쉽게 발견할 수 있다. 이곳에서 출발하면 자연스럽게 시계 반대 방향으로 돌게 되어 있다. 줄곧 바다를 끼고 달리기 때문에 라이드하는 맛도 좋다. 자전거는 체력적으로도 힘들고 맞바람을 맞을 때는 더더욱 고난의 길이 되어버리기에 요즘은 스쿠터를 선호하는 추세. 자전거로 가보지 못하는 난코스도 거뜬하다. 체력 안배와 안전은 기본.

COURSE 06
더 늦기 전에 2박 3일 부모님과 여행

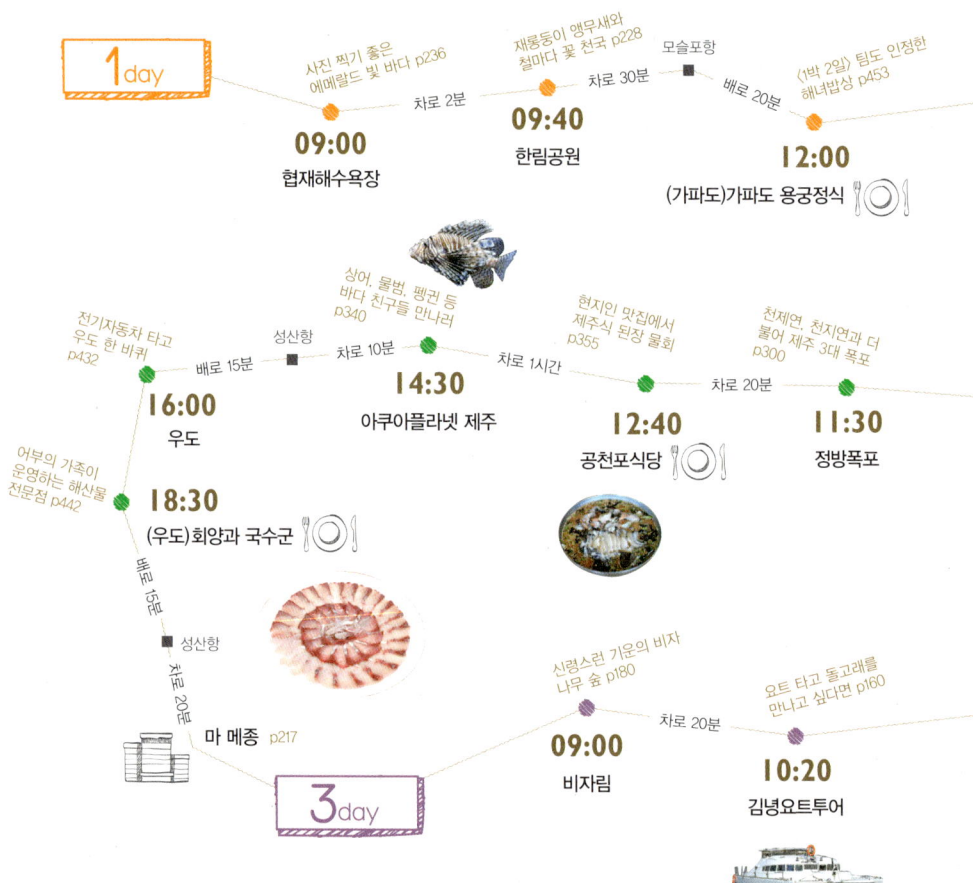

신혼여행 때 천지연폭포에서 기념사진 찍으셨을 부모님과 함께라면 이번에는 색다른 여행을 계획해보자. 섬 속의 섬, 가파도와 우도를 가는 거다. 환갑을 넘기신 부모님이라도 마음만은 이팔청춘. 그곳에 가야만 맛볼 수 있는 별미도 있고, 색다른 비경에 엔돌핀이 대량 방출될 것이다. 식사는 퓨전보다는 향토 별미로, 숙소는 럭셔리하게.

PART 3

제주시 중심권

항공편을 이용하는 여행자 대부분이 거치는 제주 여행의 관문이자 출발점. 그간 제주시 중심권에서는 자투리 시간 정도만 할애하는 경우가 많았지만, 요사이 다른 권역과 비교해도 결코 빠질 게 없는 다양함으로 무장하고 있다. 〈수요미식회〉에 소개된 우진해장국, 돌하르방식당, 순옥이네명가를 비롯해 천연발효빵으로 유명한 아라파파 등 맛집 필수 코스들이 시내에 모여 있다. 신선한 제주 맥주를 마시는 맥파이 브루어리, 제스피 등의 펍도 그냥 지나치기 아쉽다. 여행 후 돌아가는 길에는 동문재래시장에 들러 갈치나 옥돔, 흑돼지, 감귤 등을 구매하는 것도 좋겠다.

제주시 중심권 버킷리스트 10

1 용담이호해안도로에서 드라이브 즐기기 **2** 제주 시내 핫한 빵집 투어 **3** 아라리오뮤지엄 투어하기 **4** 동문재래시장에서 신선한 회 사다 먹기 **5** 넥슨컴퓨터박물관에서 게임 삼매경

6 제주마방목지에서 조랑말 만나기 **7** 감귤밭 카페에서 감귤주스 마시고 감귤도 따보기 **8** 공항 가기 전에 디자인 소품 쇼핑하기 **9** 제주 3대 고기국수 맛보기 **10** 신선하고 맛있는 제주 맥주 마시기

제주시 중심권 지도

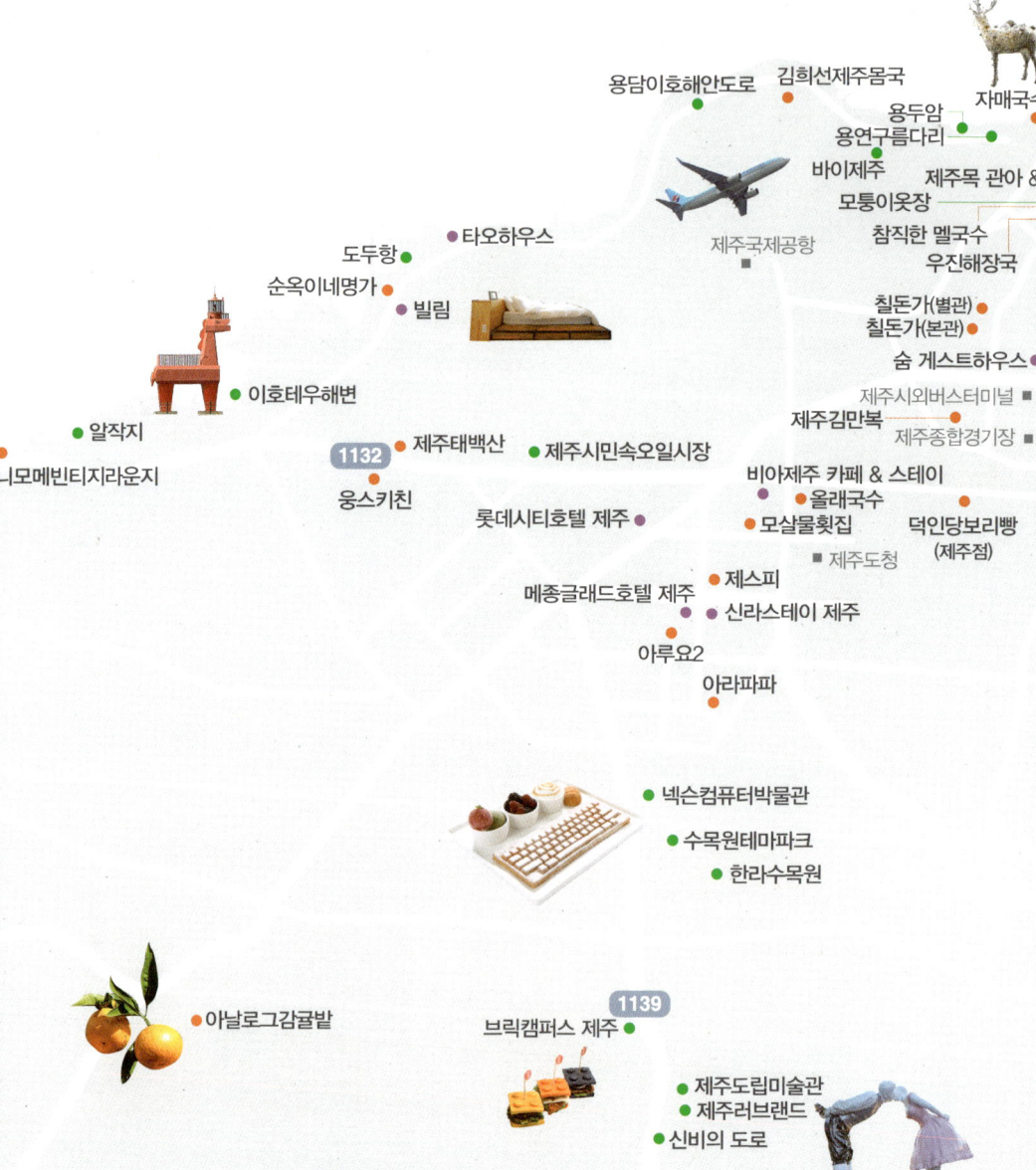

● 미쿠니

제주시새우리　　　　　　　　　제주국제여객터미널
　　　　　　■ 제주항
일통이반
아라리오뮤지엄　　　　　　● 산지등대　　　　　　　　● 삼양검은모래해변
　● ■ 탑동광장　미친부엌　　　　　■ 별도봉　　　1132
　●●　　● 더 아일랜더　　사라봉
　　　● 와르다레스토랑　　　■
관덕정　● 관덕정분식　● 두맹이 골목
●●　　　　　　　　● 국립제주박물관
　●　● 동문재래시장　● 돌하르방식당　　　　　　　　● 아코하루
서문뒷고기

　　● 삼성혈
　　　　● 갯것이식당

　　　■ 제주시청　　　　　　　　97
● 대우정
　　● 커피파인더
　　　　● 마구로하브동　　　　　　　　　　　2.7km
　　● 바그다드　　　　　　　　　　● 맥파이 브루어리
　　　　● 메종드쁘띠푸르

● 그러브로
　　　　1131

● 쿠쿠아림

　　　　　　　　　　　　　↓ 4km　● 제주마방목지
　　　　　　　　　　　　　↓ 9.7km　● 절물자연휴양림

SIGHTS

게임보다 더 재미있는 박물관
넥슨컴퓨터박물관.

제주시 1100로 3198-8(노형동 86 NXC 센터) OPEN 10:00~18:00 CLOSE 월요일, 설날, 추석 당일 메가티켓 어른 8000원, 어린이 6000원 064-745-1994

컴퓨터 게임 〈바람의 나라〉로 소위 대박을 친 넥슨컴퍼니가 오픈한 '게임보다 더 재미있는 박물관'. 게임에 푹 빠져 식음을 전폐하는 아이를 둔 부모라면 게임이라는 말만 들어도 몸서리치겠지만 이곳은 뜻밖에도 온 가족이 함께 즐길거리가 많다. 게임 마니아들은 게임기에 직접 팩을 꽂아 컨트롤러로 게임하고, 중년 부모님은 벽돌 깨기나 갤러그 등으로 추억에 젖어볼 수 있다. 어린아이는 손으로 조작하며 창의력을 키우는 크리에이티브 토이 프로그램이 제격. 1~2층 전시장과 3층의 오픈 수장고, 1980~90년대 오락실을 재현한 지하 전시실에 컴퓨터 관련 볼거리가 풍성한데, 특히 눈여겨볼 것은 애플의 공동 창업자인 스티브 잡스와 스티브 워즈니악이 만든 애플 최초의 컴퓨터인 '애플 I'. 세계 2대 경매 회사인 소더비 경매에서 무려 4억어 원에 낙찰받았으며 워즈니악이 박물관까지 와서 사인해준 귀하신 물건이란다.

SIGHTS

제주의 구겐하임 미술관을 꿈꾸는
아라리오뮤지엄.

📍 동문모텔1 제주시 산지로 37-5 / 동문모텔2 제주시 산지로 23 / 탑동시네마 제주시 탑동로 14 🈺 탑동시네마, 동문모텔1·2 10:00~19:00 🈲 탑동시네마 월요일 / 동문모텔1·2 월요일 ※ 2021년 6월까지 코로나19로 인한 임시 휴관 💰 동문모텔1·2 어른 2만 원, 어린이 8000원 / 탑동시네마 어른 1만5000원, 어린이 6000원 / 탑동시네마 + 동문모텔1·2 어른 2만4000원, 어린이 9000원 📞 동문모텔1 064-720-8202, 동문모텔2 064-720-8203, 탑동시네마 064-720-8201

제주시 구도심에서 독특한 빨간색 외관으로 눈길을 끄는 아라리오뮤지엄은 한국인으로서는 유일하게 세계 200대 아트 컬렉터로 꼽히는 김창일 관장이 방치된 극장, 모텔 건물 등을 새롭게 탄생시킨 현대 미술관이다. 컬렉터이자 자신 역시 아티스트이기도 한 김 관장은 이미 서울의 구 공간사옥을 '보존과 창조'라는 기치 아래 리모델링하여 인 스페이스 뮤지엄으로 운영하는 중. 제주의 세 미술관 역시 원래의 낡음을 보존하면서 그 안에 국내·외 작가들의 회화와 사진, 설치미술 작품을 다양하게 전시하고 있다. 이곳에서는 김 관장이 소장한 3700여 점의 작품들이 상설 전시되고 있으며, 국내·외 작가들의 기획전이 연중 열리고 있다. 앤디 워홀의 마릴린, 빌 비올라의 미디어 아트, 키스 해링의 작품을 비롯해 미디어 아트의 선구자인 백남준과 김 관장 자신의 작품도 이곳에서 만날 수 있다.

SIGHTS

오싹한 냉동실 체험
수목원테마파크

⊙ 제주시 은수길 69(연동 1320) ⏰ 09:00~20:00(입장 마감 19:00) 📅 연중무휴 💰 아이스뮤지엄+3D 착시아트+5D 영상관+VR 1회 어른 1만5000원, 청소년·어린이 1만4000원, 초콜릿 만들기 8000원, 아이스크림 만들기(2인 이상) 1인 8000원 📞 064-742-3700

땀 뻘뻘 나는 무더운 여름에 들르면 금상첨화. '수목원테마파크'라는 이름 때문에 울창한 수목원을 떠올리기 쉽지만 사실은 아이스뮤지엄과 3D 착시아트, 5D 영상관 등으로 구성된 실내 테마존이다. 그중 가장 독특한 공간은 역시 아이스뮤지엄. 입구에서 나눠주는 담요를 뒤집어쓰고 영하 4℃의 얼음굴로 향하면 이글루, 하르방, 펭귄 등 얼음조각 작품들이 기다린다. 온몸으로 얼음을 즐기고 싶다면 체면 불구하고 얼음썰매를 타보자. 카메라와 안경까지 김이 서려 사진을 찍기도, 옆 사람을 알아보기도 어렵지만 얼음을 가르는 스피드만큼은 최고다. 아이들과 함께라면 달콤한 초콜릿이나 아이스크림 만들기 체험에 참여해보자.

제주를 알고 여행하고 싶다면
국립제주박물관.

◎ 제주시 일주동로 17(건입동 261) 🕙 10:00~18:00 🚫 월요일, 1월 1일, 설날, 추석 💰 무료 📞 064-720-8000

'국립'과 '박물관'이란 명사가 한데 붙어 있으니 어쩐지 하품부터 나올 것 같지만, 알고 보면 쏠쏠한 깨알 재미와 뿌듯함까지 안고 나올 수 있는 곳. 우리가 상상했던 그 모든 연대기적인 전시물은 기본이고, 특히 '기록광'이었던 제주 목사 이형상이 화공을 데리고 다니며 각 고을 특징을 그림으로 그린 탐라순력도(1702년)가 흥미롭다. 300여 년의 제주를 기록한 43폭의 탐라순력도는 제주의 보물로 지정되었으며 아름다운 단행본으로도 시중에 나와 있다. 아이와 함께 간다면 최신 기술과 접목한 콘텐츠로 새롭게 단장한 어린이올레 체험관에 들러볼 만하다. 기존의 콘텐츠에 디지털 아트 기법을 도입해 더욱 생생한 체험을 할 수 있다. 여기서 퀴즈! 조선시대 제주도 지도에는 제주시와 서귀포시가 거꾸로 그려져 있는데, 이유가 뭘까? 답은 직접 가서 확인해보시라.

SIGHTS

2000원으로 즐기는 우아한 반나절
제주도립미술관.

◎ 제주시 1100로 2894-78(연동 680-7) ⏰ 09:00~18:00(코로나19 상황 종료 시까지 사전 예약제) 🚫 월요일, 1월 1일, 설날, 추석
💵 어른 2000원, 어린이 500원 📞 064-710-4300

관람료 2000원으로 반나절쯤 우아하고 여유 있게 보낼 만한 곳. 제주 4·3 항쟁을 널리 알린 제주 출신 강요배 작가의 작품을 비롯해 회화, 조각, 드로잉, 판화 등 800여 점의 소장품을 보유하고 있다. 이밖에 국립현대미술관 순회전이나 해외 미술 특별전 같은 기획전이 열리며, 매달 '미술관 속 영화관'이라는 타이틀로 무료 영화도 상영한다. 물 위에 떠 있는 듯 보이는 노출 콘크리트 건물 자체도 건축문화대상 우수상을 받은 작품. 1층에는 미술관 반영이 멋진 인공 호수와 카페가 있고, 2층 야외 옥상으로 올라가면 한라산의 멋진 풍경이 펼쳐진다. 제주국제공항과 15분 거리로, 자투리 시간이 남았거나 날씨가 받쳐주지 않을 때 들르면 후회는 없는 곳이다.

작은 브릭으로 만든 예술 테마파크
브릭캠퍼스 제주.

◎ 제주시 1100로 3047(노형동 244-1) ⓞⓟⓔⓝ 갤러리, 플레이 11:00~18:00, 카페 12:00~16:00 ⓒⓛⓞⓢⓔ 연중무휴 🍴 어른·어린이 1만5000원, 수제 브릭버거 1만500원 📞 064-712-1258

어릴 적 레고를 가지고 멋진 성을 조립해본 기억이 있다면, 브릭캠퍼스 제주는 그 추억을 마음껏 펼쳐내기 좋은 곳이다. '레고박물관'이라 불리기도 하지만 사실 레고는 브릭 완구의 한 브랜드일 뿐. 이곳은 다양한 브릭들로 만든 예술 작품들을 감상하고 체험할 수 있는 테마파크이다. 네온 브릭으로 만든 디즈니성 등 크고 작은 브릭으로 재현한 작품들은 어린이는 물론 키덜트들의 시선을 사로잡기 충분하다. 전시장 관람이 끝나면 PLAY 1, 2관으로 연결되는데, 특히 PLAY 2관에서는 브릭들을 벽에 붙이는 모자이크 체험이 있어 아이들이 즐거워한다. 브릭캠퍼스 카페에서는 수제 브릭버거와 초콜릿 브릭 아이스크림을 맛볼 수 있다.

제주 여행의 낭만적인 마무리
도두항 & 이호테우해변.

◎ 제주시 이호동 1600

올레길 17코스로 제주 시내와 가까워서 시민들이 즐겨 찾는다. 공항에서 가장 가까운 해변이라 비행기를 타기 전 자투리 시간에 들러 시간을 보내기에 좋다. 해 질 무렵에는 빨갛고 하얀 목마등대 너머로 아스라이 떨어지는 붉은 노을을 감상하며 제주와 뜨거운 작별을 하자. 이호테우해변 자체가 그리 아름다운 바다 풍경은 아니지만 시내 가까운 곳에 이런 해변이 있다는 게 고마울 뿐. 여름에 가면 서핑과 제트보트를 즐기거나 백사장에서 말을 타는 사람도 볼 수 있다. 전형적인 항구의 풍광을 간직한 도두항에서부터 이호테우해변까지 한적한 산책로를 따라 걷기에도 좋다. 요트가 정박해 있는 마리나와 고기잡이배들, 생선뼈를 모티브로 한 다리 위에서 내려다보는 도두항 풍경도 아름답다.

SIGHTS

설렘을 안고 제주 여행 워밍업
용담이호해안도로(용두암 & 용연구름다리)

◎ 제주시 용담2동, 용담3동

용담동에서 이호테우해변까지 이어지는 용담이호해안도로는 유명한 횟집과 분위기 좋은 카페들이 들어서 있는 이름난 드라이브 길이다. 이 길에 있는 용두암은 제주국제공항과 가까운 탓에 제주 여행을 시작할 때나 마치고 돌아가기 전에 들르게 되는 고전적인 관광지. 한 번쯤 제주를 여행해본 나이 지긋한 여행자들에게는 추억 돋는 여행지이기도 하다. 이곳에서 남녀노소 할 것 없이 열광하는 풍경은 바로 울퉁불퉁 바위 아래 목욕탕 의자 깔고 앉은 해녀 할머니가 썰어주는 제주산 해산물! 이를 안주 삼아 한라산 소주를 한잔 털어 넣는 기분이 근사하다. 용두암에서 구시가지로 들어가는 길에 위치한 용연계곡의 맑은 물은 쇠소깍을 연상시킬 만큼 맑다. 용연구름다리는 불 밝히는 밤에 데이트하기 좋다.

가슴이 뻥~ 뚫리는 조랑말 보호구역
제주마방목지.

📍 제주시 516로 2480(용강동 산 14-17)

해발 600m의 1131번 도로(5.16 도로)를 달리다 보면 한라산 중턱쯤에서 만나는 목가적인 풍경, 제주마방목지다. '제주마'는 제주 조랑말의 공식 명칭. 언뜻 봐도 배가 불룩하고 다리가 짧은 건 토종 제주마이고 다리가 길고 날씬한 건 경주마로 그다지 구별이 어렵지 않다. 토종 제주마는 생김새만큼이나 성격도 온순하며 강한 체질이라 하는데 1980년 중반을 기점으로 멸종 위기에 이르렀던 것을 천연기념물로 지정해 보호하고 있다. 대부분의 아기동물들이 귀엽지만 5~6월쯤 이곳에 들르면 엄마 곁에 찰싹 붙어 아장아장 걸음마하는 망아지들이 엄마 미소를 짓게 한다. 한겨울 천연 눈썰매장으로 변신할 때면, 썰매를 빌려주는 트럭과 따끈한 어묵을 파는 포장마차도 나타나 도시의 눈썰매장이 부럽지 않다.

제주고사리삼을 아십니까?
한라수목원.

◎ 제주시 수목원길 72(연동 1000) 자연생태체험학습관 09:00~18:00(동절기는 17:00까지) 설날, 추석 당일 무료 064-710-7575

제주 도심에서 그리 멀지 않은 광이오름 정상에 조성된 22만㎡의 도심 속 녹지다. 제주도청에서 10분이면 도착할 만큼 가깝고 입장료도 없어서 하루 수십 대의 관광버스가 드나든다. 그러니 한적하게 산책하고 싶다면 특히 주말은 피할 것. 평상시에는 제주 시민들의 산책로로 애용되는데, 수목원테마파크 옆에 위치해 함께 둘러보기에도 좋다. 제주에만 자생하는 희귀식물이 많은 이 수목원은 우리나라 식물원 가운데 첫 번째로 환경부로부터 서식지 외 보전기관으로 지정된 바 있다. 특히 2001년 발견되자마자 세계 양치 식물학계의 관심을 끈 제주고사리삼은 꼭 눈여겨볼 것. 얼핏 평범해 보이는 이 제주고사리삼은 6000만 년 전 살았던 오래된 식물인데 제주도에 출현한 것 자체가 미스터리라고.

제주 시내에서 숲이 그리울 때
절물자연휴양림。

◎ 제주시 명림로 584(봉개동 산78-1) ⓞ 07:00~18:00(매표 시간) ⓒ 연중무휴 🎫 어른 1000원, 어린이 300원 / 주차료(중소형) 3000원 📞 064-728-1510

제주시 봉개동 절물오름의 북쪽 기슭을 끼고 조성된 휴양림이다. 캐나다 숲같은 아름드리나무는 아니지만 총 300만㎡ 면적에 삼나무가 빽빽하게 들어서 있고, 그 사이로 조성된 장생의 숲길, 생이소리질 등 특색 있는 데크 길을 따라 산책하기 좋다. 울창한 숲이지만 중산간이 아닌 제주 시내에 위치해 있어 바다가 아닌 숲을 보고 싶을 때 들르면 좋다. 특히 호젓한 피톤치드 숲에서 마음을 쉬고 싶다면 성수기나 휴일은 피할 것. 아이와 함께라면 목공예 체험이나 숲 해설 프로그램도 좋다. 이곳의 자연휴양림에서 하룻밤 묵으려면 원하는 날 바로 전 달의 1일에 예약해야 한다. 여느 자연휴양림이 그렇듯 이곳 역시 경쟁이 치열하다.

SIGHTS

100년 역사를 품은 제주의 숨은 비경
산지등대.

⊙ 제주시 사라봉동길 108-1(건입동 340) OPEN 09:00~18:00 CLOSE 연중무휴 무료 📞 064-720-2672 🏠 제주해양수산관리단 jeju.mof.go.kr

사라봉 중턱 언덕 위에 자리한 산지등대는 1916년에 세워진 100년 역사를 지닌 등대다. 1999년에 새 등대가 들어서면서 더 이상 이용하지는 않지만 역사적 가치 차원에서 원형 그대로 보존하고 있다. 계단을 통해 올라가면 전망대에서 제주항이 한눈에 내려다보인다. 하룻밤 등대지기 체험을 하는 산지원이 있으므로 제주해양수산관리단 홈페이지에서 신청해보자. 생각만 해도 로맨틱한 등대에서의 하룻밤은 워낙 경쟁도 치열하니 끈기를 가지고 도전해볼 것.

제주도 유일의 몽돌해변
알작지.

⊙ 제주시 태우해안로 60(내도동 475)

200m가량 펼쳐진 제주도 유일의 몽돌해변. 특별한 편의시설이 없는 작은 해변이지만 파도가 들고날 때마다 '자르륵 자르륵' 소리가 나면서 귀를 즐겁게 한다. 때때로 제주에 상륙한 태풍의 영향으로 퇴적물이 쌓여 몸살을 앓고 있다는 뉴스 기사가 보도되는 곳이다. 막상 가보면 몽돌해변이구나, 하는 느낌 외에 별다른 감흥은 없다. 지나는 길에 내려서 볼만하다.

뜨겁고 검은 모래찜질 한번 해보실래요?
삼양검은모래해변

◎ 제주시 원당로(삼양1동) ☏ 064-728-3991

철이나 마그네슘이 많은 화산암이 오랫동안 침식되어 만들어진 검은 모래 해변. 멀리서 바라보면 일반 백사장과 크게 다르지 않지만 손바닥에 올려놓고 보면 유난히 곱고 검은 빛을 띤다. 철과 마그네슘 성분이 신경통과 비만에 좋다고 하여 여름이면 뜨거운 모래를 덮고 찜질하는 이들이 많다. 올레길 18코스를 걷다가 잠시 쉬어가기에도 좋다.

깡통을 굴리면 즐거워지는 도로
신비의 도로

◎ 제주시 1100로 2894-63(노형동 289-15)

분명 오르막인데 깡통이 위로 굴러 올라간다? 눈으로 보고도 믿을 수 없는 '신비의 도로'의 신비. 중국인 단체관광객의 필수 코스인 이곳에서 자동차 시동을 끄고 그 현상을 몸소 느껴보는 이들이 줄을 잇는다. 주변 지형의 영향으로 일어난 착시 현상이라는 것을 이제 알 만한 사람은 알고 있지만, 물을 뿌려보거나 공을 굴려보는 중국인 관광객들을 보는 것이 더 재미있다.

'신화 1번지'에서 즐기는 나무 그늘
삼성혈.

◎ 제주시 삼성로 22(이도1동 1313) 09:00~18:00(1월 1일·설날·추석 10:00 개장) 어른 2500원, 어린이 1000원 064-722-3315

삼성혈은 먼 옛날 제주의 토착 성씨인 고 씨, 양 씨, 부 씨의 시조인 세 신인이 솟아났다는 신화를 간직한 제주 역사 1번지. 전설 같은 얘기들이 전해져오는 곳이지만 막상 가보면 가까이 들여다볼 수 없고 먼발치에서 다만 짐작할 뿐이다. 궁금함은 삼성혈의 신화를 쉽게 풀어서 보여주는 전시관의 15분짜리 애니메이션을 보면서 달래면 된다. 한여름 시원한 나무 그늘 아래에서 한가롭게 산책하고 싶을 때 이만한 곳이 없다.

지나치면 아쉬운 조선시대 제주읍의 관아 터
제주목 관아 & 관덕정.

◎ 제주시 관덕로7길(삼도2동 43-3) 09:00~18:00 연중무휴 어른 1500원, 어린이 400원 064-710-6714

무심코 지나치기 쉬운 제주목 관아와 관덕정은 제주 영욕의 역사를 함께해온 사연 많은 유적지. 전국에서 원형을 가장 잘 재현한 조선시대 관아 터로 손꼽히지만 '유적지'라서 좀 따분할 거라는 선입견 때문에 굳이 찾지 않게 되는 것도 사실이다. 하지만 자투리 시간이 남을 때 들르면 의외로 재밌다. 목관아 마당의 곤장 틀에 일행을 엎드리게 해 곤장을 때리거나 사또 행세를 하며 숨은 연기력을 테스트해보자.

성에 대한 내숭이 와장창 깨지는
제주러브랜드.

◎ 제주시 1100로 2894-72(연동 680-26) ⓞ 09:00~22:00 ⓒ 연중무휴 ⓦ 어른 1만2000원, 경로(65세 이상) 1만 원 ※미성년자 입장 불가 ☏ 064-712-6988

'발칙한 상상과 뻔뻔한 즐거움이 있는' 제주러브랜드. 별스럽지 않은 척하며 은근히 상상력을 발휘하는 젊은이, 낯가림을 상실하고 왁자지껄 한바탕 시원하게 웃는 중년 부부, 성인용품 앞에서 부끄러워하는 '남친'을 용감하게 잡아끄는 '여친' 등 조형물보다 사람 구경이 더 재미있는 곳이기도 하다. 정원에 설치된 작품보다 백록미술관에 전시된 성인용품과 점토 작품들이 리얼하다. 민망함은 잠시. 성에 대한 독특한 시선과 신선한 발상이 재미있어 누구나 금방 뻔뻔해지게 된다.

골목 벽화 따라 추억이 피어난다
두맹이 골목.

◎ 제주시 일도2동 1006-42 제주중앙병원 근처(청하당 한의원과 제주은행 사이 골목)

돌멩이가 많은 지역이라 '두맹이'로 부르는 이 동네는 제주시에서 가장 낙후된 골목 중 하나. 원래는 제주성 밖의 빈 땅에 사람들이 모여 살기 시작하며 형성된 마을이다. 2008년 이 골목을 대상으로 '기억의 정원, 두맹이 골목 프로젝트'를 추진. 골목 양쪽을 따라 벽화가 피어났다. 겨우 350m 정도의 골목이지만 지금의 중년들이 어릴 적 해보았을 법한 추억의 놀이가 벽화 구석구석에 오롯이 담겨 있다. 말뚝박기하는 아이, 담벼락 창을 내다보며 활짝 웃는 아이, 딱지치기하는 아이 등을 따뜻한 그림 톤으로 소박하게 표현했다.

FOOD

육부 외길 30년 자부심의 흑돈 명가
제주태백산.

제주시 도공로 154-12(이호이동 177-5) 11:00~22:00 연중무휴 흑돈한마리 8만 원, 흑오겹살 2만 원, 흑목살 2만 원, 수제양념갈비 1만8000원, 한우 육회+초밥 세트 2만7000원, 들기름막국수 8000원, 몬딱찌개 6000원 064-744-0001

본래 노형동에 자리하고 있었으나. 이호이동의 깨끗하고 넓은 주차장이 있는 신축 건물로 이전했다. 이곳의 주인장은 육부 외길 인생 30년을 걸으며 제주 상위 1%의 흑돼지, 제주 한우만을 취급해왔다는데, 그 자부심이 음식에 고스란히 담겨 있다. 주메뉴는 제주도의 명물 흑돼지. 그중에서도 흑오겹살, 흑목살이 대표적이고, 특수 부위로 식감 좋기로 소문난 가브리살, 갈매기살, 항정살 등도 맛볼 수 있다. 이외에도 한우 육회와 초밥의 조합이 훌륭한 세트 메뉴도 있다. 태백산식 청국장인 몬딱찌개와 독특한 비주얼을 자랑하는 들기름 막국수까지 곁들이면 제주에서의 거나한 식사가 완성된다.

넉넉하게 쓴 해물의 신선한 맛
순옥이네명가.

제주시 도공로 8(도두동 2615-5) 09:00~20:30(브레이크 타임 15:30~17:00) 둘째·넷째 화요일 전복물회 1만5000원, 순옥이네물회 1만5000원, 전복뚝배기 1만5000원, 성게국 1만 원 064-712-3434

전복, 뿔소라, 해삼 등 해산물이 그득그득한 물회를 맛보는 곳. 40여 년 경력의 해녀가 운영하는데, 처음에는 직접 채취한 해산물로 요리하다가 〈수요미식회〉에 소개돼 줄 서는 맛집이 된 지금은 가게 뒤편에 전복, 소라가 든 수조를 두고 쓴다. 제주의 어느 맛집이건 대부분 물회 속 전복은 완도산을, 해물탕 속 홍합, 바지락, 꽃게는 서해나 남해 것을 쓴다. 다만, 순옥이네명가 물회는 전복이나 소라 등 재료를 아낌없이 듬뿍 넣어준다는 데 미덕이 있다. 된장과 고추장을 더한 양념장을 숙성시킨 육수를 쓰는데 초고추장 맛이 다소 강해 된장 베이스의 제주식 물회를 기대했다면 실망할 수도 있다. 물회 외에도 해산물이 푸짐하게 들어 있는 해물뚝배기, 비리거나 씁쓸한 맛이 나지 않는 성게알 가득한 성게미역국도 맛있다.

FOOD

짭짤 달달한 일본 가정식의 진수
아루요2。

제주시 신광로10길 22(연동 255-6)　11:00~20:00(일요일은 15:00까지)　일요일　카이센동(회덮밥) 1만 8000원, 카라아게동(튀김덮밥) 8000원, 나가사키 짬뽕 1만 원　064-745-4858

'마스터셰프 코리아' 우승자 김승민 셰프가 오픈하여 유명해진 집. 한때 빡빡머리 셰프의 명작을 맛보기 위해 '아루요1'과 '아루요2'가 미어터졌는데, 그가 유수암리에 예약제로 운영하는 '모리노아루요'를 새로 오픈한 이후 이곳에서는 비교적 차분하게 일본 가정식 요리를 먹을 수 있게 되었다. 이효리가 선물해주었다는 고양이 그림이 걸린 아담한 실내와 오픈형 주방에서 요리해주는 작은 선술집 같은 분위기가 정겹다. 아루요의 메뉴 가운데 가장 화려한 비주얼을 자랑하는 카이센동은 연어, 참치, 광어, 고등어, 문어, 낙지회 등이 고루 올라가 있다. 참기름과 간장 소스를 뿌린 밥 위에 회와 무순, 와사비를 올려서 함께 먹는다. 모든 메뉴가 고루 맛있는 집이다.

FOOD

비린 맛 걱정은 뚝! 일단 잡사봅서~
돌하르방식당.

📍 제주시 신산로11길 53(일도2동 320-14) OPEN 10:00~15:00 CLOSE 일요일, 국경일 🍴 각재기국 9000원, 해물뚝배기 9000원, 고등어구이 1만5000원 📞 064-752-7580

팔순의 강영채 할아버지가 끓여내는 각재기국(전갱이국)이 유명한 골목 맛집이다. 활활 타오르는 가스불 위에 각재기 뚝배기가 보글보글 끓고, 오래된 그릴에서 지글지글 고등어가 구워지는 오픈형 주방이 식욕을 한껏 돋운다. 제주 사람과 관광객이 고루 섞인 손님들은 주로 각재기국과 해물뚝배기, 고등어구이를 주문한다. 등 푸른 생선인 각재기로 끓인 국이라니 뭔가 비릴 것 같다는 편견은 오산! 신선한 각재기와 구수한 된장이 어우러져 전혀 비리지 않다. 쇼맨십이 강하고 에너지 넘치는 할아버지와 반찬이 떨어지면 잽싸게 리필해주는 직원들의 서비스도 인상적이다. 무엇을 주문하든 오동통한 고등어조림은 기본! 각재기국을 세 그릇 이상 주문하면 제철 생선조림을, 네 그릇 이상 주문하면 고등어구이를 서비스로 준다.

FOOD

수프 같은 걸쭉한 국물의
우진해장국.

제주시 서사로 11(삼도2동 831) 06:00~22:00 설날, 추석 고사리육개장 9000원, 사골해장국 9000원, 몸국 9000원, 녹두빈대떡 1만5000원 064-757-3393

제주육개장, 사골해장국 등 술 당기는 메뉴 덕에 소주나 막걸리를 곁들이는 테이블이 많다. 제주육개장을 주문하면 제주산 고사리와 돼지고기를 오랜 시간 푹 끓여낸 제주식 해장국이 뚝배기에 담겨 나오는데, 짜지도 맵지도 않으면서 깊은 국물 맛이 인상적이다. 특히 걸쭉하고 되직한 국물의 질감은 육개장이라기보다는 마치 돼지고사리 '수프' 같은 맛. 푹 고아진 건더기까지 훌훌 넘기고 나면 간밤에 한라산으로 무리하게 달린 속이 거짓말처럼 달래진다. 제주육개장과 더불어 매콤한 사골해장국도 인기. 번호표를 받아 줄 서는 맛집이지만 한 번에 많은 양을 끓여 놓는 메뉴 특성상 주문하면 금방 나오고 회전율도 빠른 것이 다행이다.

FOOD

두께에 놀라고 육즙에 놀라는 흑돼지연탄구이
칠돈가.

본관 제주시 서천길 1(용담2동 2695-4) / 별관 제주시 남성로 43(용담1동 189-3) OPEN 본관 13:30~22:00 / 별관 16:00~23:30 CLOSE 본관 둘째·넷째 수요일 / 별관 둘째·넷째 화요일 흑도야지 근고기 600g(2인분) 5만4000원, 백돼지 근고기 600g(2인분) 4만5000원, 김치찌개 7000원 본관 064-727-9092 / 별관 064-757-9092

두툼한 제주 흑돼지 목살을 연탄불에 통째로 구운 뒤 보글보글 끓는 멜젓(멸치젓)에 찍어 먹는, 근고기가 맛있는 집. 사장님께 물으니 마블링이 좋은 A급 최상급 목살을 쓰며 무엇보다 육즙을 잘 가두는 구이법을 엄격히 고수하는 것이 비결이란다. 그래서 맘대로 고기를 엎치락뒤치락했다가는 한소리 듣기 일쑤. 두툼한 고기가 익기를 차분히 기다리면 직원이 달려와 고기를 뒤집고 먹기 좋게 잘라 타지 않게 석쇠 가장자리에 옮겨준다. 이 집이 인상적인 건 두툼한 비계를 떼지 않고 그대로 먹는다는 것. 갓 잡은 제주 흑돼지 비계는 회로도 먹었을 만큼 제주 사람들이 좋아하는 부위로, 구우면 아삭하게 씹히면서 고소하기 이를 데 없다. 다만 근 단위로 파는 흑돼지 고기라 가격이 세다는 것이 흠. 본관이던 건물이 용담동의 별관이 되었고, 용담2동에 신축한 건물이 본관이 되었다. 양쪽의 영업시간이 다르다는 것도 참고하자.

FOOD

제주 3대 고기국수 중 요즘 대세
자매국수。

제주시 탑동로11길 6(삼도2동 1167-1) 09:00~20:00(브레이크 타임 14:30~16:00) 수요일 고기국수 8000원, 비빔국수 8000원, 멸치국수 6000원 064-746-2222

흔히 제주 3대 국수로 올래국수, 자매국수, 삼대국수회관을 꼽는다. 예전에는 세 국숫집이 나란히 우열을 가리기 힘들었는데, 요즘 이런저런 이유로 대세는 자매국수다. 삼성혈 앞에 있던 자매국수가 최근 탑동로로 확장 이전하면서 웨이팅 시간은 많이 줄었지만, 여전히 인기는 대단하다. 국수는 간단한 음식 같지만 기본 재료에 충실하지 않거나 내공이 없으면 그만큼 맛을 내기 어렵다. 자매국수의 고기국수는 잡내 없는 진한 육수에 탱글탱글한 중면, 고명으로 얹은 돔베고기의 삼박자가 환상적인 메뉴다. 쫄면 같은 비주얼의 비빔국수에도 돔베고기가 빠지지 않는데, 면을 썩썩 비비고 돌돌 말아 고기와 함께 한입 가득 채우면 흐뭇하다.

FOOD

오사카에서 온 참치덮밥
마구로하브동.

⊙ 제주시 연삼로 422(이도2동 1063-6) OPEN 11:00~21:00 CLOSE 일요일 도로도로동(소) 2만6000원, 하브동(소) 1만6000원 ☎ 064-726-5242

오사카 참치덮밥 전문점 마구로쇼쿠도의 한국 직영점으로 시작했으나 '마구로하브동'으로 이름을 바꾸고 새단장했다. 참치 사랑이 유별난 일본인의 요리답게 참치를 부위별로 떠내 뱃살, 등살 자체를 회로 올리거나 진득한 양념에 버무려서 올린다. 특히 기름기 많아 고소한 뱃살을 올린 도로도로동은 최고의 인기를 구가하며 빠르게 소진된다. 맛있는 참치덮밥을 더욱 맛있게 먹는 방법이 테이블 위의 메뉴판에 적혀 있다. 그러니까 우리나라 비빔밥처럼 마구 섞지 말고 생와사비를 조금만 덜어 먼저 회의 맛을 음미하고, 밥 먹는 것을 반복하라는 것. 여기에 함께 나오는 간장조미김과 먹으면 더욱 맛이 잘 어울리기에 대체로 김을 추가하게 된다. 평소 참치회를 좋아한다면 들러볼 만하다.

최고의 가성비를 자랑하는 실비 횟집
모살물횟집。

◎ 제주시 삼무로3길 14(연동 291-10) ⓞ 11:30~24:00 ⓒ 연중무휴 🍽 모둠회 3만~5만 원, 간단 모둠회 2만 원, 객주리조림(2인) 2만5000원 📞 064-713-0309

섬에 왔으니 그래도 회 한 접시는 맛봐야겠다면? 동문재래시장이나 서귀포매일올레시장에 가서 구매해도 좋지만, 제주에서 나는 제철 활어를 고루 섞어 착한 가격에 한상 받아보고 싶다면 이곳이 정답. 연동의 골목길에 위치한 작고 소박한 규모의 모살물횟집은 저렴한 가격에 푸짐한 회를 맛볼 수 있는 곳이다. 제주 사람들이 주로 찾는 이 횟집은 '스끼다시'라고 부르는 곁들이 반찬보다는 회 자체를 저렴하게 먹고 싶을 때 제격이다. 3만 원짜리 모둠회에 보통 방어, 광어, 우럭 등 다섯 가지 이상의 회가 나오고, 서비스로 고등어회, 갈치회, 회무침 등 3종 세트가 등장한다. 마무리로 탕까지 나오니 포만감은 충분하다. 메인 회와 곁들이 삼총사 회는 계절에 따라 그 종류가 달라진다.

전복볶음밥의 새로운 변신
제주김만복.

◎ 제주시 오라로 41(오라3동 2250-1) 08:00~20:30(재료 소진 시 조기 마감) 연중무휴 만복이네김밥 6500원, 통전복주먹밥 5500원, 오징어무침 5000원 064-759-8582

전복을 모티브로 한 김밥으로 유명한 30년 전통의 맛집이다. 제주에 전복을 식재료로 한 요리는 많지만 김밥이나 주먹밥, 컵밥 등의 간편한 메뉴로 재해석한 아이디어가 신선하다. 이 집의 시그니처 메뉴는 만복이네김밥. 전복 내장을 섞어 볶은 밥 사이에 달걀말이를 끼워 넣어 고소한 맛을 살렸다. 볶은 주먹밥 위에 통전복을 구워서 올린 통전복주먹밥, 전복이 오독오독 씹히는 전복컵밥도 인기 있다. 밥 종류 외에도 튀김이나 우동, 죽 메뉴 등 다양하다. 슴슴한 맛의 만복이네김밥은 매콤한 오징어무침이나 가오리회무침을 함께 주문해 곁들이면 더욱 맛있게 즐길 수 있다. 브레이크 타임에는 포장만 가능.

FOOD

바삭한 튀김과 깔끔한 국수의 만남
참직한 멜국수.

📍 제주시 서사로 2-1(제주시 용담일동 149-3) 🕒 월~수요일 11:00~22:00, 목요일 15:00~24:00, 금~일요일 11:00~24:00 연중무휴 🍜 멜국수 8500원, 비빔국수 8500원, 멜김밥 4500원, 멜&감자튀김 2만 원, 멜회무침 2만 원, 멜전 1만5000원 📞 064-752-9442

제주 방언으로 멸치를 뜻하는 '멜'은 제주도민들에게 친근한 식재료 중 하나다. 참직한 멜국수는 이 생멸치를 직접 손질하고 요리해 제주의 깊은 손맛을 느낄 수 있는 집. 서문시장 사거리에 자리한 이곳의 주메뉴는 멜국수. 멸치를 진하게 우려낸 육수에 생면과 다진 고기, 파, 당근 등의 푸짐한 고명을 올려 구수하고 깔끔한 뒷맛을 자랑한다. 새콤달콤한 소스로 입맛을 돋우는 비빔국수 역시 추천 메뉴. 면 요리와 함께 즐기기 좋은 멜 튀김은 생멸치를 저온 숙성 후 바삭하게 튀겨 비리지 않고 고소하며, 마치 피자를 연상케 하는 멜전 역시 이곳의 시그니처 메뉴이니 꼭 한번 맛보기를 추천한다.

얼큰하고 든든한 건강 한 끼
김희선제주몸국。

제주시 어영길 19(용담3동 1174-1) OPEN 월~금요일 07:00~16:00, 토요일 07:00~15:00 CLOSE 일요일 몸국 7000원, 고사리육개장 7000원, 성게미역국 1만 원 064-745-0047

공항에서 15분 거리에 위치해, 제주 여행을 시작하거나 마칠 때 든든하게 아침 식사를 챙겨 먹기 좋다. 제주 향토음식 중 꼭 먹어봐야 하는 음식을 꼽자면 몸국을 빼놓을 수 없다. 해초인 모자반을 제주식 방언으로 '몸'이라 하는데, 현지인들도 자주 찾는 이곳의 '몸국'은 돼지 사골 육수의 깊은 맛과 모자반의 깔끔한 뒷맛이 잘 어우러진 것이 특징. 쫀득한 수제비를 건져 먹는 재미도 일품이다. 고사리를 푹 고아 걸쭉하고 구수한 제주식 고사리 육개장과 신선하고 고소한 성게가 듬뿍 든 성게미역국도 즐겨봄 직하다. 친절한 주인장, 정갈한 밑반찬, 깔끔한 맛에 반해 다시 찾는 단골들이 많다.

FOOD

제주의 작은 프렌치 비스트로
쿠쿠아림.

제주시 아란2길 38(아라1동 6050-3), 도두점 : 제주시 서해안로 228(도두일동 1727) OPEN 11:00~21:00(브레이크 타임 15:30~17:30) CLOSE 연중무휴 쿠쿠아림 돈가스(데미그라스/크림) 1만5000원, 트러플버섯 크림파스타 1만9000원, 브라운버터 쉬림프파스타 1만9000원 064-753-6645, 도두점 : 064-742-0550

르꼬르동 블루 파리 출신의 이력과 프랑스 미슐랭 스타 레스토랑 경력을 가진 임윤휘 셰프가 운영하는 프렌치 레스토랑. 접근하기 어려운 프렌치 메뉴가 아닌, 익숙하면서도 독특하고 고급스러운 메뉴들로 여행객은 물론 현지인들의 입맛까지 사로잡았다. 이곳의 대표 메뉴는 제주산 돼지 안심을 사용한 부드러운 식감의 돈가스다. 미디움 웰던의 적당한 굽기와 바삭한 튀김옷의 조화는 '겉바속촉'의 정수를 담아낸 듯하다. 큼직한 블랙 타이거를 올린 브라운버터 쉬림프파스타 역시 맛봐야 할 메뉴. 쫄깃한 식감의 새우에 고소한 버터와 마늘, 구운 헤이즐넛으로 맛과 향을 더했다. 공항 근처에 오션뷰를 자랑하는 도두점을 새로 오픈했으니 가까운 지점을 골라 가면 된다.

FOOD

한우 · 흑돼지에 더해진 셰프의 손맛
웅스키친.

◎ 제주시 대동길 17-1(이호2동 116-3) OPEN 11:30~21:00(브레이크 타임 15:30~17:00) CLOSE 수요일 흑돼지함박스테이크 1만5500원, 흑돼지바비큐샌드위치 1만2500원, 새우크림파스타 1만5500원 ☎ 064-784-1163

제주 중산간인 송당리 맛집으로 입소문이 났던 웅스키친이 제주시로 이전했다. 송당리에서는 제주 전통의 돌집에 나무와 돌 등 자연을 실내로 끌어들이고 구석구석 빈티지 소품을 놓아 전체적으로 편안하고 따뜻한 분위기가 인상적이었는데, 현재는 작은 아파트 1층에 소박한 나무 기둥과 통창으로 꾸며 보다 개방적인 느낌. 웅스키친의 메뉴 가운데 특히 제주산 한우로 만든 햄버그스테이크와 바비큐 소스로 볶은 흑돼지 안심이 들어간 흑돼지바비큐샌드위치가 인기. 햄버그스테이크는 잘 다진 한우가 씹히는 부드러운 패티와 새콤한 소스가 잘 어울리고, 특유의 바비큐 향이 감도는 흑돼지와 만난 샌드위치는 손맛 좋은 셰프의 실력을 유감없이 보여준다.

FOOD

뉴트로 감성을 채운 퓨전 분식집
관덕정분식

◎ 제주시 관덕로8길 7-9(일도1동 1448) ⓞ 11:30~20:30(브레이크 타임 15:00~16:30) ⓒ 명절 당일 ▤ 관덕정떡볶이 5000원, 오징어먹물떡볶이 7500원, 한치튀김 1만2000원, 유부주먹밥 7500원, 명란아보카도비빔밥 1만 원 ☏ 064-757-0503

제주 원도심의 옛 떡볶이 골목에 추억이 '퐁퐁' 솟는 퓨전 감성 분식집이 나타났다. 1990년대까지 이곳은 다양한 분식집과 식당으로 북적이던 먹자골목이었다. 세월이 흘러 골목을 채우던 사람들도 하나둘 떠나가고 한적해진 이곳에 뉴트로 감성을 채운 관덕정 분식이 '분위기 맛집'. '핫플'로 각광받게 된 것. 새빨간 비주얼이 침샘을 자극하는 관덕정떡볶이를 비롯해 고소한 아보카도와 짭짤한 명란의 조합이 훌륭한 명란아보카도비빔밥, 특별한 속재료가 매력적인 유부주먹밥, '겉바속촉'의 한치튀김까지 다양한 감성 메뉴로 요즘 제주를 한입 가득 느낄 수 있다. 동문재래시장에서 빻은 제주산 고춧가루와 참기름 등 기본 재료부터 제주산 먹거리를 활용하는 것도 믿음직하다.

미친 맛보며 느끼는 혼술의 행복

미친부엌。

제주시 탑동로 15(삼도2동 1192-28) OPEN 17:30~24:00 CLOSE 월요일 고독한 미식가 세트(1인) 3만2000원, 푸짐한 애주가 세트(3인) 6만8000원, 공오빠 크림짬뽕 1만4000원 064-721-6382

'맛 미(味)'와 '친할 친(親)' 자를 써서 미친부엌이라 이름 붙였다지만 그의 음식을 맛본 이라면 '아해! 진짜로 미친 맛이라 미친 부엌이로군' 할지도 모른다. 일도동에서 삼도동으로 이전한 바 있는 미친부엌은 따뜻한 분위기와 맛난 안줏거리가 있어 슬그머니 숨어들고 싶은 이자카야다. 옆구리가 시린 날, 코트 깃을 세우고 이 집에 스며들어 '푸짐한 애주가 세트'를 주문해보자. 소주나 도쿠리 한 병에 입에 쩍쩍 달라붙는 감칠맛 나는 안주를 곁들이다 보면 입가에 슬며시 미소가 떠오른다. 신선하고 두툼한 회에 아들야들한 치킨 가라아게, 크림치즈와 꿀을 더해 '단짠'의 조화를 이룬 창난젓, 그리고 고소한 크림짬뽕으로 헛헛한 배를 채우다 보면 저절로 행복해진다.

제대로 된 인도 요리의 맛
바그다드

⊙ 제주시 서광로 32길 38(이도2동 1188-16) 11:00~23:00(브레이크 타임 15:30~17:30) 연중무휴 치킨커리류 1만3500~1만4500원, 채식커리류 1만1500~1만4500원, 난 2000~3500원 064-757-8182

이슬람 율법에 의해 다뤄진 육류인 할랄푸드로 조리한 맛있는 인도 음식을 맛볼 수 있는 레스토랑이다. 제주 현지인이나 외국인 사이에서도 이미 유명한 맛집으로 가수 이효리가 방문한 후로 한층 바빠졌다는 후문. 어둑어둑한 실내는 시타르로 연주하는 명상 음악이 흐르는 오리엔탈적인 분위기로 네팔 현지인 셰프의 제대로 된 요리를 맛볼 수 있어 10여 년간 꾸준한 인기를 얻고 있다. 인도식 화덕에 구워낸 탄두리 치킨과 난을 곁들여 먹는 다양한 커리 메뉴가 인기. 육류 대신 시금치, 코티지 치즈, 여기에 견과류를 갈아 넣어 고소한 맛이 일품인 팔락 파니르와 완전 채식주의자를 위한 비건 커리 등 손님의 섬세한 취향을 배려한 메뉴도 갖추고 있다.

제주시에서 맛보는 해녀의 손맛

갯것이식당.

📍 제주시 가령로 9(이도2동 319-3) 🕗 08:30~21:00 🚫 넷째 일요일 🍴 보말국 1만 원, 물회 1만~1만5000원, 조림류(소) 1만 8000~3만5000원 📞 064-724-2722

소라, 보말, 바지락처럼 생선은 아니지만 갯벌이나 갯바위 근처에서 채취하는 바다 생물을 '갯것'이라고 한다. 갯것이식당은 그 이름처럼 직접 따온 '갯것'과 손수 키운 채소로만 밥상을 차린다. 보말국, 성게국, 몸국 등 이 식당의 메뉴는 상큼한 바다 냄새가 물씬하다. 보말국을 주문하면 갯것으로 끓인 진한 보말국을 기본으로 보리, 흑미, 콩, 쌀 등을 넣은 오곡밥이 채반에 가득 담겨 나온다. 반찬으로 빠지지 않는 것은 제주도 별미인 자리돔젓. 제주에서는 반년 이상 숙성시킨 자리돔젓을 콩잎이나 다시마, 상추 등에 싸먹는다. '해녀가 운영하는 식당'에 대한 기대를 저버리지 않는 제주 스타일 식당이다.

FOOD

비주얼부터 유혹적인 딱새우김밥
제주시새우리.

제주시 무근성7길 24 (삼도이동 1053-22) 09:00~20:00 연중무휴 딱새우김밥 6500원, 딱새우꼬막무침 5000원 064-900-2527

제주에는 김밥 옆구리가 터질 정도로 재료를 꽉꽉 채워 넣는 김밥이 있는가 하면, 전복 내장인 게우에 볶아낸 김밥도 있다. 제주시새우리는 딱새우김밥으로 이름을 알렸다. 네모난 김밥 속에는 치자에 볶아낸 밥, 고형 딱새우, 비트에 절인 양배추를 넣어 색감을 살렸다. 김밥만으로는 싱거운 감이 있기 때문에 딱새우꼬막무침을 반찬 삼아 함께 주문하면 좋다. 김밥 속의 딱새우는 까먹는 딱새우 맛이라기보다는 단단한 게맛살 같은 식감. 참고로 성산점은 이제 영업하지 않는다.

예멘 요리사가 직접 만드는 할랄푸드
와르다레스토랑.

제주시 관덕로8길 24-1(삼도2동 148-3) 12:00~22:00 일요일 훔무스 9000원, 팔라펠과 호브스 1만2000원, 치킨케밥 7000원 064-751-1470

꽃을 뜻하는 '와르다'는 한국인 여주인의 애칭. 그녀는 2018년 내전을 피해 제주도에 온 예멘 난민들에게 온정의 손길을 내밀고, 셰프 아민 씨와 결혼에 골인했다. 극적인 러브 스토리만큼 마음을 사로잡는 것은 이곳에서 맛보는 아랍 메뉴들이다. 와르다는 예멘 요리사가 직접 만드는 제주 최초의 할랄푸드 레스토랑으로 이슬람 율법에 따라 무슬림이 먹을 수 있는 음식만 내놓는다. 아랍 느낌이 강한 메뉴를 원한다면, 아랍권의 대표적인 향토 음식인 훔무스나 팔라펠을 주문해보자.

FOOD

마가린에 비벼 먹는 전복돌솥밥
대우정。

제주시 서사로 152(삼도1동 569-27) OPEN 09:00~19:30 CLOSE 일요일 전복돌솥밥 1만3000원, 영양돌솥밥 1만2000원, 소라성게돌솥밥 1만5000원, 전복뚝배기 1만3000원 064-757-9662

마가린을 두른 돌솥에 채소와 사골로 곤 육수를 부어 밥을 짓는다. 얇게 저민 전복 살과 게우(전복 내장)를 밥 위에 깔고 손님상으로 출격! 산뜻하게 안팎으로 리모델링한 대우정은 원래 오분작돌솥밥으로 유명했으나 요즘은 전복을 쓴다. 마가린 한 수저를 떠서 뚝배기 주위로 돌려가며 발라주고 양념간장을 넣어서 잘 비벼 먹는다. 마가린 누룽지가 생기는 터라 그냥 박박 긁어먹는 편이 좋지만 굳이 기름기 둥둥 뜬 스페셜 숭늉을 마시고 싶다면 밥을 따로 퍼낸 후 뜨거운 물을 미리 부어놓아야 한다.

두툼한 고기와 국수의 환상 콜라보레이션
올래국수。

제주시 귀아랑길 24(연동 301-19) OPEN 08:30~17:00 CLOSE 일요일, 설날, 추석 고기국수 8000원 064-742-7355

제주국제공항에서 가까운 고기국숫집으로 메뉴는 딱 한 가지, 고기국수만 내놓는다. 오픈하자마자 찾아가도 20~30분쯤 대기는 기본이다. 자매국수와 더불어 이곳 역시 좁은 가게 안에서 빨리 먹어치워야 하므로 국수가 입으로 들어가는지 코로 들어가는지 알 수 없다. 설렁탕 느낌의 진한 고기 육수에 두툼한 중면이 들어 있고, 돔베고기가 고명으로 올라 있다. 예전의 가게와 그리 멀지 않은 현재의 위치로 이전하였고 국수 값은 올랐으나 긴 대기 줄은 여전하다.

제주 1호 '해녀'가 건져온 진짜배기 제주 바다

일통이반.

◉ 제주시 중앙로2길 25(삼도2동 9-1) OPEN 12:00~24:00 CLOSE 둘째, 넷째 화요일 🍴 왕보말죽 1만3000원, 성게알 3만 원, 문어숙회 2만 5000원 ☎ 064-752-1028

제주도 1호 '해녀'가 깊은 바다에서 건져온 진짜배기 제주 바다의 맛을 볼 수 있다. 그냥 지나치기 쉬운 삼도동 뒷골목의 소박한 식당이 알려진 것은 〈원나잇 푸드트립〉 팔도유람 편에서 오세득 셰프가 애정하는 맛집으로 소개한 후부터. 뿔소라의 사촌쯤 되어 보이는 주먹만 한 왕보말과 일반 성게알을 열 배쯤 농축한 듯한 진한 성게알이 명물. 진한 카키색의 왕보말죽을 숟가락으로 푹푹 떠서 성게알을 얹어 먹으면 고소함이 증폭된다. 이 보물들이 어디서 왔는지 집요하게 물었지만 대답은 '아무도 모르는 깊은 바닷속'이란다.

술 한잔 생각나는 서민 맛집

서문뒷고기.

◉ 제주시 중앙로14길 40-2(삼도2동 821-2) OPEN 17:00~23:00 CLOSE 설날, 추석 🍴 흑돼지오겹살 200g 1만7000원, 생뒷고기 200g 1만 3000원, 흑돼지오겹살+흑돼지두루치기+김치말이냉국수(2인 세트) 2만6000원 ☎ 064-757-5733

저렴하고 푸짐하여 현지인들이 즐겨 찾는 흑돼지두루치기집으로, 구 제주대학병원 인근에 위치한다. 흑돼지두루치기를 주문하면 불판 위에 빨갛게 양념된 두툼한 돼지고기가 나오는데, 두루치기로 이름난 서귀포 용이식당에 비해서는 국물이 자작한 편이다. 이 고기를 적당히 익힌 후 파와 무, 콩나물을 넣어 볶아낸다. 다 먹은 후 김치말이냉국수를 먹거나 볶음밥으로 마무리하면 OK! '흑돼지오겹살＋흑돼지두루치기＋김치말이냉국수' 세트를 주문하면 골고루 맛볼 수 있다.

FOOD

맥주 마니아라면 지나칠 수 없다
맥파이 브루어리.

⊙ 제주시 동회천1길 23(회천동 1309) OPEN 탭룸 : 수~일요일 12:00~20:00 / 양조장 투어 : 토·일요일 13:00, 14:00, 16:00, 17:00 CLOSE 월화요일 💰 페일에일 7000원, 포터 7000원, 양조장 투어 : 만 19세 이상(투어+테이스팅+맥주 한 잔) 2만 원, 만 8~18세(투어+음료 한 잔)1만 원 📞 064-721-0227 / 양조장 투어 신청 tours@magpiebrewing.com

피자와 맥주, 즉 '피맥'의 성지라는 이태원 경리단길의 맥파이는 국내에 크래프트 비어 붐을 일으킨 주역이다. 2014년에는 제주 탑동에 지점을 오픈하였고, 2년 후에는 아라리오뮤지엄과 손잡고 회천동 감귤공장을 리모델링하여 브루어리와 탭룸을 열게 되었다. 규모도 있고 모던한 감각이 묻어나는 브루어리에서는 가벼운 라거 위주인 국산 맥주와는 달리, 쌉쌀하고 풍미 작렬하는 에일, 포터, IPA 같은 맥주를 비롯해 고스트, 부적, 복덩이 등 재미난 이름의 개성 강한 맥주까지 다양하게 개발하고 있다. 40분간 맥주 공정을 배우고 맥주 시음으로 마무리하는 양조장 투어 프로그램은 사전 예약제로 운영된다. 탭룸에서는 다양한 맥파이 맥주를 즐길 수 있다.

제주의 자연을 한잔의 맥주로 만나다
제스피。

◎ 제주시 신대로16길 44 신제주 종합시장 1층(연동 273-34) OPEN 18:00~01:00 CLOSE 일요일 제스피 샘플러 1만2000원, 규리든에일 7000원, 제스피를 품은 제주 통닭구이 2만5000원 ☏ 연동탭하우스 064-713-7744 ⌂ www.jpdc.co.kr/jespi/index.htm

---

제스피(JESPI)는 'Jeju'와 'Sprit'의 합성어로 제주의 영혼을 담은 맥주라는 의미. 제주 삼다수를 생산하는 제주특별자치도 개발공사가 제조하는 맥주라는 게 특별하다. 화산 암반수와 제주산 보리로 만든 100% 맥아를 사용해 전통 방식으로 생맥주를 제조한다. 2016년 '스트롱에일'에 이어 2018년 제주감귤로 만든 맥주 '규리든에일'로 대한민국 주류대상에서 대상을 차지한 바 있다. '제스피 샘플러'는 가벼운 라거부터 페일에일, 바이젠, 스타우트에 이르기까지 도수와 바디감이 다른 5종의 맥주를 고루 마실 수 있는 메뉴.

쫄깃 담백한 제주도 전통 간식
덕인당보리빵(제주점)。

◎ 제주시 연삼로 180(오라2동 1203) OPEN 09:00~17:00 CLOSE 둘째·넷째 일요일, 공휴일, 설날, 추석 보리빵 700원, 쑥빵 700원, 팥보리빵(통팥) 900원 ☏ 064-756-6153

차조로 만든 오메기떡이나 메밀로 만든 빙떡 같은 향토 간식에 하나를 더 보탠다면 덕인당의 제주 보리빵이다. 기원은 멀리 탐라국 시절의 거친 보리떡이라는 설이 있지만 〈수요미식회〉에서도 언급된 현재의 덕인당보리빵은 밀가루와 보릿가루를 섞어낸 부드러운 식감을 가지고 있다. 적당히 단맛이 도는 팥이 들었거나 들지 않은 보리빵 외에도 진한 쑥 향 가득한 팥쑥빵도 맛있다. 본점은 조천읍에 있지만, 공항에서 가까운 제주점에서 테이크아웃하기 편리하다.

바닷가 정원이 예쁜 빈티지 카페
니모메빈티지라운지.

제주시 일주서로 7335-8(외도2동 341-2) 10:00~22:00 연중무휴 니모메선셋 8000원, 때때로맑음 8000원, 아인슈페너 7000원 064-742-3008

외도동 연대포구 근처에 위치한 빈티지 콘셉트의 카페다. 바다를 향한 너른 잔디마당에 나지막하게 자리한 이 카페는 약간은 단조로워 보이는 외관과는 달리 실내로 들어서면 빈티지 천국이 펼쳐진다. 세월의 켜가 묻은 황금 촛대를 비롯하여 보석함, 타이프라이터 등의 소품이 한껏 분위기를 살려 빈티지 스타일을 좋아한다면 반하게 될 것. 입구와 카운터가 위치한 2층과 그 아래층에서 가장 인기 좋은 자리는 역시 시원한 바다 풍경을 볼 수 있는 창가 자리. 메뉴의 가격대가 꽤 높은 편이긴 하나 뷰에 만족한다면 수긍할 정도라는 평이다. 이 카페의 시그니처 메뉴인 니모메선셋은 자몽을 주재료로 칵테일해 상큼한 맛을 자랑하며, 그러데이션된 색감이 아름다워 셔터를 누르게 하는 비주얼이다. 구석구석 포토존과 눈요깃거리가 많아 사진놀이하기에도 좋다. 13세 이하 노키즈존 카페.

CAFE

아날로그 감성 넘치는 감귤 포토존 카페
아날로그감귤밭.

⊙ 제주시 해안마을8길 46(해안동 2463) OPEN 10:00~18:00 CLOSE 화요일 감귤 음료류 6000~6500원, 제주말차라떼 6500원, 감귤 따기 체험 7000원 ☎ 010-4953-0846

제주도 감귤밭은 감귤주스를 마시고, 직접 감귤을 따는 즐거움을 넘어서 이제는 놀이터이자 포토존으로 인기몰이 중이다. 감귤밭 주인이라고 누구나 감귤 체험 카페를 성공적으로 운영할 수 있는 것도 아니다. 아날로그적, 인스타적 감성으로 무장해야 한다. 그것만 갖춘다면. 감귤나무 사이에 패브릭 텐트나 식탁, 전구만 매달아도 빠르게 입소문이 난다. 탐스럽게 열린 노란 감귤과 파란 하늘이 사진 속에서 '열일'하기 때문. 아날로그감귤밭은 이름 그대로 아날로그적 분위기를 잘 살리고 있다. 편집숍 겸 카페에서 1인 1음료를 주문한 후에야 감귤밭으로 입장할 수 있다. 감귤을 먹고 싶은 만큼 먹고, 1kg 따가지고 갈 수 있는 감귤체험은 10월 중순부터 1월까지 가능하다. 카페에서 감귤밭까지는 다소 걸어서 이동해야 한다.

CAFE

커피에 빠진 건축가의 카페
커피파인더.

제주시 서광로32길 20(이도2동 1766-7) OPEN 10:00~00:00 참깨라떼 5000원, 수박주스 6500원, 아메리카노 3500원 064-726-2689

커피에 빠진 건축학도가 직접 디자인하고 꾸며 세련된 공간과 맛있는 커피를 동시에 만끽할 수 있다. 카페에 들어서면 1층 천장을 뻥 뚫어 2층이 보이도록 설계한 과감한 인테리어에 한 번 놀라고, 다양한 원두의 스페셜 커피에 두 번 놀란다. 직접 로스팅한 최고급 원두를 사용하고, 취향에 맞는 원두를 추천받을 수도 있어 커피 마니아들의 만족도가 높다. 특히 에스프레소 샷과 함께 제공되는 참깨라떼는 달달하면서도 고소한 맛에 반한 이들의 호평이 이어진다. 과일 주스 또한 모두 생과일을 갈아 만들어 신선한 맛이 일품. 특히 겨울에도 마실 수 있는 수박주스는 사계절 내내 인기다. 제주시청 부근 먹자골목에 위치해 늘 사람이 붐비는 편이고, 주차 공간 찾기가 어려울 수 있으니 멀찌감치 주차해두고 걸어갈 것을 추천한다.

CAFE

제주 바다가 보이는 작고 예쁜 디저트 천국
미쿠니.

- 제주시 서흘길 41(제주시 삼양일동 1779) OPEN 월~토요일 10:00~22:00, 일요일·공휴일 12:00~21:00 CLOSE 인스타그램 공지 스페셜티커피 4500~5300원, 구름라떼 6500원, 밀크티 4500~5300원, 딸기크림슈 4500원, 스콘 3500~3800원 010-4104-4478
- instagram@mikuni_jeju

삼양검은모래해변이 있는 올레길 18코스를 따라 걷다 보면 바닷가에 작고 귀여운 카페가 보인다. 꼭 일본의 여느 카페 같은 단아한 분위기의 이곳은 프로 파티시에와 전문 바리스타가 함께 운영하는 디저트 카페다. '작은 천국'이라는 뜻을 가진 미쿠니는 작은 공간임에도 눈 닿는 곳마다 따뜻함과 개성이 넘친다. 서로 다른 매력을 지닌 가구들이 어우러져 고풍스러운 분위기를 풍긴다. 커다란 통창 너머로 푸른 해변이 펼쳐지는 2층은 여행객들의 단골 포토존이다. 바리스타가 직접 내린 스페셜티 커피와 밀크티, 구름라떼, 구름아이스크림은 미쿠니만의 독특한 매력을 뽐낸다. 여기에 달콤한 딸기크림슈와 스콘을 곁들이며 창가를 바라보면, 그야말로 작은 천국이 따로 없다.

CAFE

천연발효빵 붐을 일으킨 자연주의 빵집
아라파파.

📍 제주시 국기로3길 2(연동 1523) 🕗 08:00~22:00 🚫 설날, 추석, 1월 1일, 근로자의 날 🍞 식빵류 3500~4000원, 커피류 4000~5000원, 홍차밀크잼 1만 원 📞 064-725-8204

천연발효종을 이용한 18시간 저온숙성 빵의 붐을 일으킨 '아라파파(A la papa)'는 빵의 기본인 식빵이 맛있는 집이다. 착향제나 방부제를 전혀 쓰지 않은 10여 종의 자연주의 식빵은 그냥 뜯어 먹어도 맛있고 속이 편안하다. 식빵과 더불어 아라파파를 제주에서 가장 핫한 빵집으로 등극시킨 홍차밀크잼은 선물용으로도 인기가 좋다. 얼그레이 홍차와 생크림을 넣어 은근하게 조린 홍차밀크잼은 진열장에 올려놓자마자 한 사람이 여러 개를 집어가는 바람에 순식간에 바닥을 드러낼 정도. 아라파파에서는 여럿이 카페에 앉아 식빵에 홍차밀크잼을 즉석에서 발라먹으며 잼 한 통을 앉은 자리에서 끝내는 풍경이 자연스럽다. '빵을 기다리는 마음은 버스 탄 애인을 기다리는 마음과 같다'는 주인장의 빵 사랑이 떠오른다.

CAFE

크레마가 작렬하는 맛있는 커피의 표본
그러므로(구 시소커피)。

제주시 구남동6길 45(이도2동 2026-11) 1층 OPEN 11:00~18:00 CLOSE 일요일 아메리카노·에스프레소 4000원, 메리하하·아포가토 5000원 070-4548-2984

큰 테이블 하나에 옹기종기 모여 앉아 커피를 마시는 이 분위기는 카페가 아니라 동아리방 같은 느낌. 나중에 주인장에게 물어보니 원래 커피 랩(연구소)이었다가 커피 맛이 소문나 알음알음 손님들이 찾기 시작해 지금의 원테이블 로스터리 카페가 되었다고. 좋은 원두를 선택하고 부단한 공부를 통해 맛있는 커피를 직접 볶고 뽑아내기에 풍림다방. 유동커피와 함께 제주 3대 커피집으로 꼽히고 있다. 시그니처 메뉴는 '메리하하'로 신선하고 차가운 우유 위에 시럽과 에스프레소를 차례로 얹어 3중의 맛을 즐길 수 있다.

눈도 즐겁고 혀도 즐거운 빵 덕후들의 천국
메종드쁘띠푸르。

제주시 신설로7길 3(아라2동 3001-19) OPEN 07:00~22:00 CLOSE 일요일 식빵류 2500~5000원, 브리오슈류 5000원, 자몽카스타드 4000원, 에그타르트 2500원 064-702-0919

메종드쁘띠푸르(Maison de petit four)는 '작은 화덕이 있는 집' 혹은 '작은 케이크를 굽는 집'을 뜻하는 프랑스 말. 동경제과학교 출신 김용봉 파티시에가 운영하는 디저트 전문점이다. 25년 전통을 자랑하는 동경 명품 제과점인 메종드쁘띠푸르와 기술 제휴하여 기본적인 식빵은 물론 타르트, 파운드 케이크 등 세련된 비주얼의 빵을 만들어낸다. 수제잼과 식빵만을 파는 매장은 건너편에 따로 있다. 워낙 다양한 종류의 빵을 시식해볼 수 있어 선택하는 데 수월하다.

야시장이 있어 재미가 두 배
동문재래시장.

◎ 제주시 관덕로14길 20(일도1동 1436-7) 08:00~21:00, 야시장(5~10월) 19:00~24:00, (11~4월) 18:00~24:00 연중무휴 064-752-3001

시장 구경만 한 재미가 또 있을까? 제주시민속오일시장은 서는 날이 따로 있지만, 제주 최대의 상설시장인 동문재래시장은 매일매일 열린다. 4개의 재래시장이 모여 있는 이곳에는 흑돼지고기, 감귤류 등 없는 게 없지만, 역시 수산시장이 메인이다. 제주 시민들도 해산물을 사거나 회를 뜰 때 이곳을 찾고, 여행자들 역시 신선한 회를 저렴하게 먹기에 좋다. 진아떡집, 사랑분식, 고객식당처럼 매스컴에 소개된 맛집을 찾기 위해, 혹은 돌아갈 때 선물을 사기에도 좋은 곳. 또롱또롱한 눈알의 옥돔, 반짝반짝 눈부신 은갈치, 탱글탱글한 감귤 등 이곳에서라면 착한 가격에 신선함까지 두루 갖춘 농·수산물을 '득템'하기 좋을 것이다. 주간 시장은 오후 8시경부터 문을 닫기 시작하고, 오후 6~7시부터 자정까지 8번 게이트 쪽에서 야시장이 열린다.

SHOP

장서는 날이 바로 진칫날
제주시민속오일시장.

◎ 제주시 오일장서길 26(도두1동 1212) OPEN 2, 7, 12, 17, 22, 27일 평일 08:00~18:00, 토요일 09:00~18:00 ☎ 064-743-5985

운 좋게도 제주시에 2, 7일이 들어간 날 머물 수 있다면 다른 건 뒤로 미루고 일단 제주시민속오일시장부터 가자. 넓은 규모가 압권인 제주시민속오일시장은 끊임없이 두리번거리게 되는 호기심 천국이다. 채소, 과일, 수산물은 물론이고 꽃집, 수족관, 애완동물, 갈옷을 비롯해 야강발, 돼지 귀까지 도대체 이 시장에 없는 게 뭘까 싶을 정도. 가득가득 쌓아놓은 상품 가격은 또 미안할 만큼 저렴하다. 덕분에 그냥 둘러만 보겠다고 생각한 여행자도 어느새 두어 가지는 손에 들려 있게 마련이다. 이 시장 명물 간식인 땅꼬분식의 도넛. 시장 안 맛집인 광주식당 꼼장어구이와 순대국밥을 먹기 위해 장날을 손꼽아 기다리는 이들도 많다. 그야말로 장서는 날이 잔칫날이 되는 셈이다.

> SHOP

제주 최대의 핸드메이드 감성 소품점
바이제주.

◎ 제주시 서해안로 626 (용담3동 1023-2) OPEN 09:00~21:00 CLOSE 연중무휴 ☎ 064-745-1134 instagram@byjeju365

제주국제공항에서 3분 거리인 바닷가 마을 용담동에 가면 전국에서 손꼽히는 200평 규모의 소품점인 바이제주가 있다. 제주에서 활동하는 300여 작가들의 핸드메이드 감성 소품을 비롯해 제주 관련 기념품, 제주 특산물로 2층 건물이 가득 채워져 있다. 그 종류가 헤아릴 수 없이 많아 둘러보는 데만 시간이 꽤 걸린다. 눈길을 끄는 제품은 버려지는 해녀복을 업사이클링한 말 인형, 고래 풍경, 가방 등과 할머니들이 직접 바느질해 만든 공깃돌 등.

제주 감성 물씬한 디자인 소품숍의 원조
더 아일랜더.

◎ 제주시 중앙로7길 31(일도1동 1251) OPEN 11:00~20:00 CLOSE 연중무휴 ☎ 070-8811-9562

2013년 제주 원도심인 칠성로 상가에 오픈한 더 아일랜더는 지금처럼 감성 소품점이 많지 않았던 시절, 제주 감성이 담뿍 담긴 핸드메이드 소품점으로 큰 인기를 끌었다. 해녀, 고래, 한라봉 향초 등 제주의 상징물에 한껏 감성을 불어넣은 핸드메이드 디자인 소품들을 다양하게 갖추어 여행자들의 필수 순례 코스가 되었다. 일도동으로 이전한 지금은 한층 세련되어진 소품숍 한켠에 아담한 카페를 갖추었고, 2층에서는 흥미로운 전시가 열리기도 한다.

세상에서 가장 작은 옷가게
모퉁이옷장.

◎ 제주시 중앙로12길 40(삼도2동 907-8) OPEN 11:00~19:00 CLOSE 연중무휴 📞 010-3527-7384 🏠 instagram@jeju_motoong2

오묘한 블루와 레드 톤으로 채색한 좁고 기다란 모퉁이옷장은 국내에선 흔히 볼 수 없는 컬러의 조합이라 그 자체로 눈에 띈다. 가수 이효리와 아이유가 함께 들러 쇼핑하던 빈티지 옷과 소품 가게로 한 사람이 겨우 지나갈 수 있을 정도로 좁은 공간 자체가 즐거움을 준다. 1층에서 좁은 계단을 따라 올라가야 하는 2층에는 네팔이나 인도, 일본 등지에서 구해온 빈티지 의류와 소품들이 가득 차 있다.

도자기 '꽃고래' 함께 만들어볼래요?
아코하루.

◎ 제주시 매촌2길 80(도련1동 1731-13) OPEN 12:00~18:00 CLOSE 일요일 원데이 클래스 1인 2만 원(하루 전 예약 필수) 📞 064-784-5220

벨롱장에서 히트친 '꽃고래'를 만드는 도예공방. 고래, 고양이 같은 도자기 제품에 요즘 유행하는 프리저브드플라워를 살짝 꽂았다. 사랑스럽고 달콤한 감성이 반짝인다. 이런 감성을 담아 나만의 꽃고래를 갖고 싶다면 원데이 클래스를 신청하자. 손바닥에 올려놓을 만한 세 점의 작품을 만드는데, 꽃고래를 비롯해 좋아하는 만화 캐릭터나 수저받침 같은 생활소품을 완성한다. 주중 오전 10시부터 약 2시간 동안 진행하며, 엄마와 함께 온 3세 이상의 아이를 위한 클래스도 있다. 전화보다는 카톡 '@아코하루'로 문의하는 게 빠르다.

구석구석 사진작가의 감각
빌림.

제주시 오래물길 23(도두1동 2489-2) 입실 16:00, 퇴실 11:00 17만 원(비수기 주말 기준) 010-7359-3383 blog.naver.com/villlim

광고 사진작가인 주인장의 취향대로 직접 꾸미고 운영하는 독채 렌털하우스. 제주국제공항 바로 뒤 작은 항구마을인 도두동 오거리에 위치해, 머무는 동안 마치 마을 구성원이라도 된 양 현지 분위기를 온전히 느낄 수 있다. 다소 좁다 싶은 공간이지만 구석구석 아기자기함을 잘 살린 덕분에 짜임새가 좋다. 핸드메이드 가구와 스타일리시한 인테리어 소품을 구경하는 재미가 쏠쏠하고, 곳곳에 손님을 배려한 섬세한 손길이 감동을 불러온다. 마을 근처의 용천수인 오래물을 모티브로 제작한 부정형의 욕조도 독특하다. 사통팔달 요지에 위치하며 공항과도 가까워 제주를 떠나기 전날 충분히 즐기고 가기에 좋다.

STAY

제주 최고의 공항 인접 스테이
비아제주 카페 & 스테이

제주시 삼무로9길 11(연동 290-36) 입실 15:00, 퇴실 11:00 트윈베드룸 8만 원, 퀸베드룸 10만 원, 트리플베드룸 12만 원(비수기 주말, 2인 기준) 064-713-3911

오래된 양옥집을 개조해 심플하면서도 편안하게 꾸민 B&B의 게스트룸과 날마다 깡파뉴, 식빵 등 천연 발효빵을 굽고 원두커피를 내리는 카페가 함께 있다. 조식으로 제공하는 직접 구운 빵과 카페 음료, 계절 과일 덕에 에어비앤비에서 슈퍼 호스트로서 좋은 리뷰를 받고 있다. 카페에는 국내에서 흔히 만나기 어려운 독특한 일러스트북과 동화책, 여행 전문서적들이 가득해서 틈틈이 읽는 재미도 크다. 제주국제공항이 지척인 것도 큰 매력.

머물며 누리는 슬로 라이프의 맛
타오하우스

제주시 도두봉6길 9-1(도두동 1700-8) 입실 16:00, 퇴실 10:00 다도의 방 10만 원, 작가의 방 5만 원, 디자이너의 방 7만 원, 그림책의방 7만 원(비수기 주말 기준) 010-6265-0328

건축 디자이너였던 남편과 출판사 에디터 출신인 아내의 라이프 스타일이 고스란히 반영된 아늑한 게스트하우스. 네 개의 게스트룸은 각각 작가의 방, 디자이너의 방, 다도의 방, 그리고 아이를 동반한 가족이 묵기 좋은 그림책의 방으로 구성되어 있다. 단아한 느낌의 중정이 인상적이고, 테라스에서 제주 바다와 한라산을 볼 수 있는 것도 큰 매력이다.

STAY

배낭여행 고수의 노하우가 녹아 있는
숨 게스트하우스

제주시 서광로5길 2-2(용담1동 2829-1) 입실 15:00, 퇴실 11:00 도미토리 2만~2만5000원, 2인실 더블룸 5만 원, 4인실 더블룸 9만원(비수기 주말 기준) 0507-1311-0106

공항과의 이동 거리가 짧아 제주 여행의 첫날이나 마지막날에 이용하기 괜찮은 게스트하우스. 공항에서 차로 5분 거리, 제주시외버스터미널 건너편에 위치해 있어 입지가 좋다. 여성 전용 더블룸과 도미토리를 갖춘 '민트'와 여성 전용, 남성 전용 도미토리를 모두 갖춘 '숨'으로 나누어 운영하고 있다. 야경 스냅 투어, 제주 별밤 나들이, 숨 디너 파티 등을 이용할 수 있는 것도 장점인데, 최근 코로나19 등의 이유로 진행 여부에 변동이 있을 수 있으니 블로그를 확인하자.

'신라' 브랜드의 비즈니스 호텔
신라스테이 제주

제주시 노연로 100(연동 274-16) 입실 15:00, 퇴실 12:00 스탠더드룸 13만 원선, 디럭스룸 14만5000원선, 패밀리룸 16만5000원선 / 뷔페 조식 어른 2만3000원, 어린이 1만5000원 064-717-9000

제주국제공항과 가까운 연동 바오젠 거리 근처의 비즈니스 호텔이다. 시내에 위치해 제주도 특유의 분위기를 만끽하기는 어렵지만 신라호텔 고유의 모던하면서 고급스러운 감성이 잘 녹아 있다. 객실이 다소 좁은 편이지만 신라호텔 수준의 고급 침구와 모던한 욕실, 아베다 어메니티와 맛있는 원두커피가 매력이다. 건물 꼭대기 12층에 조식 뷔페를 이용할 수 있는 레스토랑과 맥주, 와인을 즐기는 라운지가 있다.

가성비 탁월한 고급 감각의 비즈니스 호텔
롯데시티호텔 제주.

⊙ 제주시 도령로 83(연동 2324-6) OPEN 입실 15:00, 퇴실 12:00 스탠더드룸 14만 원~, 디럭스룸 16만 원~ / 뷔페 조식 어른 2만 5000원, 어린이 2만 원 064-730-1000

롯데호텔의 비즈니스 버전으로 합리적인 가격에 만족도가 높아 아기를 포함한 가족이 이용하기에 손색없다. 무엇보다 호텔 객실에서 바로 보일 정도로 제주국제공항까지 10분 안팎의 거리라 여행의 마지막 밤을 편안하게 마무리하기 좋다. 호텔 내에 270여 개의 브랜드가 입점한 롯데면세점이 있어서 쇼핑도 편리하다. 22층의 레스토랑 씨카페에서는 아메리칸 스타일의 브렉퍼스트부터 제주 특산물 한식까지 다양한 조식을 맛볼 수 있다. 6층에는 싱가포르 마리나베이 샌즈호텔 부럽지 않은 야외 풀장이 있다.

삼다정 뷔페 조식이 맛있는
메종글래드호텔 제주.

⊙ 제주시 노연로 80(연동 263-15) OPEN 입실 14:00, 퇴실 12:00 스탠더드룸 12만 원~, 디럭스룸 14만 원~ / 뷔페 조식 어른 3만 원, 어린이 1만7000원 064-747-5000

객실 수 500여 개로 제주 내 최대 객실 규모를 자랑하는 특급 호텔이다. 제주국제공항까지 차로 10분 안팎의 거리인 연동에 위치하며, 사전 예약하면 무료 셔틀버스를 이용할 수 있다. 꿀잠을 부르는 헝가리산 구스다운 침구와 영국 브랜드 어메니티, 깔끔한 객실 컨디션이 흠잡을 데 없다. 무엇보다 제주의 명 셰프를 많이 배출한 '삼다정'이 호텔에 있다. 제주 호텔 뷔페 중 손꼽힐 만큼 음식 맛이 좋기로 이름난 삼다정의 뷔페 조식은 이 호텔 숙박의 하이라이트.

PART 4

제주시 동부권

제주시 동쪽인 조천읍과 구좌읍을 포함한다. 제주국제공항에서 시계 방향으로 드라이브한다면 함덕해수욕장, 김녕해수욕장, 월정리해변, 세화해변을 거쳐 하도해변까지 아름다운 해변을 끝없이 감상하며 달리게 될 것이다. 예전에는 매우 한적했던 구좌읍은 요사이 가장 역동적인 핫 플레이스가 되었다. 제주의 감성 바다로 각인된 월정리해변 주위로 카페, 음식점, 숙소들이 들어서고 세화항 근처에서 열리는 제주 대표 프리마켓인 벨롱장에는 젊은 여행자들이 북적인다. 내륙 쪽에는 존재감 강한 에코랜드, 사려니숲길, 산굼부리, 비자림, 만장굴 등이 모여 있어 바다와 내륙을 교차하며 스케줄을 짜기 좋다.

제주시 동부권
버킷리스트 10

1 세화해변 의자에서 인증샷 찍기 **2** 미로공원에서 기꺼이 헤매기 **3** 몸값 비싼 경주마 구경하기 **4** 에코랜드에서 기차 타고 곶자왈 감상하기 **5** 비밀의숲에서 캠핑카 인생샷 남기기

6 핸드메이드 디자인 소품 쇼핑하기 **7** 물빛 예쁜 바닷가 만끽하기 **8** 제주 최대의 프리마켓 벨롱장 구경하기 **9** 커피가 맛있는 인생카페 찾기 **10** 요트 타고 돌고래 만나기

제주시 동부권 지도

요트 타고 돌고래를 만나고 싶다면
김녕요트투어.

제주시 구좌읍 구좌해안로 229-16(김녕리 4212-1) OPEN 7~8월 09:00~18:50(여름 시즌 외 18:00까지) CLOSE 연중무휴 돌고래 일반 투어 어른 6만 원, 어린이 4만 원 / 해녀와 함께하는 스노클링 요트투어 어른 9만8000원, 어린이 6만8000원 064-782-5271~3

수족관이 아닌 바다에서 돌고래를 만나고 싶다면 김녕요트를 타래. 물론 100% 돌고래를 만난다고 장담할 수는 없지만 제주 요트투어 가운데 돌고래를 만날 확률이 가장 높은 건 사실이다. 김녕 앞바다 일대는 남방큰돌고래의 서식지로 마을에서 1km쯤 떨어진 바다에 대여섯 마리씩 뭉쳐 가족 군을 이루며 살고 있다. 예전에 방류했던 돌고래 제돌이와 춘삼이가 야생 돌고래 무리와 함께 놀고 있는 장면이 포착되기도 했다. 바다에서 실제 돌고래와 조우한다는 것은 상상 이상으로 감동적이다. 우리가 만난 돌고래는 서너 마리가 앞서거니 뒤서거니 하다가 하얀 배를 뒤집어 보이며 재롱을 부렸다. 돌고래를 만났다는 흥분 때문이었는지 '꺅꺅' 하는 돌고래 웃음소리를 들은 것만 같았다. 김녕항을 출발해 김녕해수욕장을 지나 어종이 풍부한 바닷속 산인 두럭산 근처에서 선상낚시를 하고 돌아오는 60분짜리 일반투어가 기본. 우도까지 투어하거나 일출, 일몰을 즐길 수 있고 요트를 통째로 전세 낼 수도 있다. 특히 해녀와 함께 김녕 바닷속을 스노클링하는 체험은 각별한 추억을 안겨준다. 비록 '물강아지' 같은 돌고래를 만날 수 없더라도.

SIGHTS

곶자왈에서 초록초록한 하루
에코랜드。

◎ 제주시 조천읍 번영로 1278-169(대흘리 1221-1)　OPEN 4~10월 09:00(첫차)~17:00(막차), 11~2월 08:30(첫차)~16:30(막차), 3월 09:00(첫차)~17:00(막차) ※ 막차 출발 1시간 후 폐장　CLOSE 연중무휴　 어른 1만4000원, 어린이 1만 원　☎ 064-802-8020

1800년대 증기기관차인 볼드윈 기관차를 타고 99만여㎡의 곶자왈을 돌아보는 콘셉트의 테마파크. 제주의 허파라 부르는 곶자왈은 화산이 분출할 때 흘러나온 용암이 크고 작은 바위로 쪼개지며 요철 지형이 만들어져 나무, 덤불이 뒤엉키며 형성된 숲이다. 에코랜드 기차는 4.5km에 걸친 다양한 테마의 5개 역을 1시간 30분가량 돈다. 화장품 광고를 찍었던 호수 위 수상데크가 있는 에코브리지역, 너른 잔디밭에 풍차와 호수가 있는 레이크사이드역, 키즈타운과 곶자왈 숲길이 있는 피크닉가든역, 유럽식 정원과 라벤더밭이 있는 라벤더그린티로즈가든역 등 울울창창한 곶자왈을 가르며 달리기도 하고 중간에 내려서 걷기도 한다. 아이와 함께라면 기차여행 외에도 피크닉가든 에코로드를 따라 걸으며 토피어리 체험, 미니말 포니 만나기, 화산송이 맨발 체험, 에코테라피 족욕 등 즐길거리가 가득하다.

떠오르는 핫플 포토존
비밀의숲。

◉ 제주시 구좌읍 송당리 2173 🆗 09:00~18:30 🎟 어른 2000원, 어린이 무료

인스타그램에 '제주도여행'을 치면, 민트색 캠핑카가 놓인 숲속의 풍경을 심심치 않게 볼 수 있다. 요즘 제주도의 핫플 포토존으로 떠오른 안돌오름 '비밀의숲'이다. 제주도에서 대표적으로 유명한 숲인 비자림, 사려니숲길과는 또 다른 매력을 지닌 숲이다. 길게 도열해 있는 희귀 편백나무 숲부터 초록이 펼쳐진 초원, 돌담과 소원탑, 오두막 등 다채로운 풍광 덕에 인스타그래머와 사진작가들의 '원픽' 장소로 꼽힌다. 특히 봄에는 유채꽃이 예쁘게 피어 커플 혹은 웨딩 사진을 찍기에도 좋다. 사유지라서 입장 전 촬영은 어려우며, 최근 주차장 공사를 하면서 여행객을 위한 편의시설이 갖춰지고 있다. 주말에는 찾는 사람들이 많으니 이른 시간에 가는 것을 추천한다.

태곳적 제주를 생생하게 만나는 지질도서관
세계자연유산센터 & 거문오름.

⊙ 제주시 조천읍 선교로 569-36(선흘리 478) ⊙ 세계자연유산센터 09:00~18:00 ⊙ 세계자연유산센터 첫째 화요일, 설날, 추석 ⊙ 세계자연유산센터 어른 3000원, 어린이 2000원 / 거문오름 어른 2000원, 어린이 1000원 ⊙ 064-710-8980

현지인들도 잘 알지 못하는 제주의 태곳적 모습을 만나는 곳이 거문오름에 위치한 세계자연유산센터이다. 압도적 규모의 공간에 화산섬 제주가 형성되기까지의 과정을 4D와 3D 와이드 영상, 실물과 모형으로 전시해놓아 바로 눈앞에서 보는 것처럼 생생하다. 거문오름 탐방도 이곳에서부터 시작된다. 다른 오름은 맘 내킬 때 아무 때나 오를 수 있지만 세계자연유산으로 지정된 거문오름은 역시 귀하신 몸이라 사전에 예약해야만 한다. 하루 450명으로 관람 인원을 제한하며 해설사가 동행해 다양한 숲의 이야기를 들려준다. 거문오름 정상의 높이는 456m, 여러 코스가 있지만 정상 코스와 분화구 코스를 추천한다. 30분 정도 올라 정상에 서면 멀리 한라산도 보이고 주변 오름들이 아래로 보인다. 정상에서 바로 입구로 내려가기도 하지만 이왕이면 분화구 코스까지 들러본다. 숲이 깊어지고 점점 더 고요해진다. 마치 영화〈아바타〉의 주인공이 된 듯하다. 거문오름 분화구 가운데 볼록한 지형에 올라 분화구를 감상한다. 자연의 신비. 참 오묘하다.

몸으로 체험하는 제주 바다의 매력
하도어촌체험마을.

◎ 제주시 구좌읍 해맞이해안로 1897-27(하도리 22-10) 🗂 해녀물질 체험 3만5000원, 스노클링 체험 2만 원, 바릇잡이 1만 원, 씨카약 (1인승) 1시간 2만 원, (2인승) 1인 1시간 1만5000원 📞 064-783-1996

성산세화해안도로를 달리다 보면 만나게 되는 하도해변은 백사장이 넓고 물도 맑은데 의외로 한적한 곳. 수심도 얕고 파도도 거세지 않아 호젓한 바다를 찾고 싶은 여행자에게 딱이다. 하도해변을 품은 하도마을은 제주에서도 가장 많은 260명의 해녀가 살고 있는 마을로 〈슈퍼맨이 돌아왔다〉에서 삼둥이가 생애 첫 낚시에 도전했던 곳이기도 하다. 해녀가 많은 마을답게 해녀와 함께 바다에 들어가 뿔소라, 성게, 문어 등의 해산물을 잡아보는 해녀 체험이 인기. 잡은 뿔소라는 즉석에서 껍데기를 깨서 먹어보고, 성게는 반쪽으로 갈라 알을 맛보기도 한다. 노 젓는 법만 알면 누구나 즐길 수 있는 카약을 타고 "왼쪽, 오른쪽~" 노 저으며 풍류를 즐기는 체험도 추천. 장비를 빌려 바닷속 해초와 물고기를 구경하는 스노클링이나 구멍낚시, 바릇잡이 등 시기만 맞으면 즐길거리가 많다. 코로나19로 인해 체험에 제한이 있을 수 있으니 반드시 문의 후 방문할 것.

SIGHTS

빛의 제국으로 거듭난 다희연의 변신
제주라프.

⊙ 제주시 조천읍 선교로 115-1(선흘리 600-6) 주간 : 하절기 09:00~18:00(이외 계절 17:00까지), 야간 : 하절기 18:00~24:00(이외 계절 17:00~23:00) 연중무휴 라풋 1만2000원, 라플라이 3만5000원, 야간 입장권+족욕권+허브차 1만6000원, 짚라인 3만원 064-784-9032

제주라프(LAF : Light Art Flash)는 동굴카페와 녹차밭을 운영하던 다희연에서 새롭게 선보이는 아트 페스티벌. 빛을 매개로 한 세계적인 작가들의 화려한 작품을 만날 수 있다. 어둠 속에서 더욱 빛나는 작품들이므로 제대로 감상하려면 해가 진 후 방문하는 게 좋다. 특히 수천 개에 달하는 조명 부품을 활용한 대규모 몰입형 설치 작업으로 유명한 아티스트 브루스 먼로의 '오름'과 '물의 탑'이 시선을 끈다. 한편, 사전 예약이 필수인 짚라인과 아로마오일, 녹차소금으로 피로를 푸는 족욕도 즐길 수 있다. 대대적인 리모델링 끝에 개장한 다희연의 새로운 변신을 눈으로 확인하자.

SIGHTS

미로에 관한 알찬 콘텐츠가 가득
메이즈랜드

제주시 구좌읍 비자림로 2134-47(평대리 3322) 4~5월, 8~9월 09:00~18:30 / 6~7월 09:00~19:00 연중무휴 어른 1만 1000원, 어린이 8000원 064-784-3838

SBS 예능 프로그램인 '런닝맨'들이 뛰고 간 덕분에 메이즈랜드를 찾는 이들이 부쩍 늘었다. 김녕미로공원이 랠란디 나무로 조성한 전통 미로공원이라면, 메이즈랜드는 보다 다양한 형태의 미로와 미로박물관이 있다. 전망대에서 내려다보면 미로 속을 헤맬 때 눈치채지 못했던 미로의 전체 모습이 숨은그림찾기처럼 드러난다. 커다란 미로 속에서 누워 있는 돌하르방, 커다란 소라, 물질을 끝내고 돌아오는 해녀의 모습을 찾아보자. 무더위가 한창인 여름에는 현무암으로 조성한 석축미로에 지하 150m에서 퍼 올린 천연암반수를 안개분수처럼 뿌려준다. 시원하기도 하거니와 전망대에서 내려다보면 장관이다. 미로박물관은 '미로' 하면 떠오르는 그리스 신화의 미노타우로스 미궁 관련 미술품과 신기한 퍼즐을 체험할 수 있으니 꼭 들러보자.

아날로그적 감성과 잔재미가 있는
김녕미로공원.

제주시 구좌읍 김녕리 만장굴길 122(김녕리 산16) 봄 09:00~18:30, 여름 09:00~19:00(야간개장 시 22:00까지), 가을 08:30~18:00, 겨울 08:30~17:30 연중무휴 어른 6600원, 어린이 4400원 064-782-9266

메이즈랜드보다 아담하지만 아날로그적인 잔재미를 느낄 수 있는 미로공원이다. 1995년, 제주대학교 교수로 재직하다 퇴임한 미국인 더스틴 씨가 손수 가꿔 문을 연 이곳은 우리나라 최초의 미로공원이다. 미로를 헤매다 도장도 찍고 위트 넘치는 문구를 보며 킥킥거리다가, 길을 헤매다 만난 사람을 또 만나며 머쓱해 하는 재미가 있다. 고백하건대, 남들은 5분도 안 돼 종을 울리는데 좌뇌마비의 내겐 미로공원 출구 찾기가 쉽지 않은 숙제. 스포일러가 되고 싶진 않지만 실패자로서 이제라도 팁을 준다면 먼저 미로 지도를 꼼꼼히 볼 것. 그리고 다리를 하나 건너야 출구가 나온다는 것. 행여 문 닫을 시간쯤에 미로에 갇혀도 조급해하지 말 것. 전화하면 직원이 데리러 오니까. 그리고 이제는 공원의 어엿한 가족이 된 고양이들과 노는 재미도 좋다.

SIGHTS

귀족 혈통의 경주마를 만나는
렛츠런팜제주 제주목장。

📍 제주시 조천읍 남조로 1660(교래리 산 25-2) 🕐 수~일요일 09:30~17:30(12~2월은 10:00~17:00) 🚫 월·화요일, 공휴일, 설날·추석 💰 무료 📞 064-780-0131~4

하얀 목책으로 둘러쳐진 1만㎡의 드넓은 초원에서 유유히 풀을 뜯는 근육질의 경주마를 볼 때면 사람이나 말이나 상팔자가 따로 있나 보다 싶다. 렛츠런팜제주 제주목장에서는 수억에서 수십억씩 몸값이 나가는 외국산 더러브렛종 씨수말이 10여 마리다. 이들은 국내 민간 말 생산목장의 씨암말과 씨방을 차려, 기운차고 날랜 2세를 낳아야 하는 '역사적 사명'을 띤 보물덩어리들. 2006년 도입 당시 몸값 37억 원을 기록했던 메니피의 교배료는 한 회당 기본 천만 원이 넘는다니 프레지덴셜 스위트 같은 종마들의 럭셔리한 공간이 이해가 가시는가. 매주 화~일요일에는 단체 20인 이상에 한해 제주목장 동물병원, 교배소, 씨수말 마사 등을 돌아보는 견학 프로그램을 운영하며, 전화나 팩스로 예약할 수 있다. 무료 자전거를 빌려 하이디 흉내를 내며 2.5km의 목장 올레길만 달려도 즐겁다.

SIGHTS

금속공예 벽화로 피어난 김녕 스토리
김녕금속공예벽화마을

📍 제주시 구좌읍 김녕항3길 18-16(김녕리 4001번지)

알록달록한 벽화가 아니라 동과 철로 작업한 모노톤의 금속공예 벽화들이다. 올레길 20코스, 김녕 바닷가를 따라 조성된 '고장 난 길'은 제주 방언으로 '꽃이 핀 길'이라는 뜻. 처음 이 마을 담벼락에 30여 점의 금속공예 작품들을 전시한 것을 시작으로, 점차 작품의 수도 많아지고 볼거리도 다양해졌다. 벽화는 주로 해녀할망, 바람, 물고기, 바다 등 김녕마을의 특성과 마을 사람들의 스토리를 담아냈다. 저마다의 작품 아래에는 해녀의 삶을 담은 뭉클한 문구들이 적혀 있다. '내 어깨와 세월에 지고 온 것은 꽃이었더라'.

돌을 통해 알아가는 제주 문화
제주돌문화공원

📍 제주시 조천읍 남조로 2023　OPEN 09:00~18:00　CLOSE 첫째 월요일　🎫 어른 5000원, 어린이 무료　📞 064-710-7734

돌을 테마로 한 제주 공원 중 가장 큰 규모로, 돌을 통해 제주의 신화나 문화를 전달하고 있다. 약 330만㎡에 달하는 압도적인 규모로 5000여 점이 넘는 작품들이 전시되어 있고, 모두 돌아보는 데만도 서너 시간이 걸린다. 선시 시대부터의 역사, 제주 전통문화, 제주 전통초가 등을 감상할 수 있어 아이들 교육에도 유익하고, 한적한 분위기의 관광지를 찾는 이들도 좋아할 만하다. 주로 야외 전시장으로 이루어져 있지만 실내 전시관에도 많은 수석 작품들이 전시되어 있어 구경하는 재미가 쏠쏠하다.

SIGHTS

사진놀이하기 좋은 포토존 마을
제주조천스위스마을。

제주시 조천읍 함와로 566-27(와산리 1559-18)   064-744-6060

마치 그림 속에서 톡 튀어나온 듯 비비드 컬러의 뾰족 지붕 집들이 즐비한 이곳은 2015년, 제주에서도 약간 외진 조천에 마련된 스위스마을이다. 아산 지중해마을을 연상하게 하는 이 마을 인터뷰를 통해 모집된 협동조합원들의 세컨드 하우스. 1층은 카페, 레스토랑, 공방 등으로 쓰이는 상가, 2층은 에어비앤비 숙소다. 스위스 화가 파울 클레의 그림이 모티브가 되었다는 이곳은 셀프웨딩 촬영을 위한 예비부부나 아이들에게도 인기.

세계 유일의 해녀 문화를 다양하게 만난다
해녀박물관。

제주시 구좌읍 해녀박물관길 26(상도리 3204-1) OPEN 09:00~17:00 CLOSE 월요일, 1월 1일, 설날, 추석 어른 1100원, 어린이 무료 064-782-9898

'여자로 사느니 쉐로 나주'. 여자로 사느니 소로 태어나는 게 낫다는 제주 속담은 해녀의 삶이 얼마나 고된지를 단적으로 표현한다. 제주 사람들의 삶의 속살을 들여다보려면 해녀를 알아야 하고, 그러고 난 뒤엔 코끝이 시큰해질지도 모른다. 해녀들의 삶을 실물과 모형, 사진 자료로 만나게 되는 해녀박물관은 제주 여행을 시작하기 전에 들러보면 유익한 코스. 아이들의 눈높이에서 해녀와 제주 바다를 느낄 수 있는 어린이해녀관도 있다.

수심이 얕아 물놀이하기 좋은
함덕해수욕장。

◎ 제주시 조천읍 조함해안로 525

백사장 한가운데가 튀어나와 있어 어느 쪽에서 바람이 불어도 반대편은 잔잔한 함덕해수욕장은 수심이 완만해 아이들이 놀기에도 좋다. 파라솔이 숲을 이루는 한여름에는 새벽까지 여는 야시장이 있어서 저녁에도 놀기 좋은 명소. 야자수와 조각 작품이 어우러진 넓은 잔디밭과 해변 오른쪽에 다리로 이어진 산책로가 있다. 근처 델문도 카페에서 보는 전망이 좋고, 봄이면 유채꽃을 볼 수 있는 서우봉에도 올라볼 만하다. 여름이면 카약이나 바나나보트 같은 수상레저도 즐길 수 있다. 주변에 펜션, 식당이 충분하고 편의시설이 잘되어 있어 머무는 데 불편함이 없다.

SIGHTS

제주 낭만 1번지
월정리해변.

◉ 제주시 구좌읍 월정리 33-3

사각으로 낸 창으로 액자처럼 걸려 있는 에메랄드빛 바다. 월정리가 제주 낭만 1번지로 알려지게 된 것은 어쩌면 이 한 컷의 사진에서부터 시작되었는지 모른다. 자연이 그대로 액자가 되는 이 풍경과 바다를 바라보고 선 작은 나무 의자 두어 개, 그리고 바닷가 카페의 낭만과 자유분방함. 월정리 바닷가의 분위기에 매료된 여행자들이 늘면서 이제는 작은 창을 넘어 테라스에서 더욱 광활한 스케일로 바다를 감상하는 카페와 지중해풍의 펜션들이 들어서 있다. 여름이면 꽃무늬 '몸빼' 바지를 입은 집시 스타일의 젊은이들이 또 하나의 월정리 스타일을 바람처럼 몰고 오기도 했다. 전에 없던 음식점과 숙소들이 골목 안쪽까지 담쟁이덩굴처럼 뻗어나가고, 맨 처음 월정리 바다 빛과 사랑에 빠져 그곳에 작은 창을 냈던 '고래가 될 카페'는 문을 닫게 되었다. 서운할 틈도 없이 그 자리에는 LP판이 빼곡한 카페 '우드스탁'이 들어섰다.

SIGHTS

올레길 20코스의 해안도로 버전
세화김녕해안도로.

◉ 제주시 구좌읍 세화리에서 김녕리까지

세화에서 김녕에 이르는 14km의 해안도로. 세화오일장과 해녀박물관이 있는 구좌읍 시내의 중심지인 세화 해변부터 평대리, 행원리, 월정리, 김녕해수욕장까지 이어진다. 올레길 20코스를 오직 해안으로만 달리는 길이라 생각하면 된다. 행원리의 풍력발전기와 어우러진 바다 물빛이 예쁘고 중간중간 쉼터도 있다. 낚시터가 조성되어 있어 낚싯대를 드리우고 있는 사람도 만나게 되고, 최근 많이 생긴 게스트하우스들이 모여 있는 곳이기도 하다. 운 좋게 제주 사람들의 민낯을 엿보는 세화오일장을 만난다면 장터에서 튀김이나 국수 같은 간식거리로 요기하자. 이 해안도로의 끝 지점인 김녕해수욕장은 우도 산호해수욕장만큼이나 눈부신 모래가 펼쳐져 있는 포토제닉한 바다이다.

물빛이 유난히 예쁜 포토제닉한 바다
김녕해수욕장.

◎ 제주시 구좌읍 김녕리

검은 현무암과 하얀 모래, 그 위로 유난히도 강렬한 청록빛 바다와 푸른 하늘을 이고 서 있는 하얀 풍력발전기. 바다에 포토제닉상이 있다면 김녕해수욕장의 차지일 것이다. 원래 다른 곳에 비해 사람도 적고 물도 깨끗한, 그야말로 놀기에 적합한 바다라 조천이나 함덕 사람들이 여름에 즐겨 찾곤 했다. 김녕해수욕장에 가면 협재나 함덕에 비해 상업시설이 없는 날 것 그대로의 바다를 만날 수 있다. 화장실이 가까이에 있는 큰 해변은 북적거리는 해수욕장 분위기가 나는데, 왼쪽으로 5분 정도 걸어가면 나오는 작은 해변은 더욱 한적하다. 올레길 20코스인 김녕 - 하도올레가 이 해변을 지나는데 야영이 가능하기 때문에 올레길과 연계한 백패킹을 즐길 수도 있다. 여름 성수기는 물론 그 외의 계절에도 야영할 수 있지만 취사장과 샤워실은 사용할 수 없음을 감안해야 한다. 성수기 때 야영장 요금은 텐트의 크기에 따라 5000원~2만 원 정도.

SIGHTS

숲속의 요정 되어 셀카놀이하기 좋은
사려니숲길.

제주시 조천읍 교래리 산 137-1 09:00~17:00 064-900-8800

예전에는 제주 목동인 테우리나 사냥꾼이 들어가던 깊은 숲이었지만 지금은 누구나 편안하게 걸을 수 있다. 물찻오름 입구까지는 4.8km, 붉은오름 입구까지 5.2km로 전체는 10km가 조금 넘는 길이다. 다 걸으려면 서너 시간은 예상해야 하지만 일부 구간만 걸어도 그 맛을 볼 수 있다. 사려니숲 산책로의 입구는 1118번 남조로 붉은오름 쪽과 1112번 비자림로 탐방안내소 쪽이 있다. 걷기에는 비자림로 탐방안내소 쪽에서 시작하는 것이 편하지만 워낙 주차하기 어려우므로 편의에 따라 택할 것. 올레길을 많이 걷던 예전에는 사려니숲길 전체를 걷는 분위기였지만, 지금은 인증샷을 찍으며 가볍게 30분에서 1시간 정도만 걷는 이들도 많다. 사려니숲길도 예쁘지만 그 길로 향하는 입구 도로도 운치 있다. 숲속에 들어가면 늘씬하게 쭉쭉 뻗은 삼나무 사이에서 숲속의 요정 콘셉트로 사진을 찍기 좋다. 사려니숲길 이용 시간은 오전 9시부터 오후 5시까지인데, 특히 혼자 걷는다면 날이 어두워지기 전에 숲을 벗어나야 한다. 강풍이 불거나 비가 많이 올 때도 자칫 고립될 수 있으므로 안전에 유의하자.

국내 최초의 곶자왈 휴양림
제주교래자연휴양림

⊙ 제주시 조천읍 남조로 2023(교래리 산 95) ●OPEN 하절기 07:00~16:00, 동절기 07:00~15:00 ●CLOSE 연중무휴 ▣ 휴양림 어른 1000원, 어린이 무료 / 숙박동 숲속의 휴양관 39.06㎡형 6만7000원(비수기 주말 기준) / 야영장 6000~8000원 ☎ 064-710-7475

'곶자왈'은 돌이 많아 농사를 짓지 못하고 방목지로 사용하거나 땔감을 거두들이던 원시림 형태의 숲. 제주교래자연휴양림은 돌문화공원에서 운영하는 우리나라 최초의 곶자왈 휴양림이다. 제주 숲의 맨얼굴을 만날 수 있는 이곳에선 곶자왈 탐방, 숙박, 야영을 하며 숲의 정기를 온몸으로 느낄 수 있다. 울룩불룩한 용암과 나무뿌리가 많은 곶자왈을 산책하려면 바닥이 튼튼한 트레킹화를 신는 것이 좋다. 더 오래 곶자왈을 느끼고 싶다면 데크와 일반 노지로 구성된 야영장에서 캠핑하거나, 숲속의 휴양관·숲속의 초가에서 하룻밤 머물러 가자. 숙박 시설은 매월 1일 오전 9시부터 선착순으로 한 달 전체 예약이 가능한데, 성수기나 주말에는 경쟁이 치열하므로 서둘러야 한다. 곶자왈을 고스란히 내부로 옮겨온 듯한 지하 1층의 곶자왈생태체험관도 있다.

존재감 있는 마르형 분화구와 억새
산굼부리.

◎ 제주시 조천읍 비자림로 768(교래리 342-2) ⓞ 3~10월 09:00~18:40, 11~2월 09:00~17:40 ⓒ 연중무휴 🎟 어른 6000원, 어린이 3000원 📞 064-783-9900

'오름'이란 이름이 붙지 않아 오름이라는 걸 늘 깜빡 잊곤 하는 산굼부리. 산굼부리의 '굼부리'가 화산체의 분화구를 가리키는 제주 말이니 분화구를 가진 오름인 건 맞다. 용암이나 화산재를 분출하지 않고 폭발이 일어난 독특한 오름으로 천연기념물로 지정될 만큼 그 분화구가 특별하다. 우리나라에선 유일한 마르(Marr)형 분화구라 하여 화산 자체보다도 분화구가 더 깊이 움푹 파여 있는 형태로 백록담보다 더 깊다고 한다. 한때 사람이 살았다고도 하는 분화구 안으로 직접 내려가 볼 수 없지만 한겨울에도 꽃이 필 만큼 따뜻해서 상록활엽수림과 낙엽활엽수림이 함께 자라고 있다. 특히 가을날의 억새는 축제가 될 정도로 압권이며 눈 쌓인 겨울에는 분화구 눈썰매 체험 행사도 열린다.

SIGHTS

신령스러운 초록의 숲
비자림.

📍 제주시 구좌읍 비자숲길 62(평대리 3164-1) OPEN 09:00~17:00 CLOSE 연중무휴 어른 3000원, 어린이 1500원 📞 064-710-7912

언젠가 흐린 날, 혼자서 비자림에 들어가려다가 중간쯤에서 그냥 되돌아 나온 기억이 있다. 혼자 걷기엔 너무 어둑하고 신령스러웠기에. 이번엔 친구와 함께 걸어보았다. 뾰족뾰족하고 단단한 잎사귀, '아닐 비(非)자'를 써서 비자나무라는 이름이 붙었다고 한다. 비자숲 안쪽으로 들어가니 울울한 나무들이 하늘을 가려 곧 어둑해진다. 이 숲에서 자라는 비자나무는 무려 2800여 그루! 수령 300~800년 정도의 비자나무 어르신들이 그 오랜 세월 동안 한데 모여 숲을 이루었는데, 그 가치가 높아 천연기념물로 지정되었다고 한다. 그 가운데 가장 노령의 비자나무는 무려 800살이다. 1200년대 고려 시대에 심었다는 얘기다. 실제로 고려와 조선 시대에 비자를 조정에 바쳤다는 기록이 남아 있을 정도로 귀한 나무였다고 한다.

SIGHTS

한여름에 들르면 좋은 천연 에어컨
만장굴.

제주시 구좌읍 만장굴길 182(월정리 산41-5) OPEN 09:00~18:00 CLOSE 첫째 수요일 어른 4000원, 어린이 2000원 064-710-7903

만장굴은 1946년 탐사 장비도 없던 시절, 김녕초등학교 부종휴 선생님과 어린 제자들이 수차례에 걸친 탐험 끝에 발견했다고 전해진다. 마치 한 편의 모험 넘치는 드라마 같은 과정을 거쳐 세상에 그 모습을 드러낸 것이다. 250만 년 묵은 이 굴은 천연기념물로 지정된 데 이어 2007년 유네스코 세계자연유산으로 등재되었고, 이어 세계지질공원으로 지정된 바 있다. 총연장 7416m로 보존을 위하여 제2굴 입구에서 용암석주까지의 1km만 개방하고 있는데, 항상 11~12°C를 유지해 여름에는 시원하고 겨울에는 따뜻하다. 대체로 어둡고 바닥이 울퉁불퉁하므로 편안한 신발이 필수. 한여름이라도 오싹한 기운이 돌기 때문에 가벼운 카디건을 준비하는 것이 좋다.

김영갑 작가가 사랑한 오름

용눈이오름.

📍 제주시 구좌읍 종달리 산28

제주 오름 368개 가운데서도 구름언덕과 함께 유난히도 김영갑 작가의 마음을 끌었다는 용눈이오름. 20여 년간 오름만 수만 장 찍었고, 오름 하나에도 1년을 매달렸다는 김영갑 작가를 자연스럽게 떠올리게 하는 오름이다. 유난히도 능선이 여성스럽고 잘 생긴 용눈이오름은 분화구가 세 개라 어느 쪽에서 보느냐에 따라 풍경이 다르다. 능선까지 오르는 데 10분도 채 걸리지 않고 능선을 한 바퀴 도는 데도 20분 정도면 충분할 만큼 아담하다. 하지만 그 위에 서면 한라산을 배경으로 하여 따라비오름, 둔지오름 등의 오름과 성산일출봉, 섭지코지까지 한눈에 든다. 오름 앞 넓은 초원 위로 레일바이크가 다닌다. 김영갑 작가처럼 오름을 느끼고 싶다면 먼저 삼달리에 있는 김영갑갤러리 두모악에서 그의 작품들을 접해보는 것도 좋다.

제주 오름의 랜드마크
다랑쉬오름.

◎ 제주시 구좌읍 세화리 산6

좌우대칭. 안정적인 원뿔형 몸매라 모든 사면의 경사가 일정하여 마치 물레에 올려놓고 손으로 다듬은 듯 하다. 산봉우리 분화구가 마치 달처럼 둥글게 보인다 하여 다랑쉬라는 예쁜 이름이 붙은 오름. 균형미와 우아한 자태로 '오름의 여왕'이라 불리고, 제주시에서는 제주 오름의 랜드마크로 지정한 바 있다. 382.4m로 근처 오름에 비해 경사가 가파르고 높은 편이라 끝없이 이어진 계단을 올라야 하지만 정상에 서면 그 수고로움을 보상받는다. 115m 깊이의 분화구 위로 달이 둥실 떠오르는 광경은 송당리마을의 자랑거리.

삼척동자도 오를 수 있는
아부오름.

◎ 제주시 구좌읍 송당리 산 164-1

산책하는 기분으로 오를 수 있는 높이 51m의 오름. 이런 오름이라면 열 번이라도 오르겠다고 뻐길 만한 높이다. 입구에는 1998년에 개봉한 영화 〈연풍연가〉에 등장했던 나무가 이제는 둥치가 굵어진 채 그 자리를 지키고 있다. 야트막한 언덕배기처럼 보이는 오름 정상에 서면 깊이 84m의 완벽한 형태의 원형 분화구에 놀라게 된다. 둘레가 약 1.5km 정도로 어린아이라도 부담 없이 한 바퀴 돌아볼 수 있는데 오르는 수고로움에 비해 경치 서비스가 좋은 편. 주변 오름과 중산간 목장지대를 너머 먼바다까지 보여준다.

SIGHTS

차창을 활짝 열고 드라이브하기 좋은 길
1112번 삼나무숲길.

◎ 5.16도로와 1112번 비자림로가 만나는 교래입구삼거리에서 교래사거리까지

정식 명칭은 비자림로. 걷고 싶으나 걷기 힘든 길이다. 해발 650m에 위치한 이 길은 5.16 도로와 1112번 비자림로가 만나는 교래입구삼거리에서 교래사거리까지를 말한다. 특히 1112번 도로의 시작점부터 명도암 입구까지 이르는 2.5km가 하이라이트. 거기서 절물자연휴양림 가는 길에도 삼나무숲을 만나고 중간쯤에는 방풍림을 이루는 목장지 주변의 숲을 만날 수 있다. 잠깐 쭉 뻗은 길이 이어지다가 이내 구불구불 S자를 그리며 이어지는 삼나무 숲길은 마냥 걷고 싶어지는 길이지만 걷기엔 좀 위험한 것도 사실. 걷기보다는 차창을 활짝 열고 드라이브하기 좋은 길이다. 이 길 특유의 호젓한 무드를 만끽하고 싶다면 아무래도 주말은 피하는 게 상책이다.

FOOD

제주 해녀를 테마로 한 공연 다이닝
해녀의부엌。

제주시 구좌읍 해맞이해안로 2265(종달리 477-16)　매주 금~일요일 1일 2회 12:00, 17:30　월~목요일　1인 5만5000원(예약 추천)　070-5224-1828　haenyeokitchen.imweb.me

칼바람 부는 한겨울에도 한번 바다에 들어가면 최소 4시간 이상 물질을 하는 제주 해녀들. 제주도를 몇 번 여행했든 실제로 제주 해녀를 접하며 그녀들이 사는 얘기를 들을 수 있는 경우란 그리 흔치 않다. 진짜 제주를 만끽하고 싶다면 제주에서도 해녀가 많은 종달리에 문을 연 해녀의부엌에 가보자. 20여 년 전 생선을 경매하던 활선어 위판장을 공연장으로 개조, 국내 최초 극장식 레스토랑, 제주 해녀 다이닝으로 문을 열었다. 유네스코 세계무형문화유산으로도 등재된 바 있는 제주 해녀를 테마로 한 연극과 해녀가 직접 채취한 해산물로 조리한 맛깔나는 음식을 함께 만난다. 금요일부터 일요일까지 주말에만 하루 2회 공연하며 러닝타임 100분.

제주 옛집에서 맛보는 퓨전 요리
만월당。

제주시 구좌읍 월정1길 56(월정리 591-1)   11:00~20:00   연중무휴   전복리조또 1만8700원, 성게크림파스타 1만8700원, 딱새우 로제파스타 1만6700원   064-784-5911

'달이 꽉 찬 곳'이라는 뜻의 만월당은 이탈리안 요리를 제주식으로 재해석해 전복, 톳, 한치 등의 해산물 재료로 요리하는 퓨전 레스토랑. 요사이 SNS를 뜨겁게 달군 인기 맛집이다. 제주 옛집을 개조한 외관과 인테리어가 빈티지하면서도 유니크한 멋을 풍기고, 통유리 밖으로 고즈넉한 마을 돌담길이 보여 아늑하고 따듯한 분위기 속에서 식사할 수 있다. 만월당의 인기 메뉴는 진하고 고소한 맛이 일품인 전복리조또. 진한 초록 빛깔의 전복 내장을 아낌없이 넣은 리조또 위에 오동통한 통전복을 올려 맛과 비주얼을 모두 사로잡았다. 딱새우 로제파스타 역시 많이들 찾는 메뉴인데, 까먹기 좋게 손질한 딱새우 칭찬이 자자하다.

FOOD

신선한 회의 쫀득쫀득 차진 단맛
훈남횟집.

제주시 조천읍 함덕13길 7(함덕리 1002-21) OPEN 16:00~23:30 CLOSE 연중무휴 딱새우회 3만 원, 고등어회 3만5000원, 모둠회(소) 6만 원, 고딱세트(고등어회＋딱새우회＋딱새우라면) 6만5000원 064-783-0083

함덕해수욕장 근처에 위치한 깔끔한 횟집이자 심야식당. 입구에 놓인 커다란 수조에 각종 횟감들이 노니는데, 수족관 정수기로 살균된 해수에 보관하기 때문에 더 안전하고 싱싱한 회를 맛볼 수 있다고. 다양한 회 메뉴 중에서도 이 집의 자랑은 고등어회와 딱새우회. 푸른빛이 살아있는 싱싱한 고등어회는 비릴 것 같다는 예상을 깨고 씹을수록 고소한 풍미가 퍼진다. 주인장의 '추천 조합'은 김 위에 밥을 올리고, 고등어회를 양파 소스에 찍어 한입에 즐기는 것이라 한다. 먹기 좋게 손질된 딱새우회 역시 쫀득쫀득 차진 단맛이 일품이다. 고등어회와 딱새우회를 모두 맛보고, 입가심으로 딱새우 라면까지 즐기고 싶다면 '고딱세트'를 주문해보자.

회국수, 성게국수, 고등어회가 맛있는

곰막식당.

◎ 제주시 구좌읍 구좌해안로 64(동복리 667-1) 09:30~21:00 첫째 화요일 회국수 1만1000원, 성게국수 1만2000원, 고등어회 3만8000원 064-727-5111

'곰막'은 구좌읍 동복마을의 옛 지명이다. 마을 이름을 배짱 좋게 가져다 쓴 이곳은 마을 토박이 어부가 운영하고 있는 식당. 언뜻 평범해 보이는 어촌 식당이지만, 음식 맛은 결코 평범하지 않다. 곰막식당의 시그니처 메뉴는 바로 회국수. 탱글탱글한 면발과 매콤 달달한 고추장 소스를 얹고, 제철 맞은 생선을 푸짐하게 올렸다. 수조 안을 유유히 헤엄치고 있는 생선들이 신선한 횟감임을 입증한다. 보통은 광어가 주를 이루지만, 겨울철이면 한껏 기름이 오른 방어가 그 자리를 차지한다. 국수 위로 푸짐한 성게알로 뒤덮은 성게국수, 색도 진하고 맛도 진한 활전복죽, 가지런히 썰어 담은 고등어회도 인기 메뉴. 탄성이 나오도록 푸짐한 양을 자랑하는 이 식당의 메뉴들은 테이크아웃도 가능. 함덕·김녕해수욕장과도 가까워 관광객도, 현지인도 많이 찾는다.

FOOD

탱글탱글 튼실한 전복의 위용
명진전복。

◎ 제주시 구좌읍 해맞이해안도로 1282(평대리 515-28) OPEN 09:30~21:30 CLOSE 화요일 🍴 전복죽 1만2000원, 전복돌솥밥 1만5000원, 전복구이 3만 원 📞 064-782-9944

원래도 유명했으나 〈수요미식회〉에 소개된 이후로는 더욱 유명해져 기본 대기 시간이 1시간 이상이다. 튼실한 전복으로 돌솥밥, 죽, 구이, 회 등 네 가지 메뉴를 차려낸다. 손님들이 선호하는 메뉴는 전복돌솥밥과 전복구이다. 전복 내장인 게웃을 넣어 초록빛이 도는 전복돌솥밥 위에 전복 슬라이스가 수북이 올라 있고, 고등어구이와 양파절임 등 단출한 반찬과 미역국과 함께 나온다. 전복 10개가 담겨 나오는 전복구이는 버터를 발라 구워 쫀쫀하고 고소하다. 〈수요미식회〉 패널들이 전복의 생명인 게웃이 없어서 실망스럽다고 했던 전복구이와, 단맛이 다소 강해 조화롭지 못하다는 평을 듣기도 한 전복돌솥밥이지만 여전히 명진전복은 쉽게 맛보기 힘든 맛집으로 통한다. 도착하자마자 미리 주문해놓고 주변 카페에서 시간을 보내다 호출이 오면 순번을 타는 것이 기본. 전복을 좋아한다면 이런 불편함도 충분히 감수할 만하다.

제주 동부 최고의 맛과 분위기
세러데이아일랜드.

◉ 제주시 구좌읍 평대7길 51(평대리 2007-1) 🔓 12:00~20:00(브레이크 타임 15:00~17:00) 🔒 화~목요일 🍴 전복리조또 2만3000원, 파스타류 1만8000~1만9000원, 수제맥주류 9000~1만 원 📞 0507-1471-2822

분위기와 맛 두 마리의 토끼를 잡은 평대리의 이탈리안 레스토랑이다. 제주 돌담으로 꾸민 오픈 키친과 터프한 듯 섬세한 빈티지 인테리어가 눈길을 끈다. 이 집이 제주 동쪽 최고의 맛집으로 꼽히는 것은 누구라도 인정하는 맛과 비주얼 때문이다. 전복이나 딱새우 같은 제주다운 식재료를 이용해 최고의 맛을 내는데, 특히 통통한 전복을 올린 전복리조또와 딱새우 세 마리를 얹은 시칠리아파스타는 맛은 물론 비주얼도 엄지 척. 페페론치노와 청양고추를 섞어 만든 오일 소스의 매콤함이 비린 맛을 잡아준다. 너른 공간에 비해 테이블이 그리 많지 않아 대기자 명단에 이름을 올리고 1~2시간 대기가 기본이고 가격대도 좀 높은 편이지만 기다린 만큼 보람 있다는 평. 13세 미만은 입장할 수 없는 노키즈존이다.

FOOD

종달리 엄마의 일본 가정식
종달리엔 엄마식당.

◎ 제주시 구좌읍 종달로7길 15(종달리 1935-1) OPEN 17:30~22:00 CLOSE 화수요일 ※임시 휴업 중으로 방문 전 확인 필수 🍴 스테이크덮밥정식 1만3000원, 명란덮밥정식 1만3000원, 딱새우카레정식 1만3000원 📞 070-4146-5768

종달리 마을 안에 위치한 일본 가정식 밥집이다. 빛바랜 예전의 식당 간판을 그대로 달고 있어서 얼핏 지나치기 쉽지만 창에 정겨운 글씨로 '종달리엔 엄마식당'이라고 적혀 있다. 심야식당 '종달리엔'을 운영하는 딸의 레시피로 운영하는 엄마의 식당이라고 한다. 일본 가정식이니만큼 스테이크동이나 명란동 같은 덮밥 종류나 일본식 카레처럼 '혼밥'할 수 있는 간단한 정식 메뉴를 내놓고 있다. 정식 메뉴에 곁들여 나오는 톤지루는 돼지고기와 채소를 볶아 미소 된장을 푼 돼지고기 된장국으로 구수한 맛이 난다. 현재는 임시 휴업 중으로, 방문 전에 반드시 오픈 여부를 확인해볼 것.

FOOD

독특한 유럽 전통음식을 맛볼 수 있는
치저스。

제주시 구좌읍 비자림로 1785(송당리 1581-1) 11:00~16:00(예약 추천) 화~목요일 라클렛 1만4000원, 치즈미트볼라이스 1만2500원, 한치리조또아란치니 1만2500원, 새우버터구이 5000원 070-7798-1447 www.instagram.com/cheesus_jeju

지글지글 맛있게 구운 스테이크 위에 주르륵 흘러내리는 치즈. 일명 '치즈 폭포'라는 애칭으로 불리는 영상이 인스타그램을 달군 바 있는 푸드트럭 치저스가 제주 동쪽 중산간 동네인 송당리에 가게를 냈다. 치즈폭포가 쏟아져 내리던 것은 스위스 전통음식인 라클렛인데, 여기에 더해 미트볼, 아란치니 같은 서양 음식으로 메뉴를 늘렸다. 조리법이 약간 다르긴 하지만 미트볼은 스웨덴 전통음식이고, 아란치니는 재료에 모차렐라 치즈를 섞어 빵가루를 입혀 튀겨낸 시칠리아 전통음식이다. 고가의 식재료를 쓰는 만큼 양이 넉넉하진 않으나 독특한 서양 음식을 맛본다는 느낌으로는 괜찮다. 금요일에서 월요일까지 나흘만 문을 열고 재료가 소진되면 문을 일찍 닫기도 하므로 예약 후 방문하는 것이 마음 편하다.

FOOD

푸드트럭의 낭만 식당에서 즐겨요
쉬림프박스.

◉ 제주시 구좌읍 대수길 10-22(평대리 2030-1) OPEN 11:00~18:00(재료 소진 시 조기 마감) CLOSE 일요일 레몬갈릭새우버터구이 9000원, 핫스파이시새우버터구이 9000원, 수제 츄러스 3000원 ☎ 010-9146-4322 www.instagram.com/shrimp_box_jeju

이제는 평대리 바닷가 앞에 하와이 느낌이 물씬한 가게를 내고 정착했지만, 한때 바다를 배경으로 쉬림프 박스 푸드트럭이 서 있는 프레임은 낭만적이면서도 이국적인 비주얼로 인스타그램을 달구었다. 하와이의 명물 새우트럭인 지오반니를 모티브로 한 제주 쉬림프박스는 바닷가에서 먹는 새우버터구이 도시락으로 선풍적인 인기를 끌었고, 전국적으로 쉬림프박스 푸드트럭의 유행을 불러일으킨 견인차가 되었다. 야자수 와 포스터, 하와이 맥주 등으로 내부를 꾸며 당장이라도 하와이로 달려가고픈 충동을 일으키며, 늘 새우를 볶는 고소한 버터 냄새가 가득하다. 여전히 푸드트럭에서 팔던 그대로 담아주며 예전의 그 푸드트럭은 포 토존이 되었다.

FOOD

제주 회국수 원조집
해녀촌.

📍 제주시 구좌읍 동복로 33(동복리 1502-1) OPEN 09:00~19:00 CLOSE 월요일, 둘째·넷째 화요일 🍽 회국수 1만 원, 성게국수 1만1000원, 한치국수 1만 원, 전복죽 1만 원 📞 064-783-5438

꼭 맛봐야 할 별미가 많은 제주에서 유독 중독성 강한 음식이 있으니 바로 동복리 해녀촌의 회국수와 성게국수다. 굵은 중면에 당근, 오이, 상추 등을 썰어 넣고 두툼한 회에 매콤달콤한 초고추장을 얹은 회국수는 해녀촌이 제주 최초로 개발한 메뉴. 국수 위에 올라가는 회는 제철 활어를 쓰기 때문에 그때그때 달라지는데 어느 것이나 두툼하게 썰어 푸짐하게 올린다. 굵직한 중면을 삶아 성게로 국물을 내고 그 위에 노르스름한 성게 알을 듬뿍 얹어 따뜻하게 내놓은 성게국수도 고소하면서도 쌉쌀한 맛이 고스란히 담겨있다. 푸짐하고 맛있는 데다 가격까지 착한 대박 맛집의 비결을 고루 갖추었다. 바닷가에 위치해 바다를 감상하며 식사할 수 있는 것도 매력 포인트.

FOOD

정성 어린 쌈밥정식 한 끼
선흘곶.

제주시 조천읍 동백로 102(선흘리 산22)　OPEN 10:30~20:00　CLOSE 화요일　쌈밥정식 1만5000원　064-783-5753

제주에서도 외진 조천면 선흘리에 위치하고 있지만 정갈하고 건강한 한 끼를 위해 찾아갈 만하다. 식당에서 내놓는 메뉴는 단 한 가지, 돔베고기를 비롯한 제주 밥상이 푸짐하게 차려지는 쌈밥정식이다. 10여 가지의 반찬은 하나같이 정성이 가득하다. 야들야들 고소한 돔베고기, 살이 도톰한 고등어, 한라산 표고버섯, 싱싱한 쌈 채소 등이 나온다. 이 집의 식재료는 모두 제주산, 아니면 국내산만 쓴다. 요즘 제주에서 이 가격에 이런 밥상 받기 힘들다.

짜장·짬뽕에서 제주 바다를 만나는 기쁨
문어아저씨.

제주시 조천읍 조함해안로 480(함덕리 1252-42)　OPEN 09:00~21:00　CLOSE 연중무휴　문어짬뽕 1만3000원, 문어짜장 1만1000원　064-784-9494

함덕해수욕장을 바라보며 돌문어 한 마리가 떡하니 올라앉은 짬뽕과 짜장을 먹는 재미가 있다. 문어짬뽕에는 작은 돌문어 한 마리와 뿔소라, 홍합, 가리비, 홍게, 갑오징어 등 해산물이 푸지게 담겨 있다. 사골육수로 내는 짬뽕 국물은 얼큰하다 못해 코끝이 시큰거릴 정도로 매운데, 매운 정도는 조절할 수 있다. 문어짜장 역시 간짜장 위에 돌문어를 얹어 맛과 비주얼을 담당한다. 이렇게 돌문어를 통 크게 얹는 것은 추자도가 고향인 주인장이 문어잡이 배를 통째로 계약하기 때문이란다.

제주 토종닭으로 즐기는 샤부샤부
성미가든.

📍 제주시 조천읍 교래1길 2(교래리 532) 🕐 11:00~20:00 📅 둘째, 넷째 목요일 🍴 토종닭 샤부샤부(소) 6만 원, (대) 7만 원 / 닭볶음탕(소) 6만 원, (대) 7만 원 📞 064-783-7092

튀김 아니면 찜, 아니면 볶음탕으로 먹는 닭을 샤부샤부로 먹는다는 것이 좀 생경하지만, 생각해보면 닭이라고 샤부샤부로 먹지 못할 일은 또 뭔가. 맨 먼저 배춧잎을 넣어 팔팔 끓인 국물에 닭 안심, 모래집, 껍질 등을 부위별로 살짝 담갔다가 새콤달콤한 양념장에 찍어 먹는다. 다음으로 통감자, 콩, 녹두 등을 품은 쫄깃한 백숙이 나온다. 백숙을 먹고 나면 녹두를 듬뿍 넣은 구수한 닭죽이 나오고 남은 국물에 라면 사리를 퐁당 빠뜨려 전골까지 먹는다. 닭 한 마리로 여러 요리를 두루 즐길 수 있도록 한 창의성만은 만점.

푸짐한 돌문어 비주얼이 침샘 자극하는
벵디.

📍 제주시 구좌읍 해맞이해안로 1108(평대리 2031-2) 🕐 10:00~19:00(브레이크 타임 15:00~16:00) 📅 목요일 🍴 돌문어덮밥 1만 7000원, 뿔소라톳덮밥 1만5000원, 돼지고기 간장덮밥 1만3000원 📞 064-783-7827

〈수요미식회〉에도 소개된 평대리의 돌문어 맛집이다. 큼지막한 돌문어 비주얼 때문에 SNS에 공유되며 알려지다가 방송에 소개된 이후 웨이팅은 기본, 늦게 가면 시그니처 메뉴를 맛보기 어렵다. 매콤짭짤한 돌문어덮밥은 2인 기준 하나씩만 주문할 수 있는데, 돌문어의 공급이 수요를 따를 수 없기 때문이란다. 뿔소라톳덮밥이 더 맛있다는 평도 있다. 오픈 당시에 비해 메뉴의 가격은 전체적으로 올랐지만 제주 로컬푸드와 비주얼을 살린 일품요리로 여행자들의 취향을 저격한 곳.

제주 최대 규모의 핑크뮬리 군락
북촌에가면

제주시 조천읍 북촌5길 6(북촌리 1262-1) 10:30~17:30 청귤차 7000원, 청귤에이드 8000원, 제주녹차 6500원 064-752-1507

조천읍 북촌초등학교 바로 옆집으로, 원래는 장미정원으로 유명한 카페. 해마다 5월이면 담을 타고 넘어 화사한 미소를 선사해주는 장미가 안쪽의 카페로 저절로 발길을 이끌고, 여름이면 이에 질세라 탐스러운 수국으로 가득 찬다. 그런데 장미와 수국을 넘어 이 정원카페를 범제주적 명소로 만든 것은 다름 아닌 핑크뮬리. 카페 옆 널따란 밭 전체에 넘실거리는 분홍빛은 제주 최대 규모의 핑크뮬리 군락으로 불리기에 충분하다. 다른 곳의 핑크뮬리가 뒷배경의 힘을 입어 환상적인 피사체로 카메라에 담긴다면, 이 정원카페의 핑크뮬리는 그 자체의 규모가 압도적이다. 카페 1층과 2층의 테라스에서 내려다보면 더욱 확연히 그 어마어마한 규모를 확인할 수 있다. 카페 1인 1주문은 필수.

CAFE

좋은 책 보며 브런치 먹는 카페
풍미독서.

⊙ 제주시 구좌읍 세화합전2길 7(세화리 793) OPEN 09:30~15:00 CLOSE 목요일 하우스샐러드 1만8800원, 수제버거 1만2000~1만7000원, 생과일 주스 6000~6500원 ☎ 064-782-5333

안거리와 밖거리로 이루어진 제주도 전통 가옥을 개조해 멋지게 꾸며 놓은 세화리의 북 & 브런치 카페다. '풍미독서'라는 상호에서 짐작할 수 있듯이 맛있는 음식과 함께 책도 읽으며 여유로운 시간을 보내기 좋다. 안채는 주방이자 주문하는 공간으로 바깥채인 카페로 갈 때는 신발을 벗고 슬리퍼로 갈아 신는다. 벽 전체가 책으로 가득한 책장으로 꾸며져 있는 바깥채 공간은 큰 창 너머로 제주의 돌담과 하늘이 액자처럼 걸려 있다. 10여 년 경력의 한식 셰프와 양식 셰프가 만나 개발한 젊은 층의 입맛에 꼭 맞는 푸짐하고 건강한 메뉴를 갖추고 있다. 맑은 날에는 야외에 마련된 공간에서 제주의 햇살과 바람을 만끽하며 혼자만의 시간을 보내기에도 좋다. 노키즈존이다.

CAFE

하도리 바다를 품은 청량감 넘치는 카페
카페록록。

◎ 제주시 구좌읍 하도서문길 41(하도리 1890-2) ⓞⓟⓔⓝ 10:30~18:30 🍽 치즈테린느·제주말차테린느 5500원, 에그타르트 4500원, 카페라떼 6000원, 귤스무디 7000원 📞 064-782-0714

하도리의 바다 색깔은 조금 특별하다. 창 너머로 비치는 청량감 있는 푸른빛이 수많은 제주 바다 중에서도 압도적 풍경임을 인정할 수밖에 없게 만든다. 그런 하도리에는 바다를 끼고 전망 좋은 카페들이 늘어서 있는데, 이 중에서도 카페록록은 시원한 바다와 돌담을 배경 삼아 이국적인 사진을 찍을 수 있는 포토존으로 더욱 유명하다. 실내 곳곳에 배치된 큼직한 식물들은 분위기를 더욱 돋우고, 스테인드글라스와 조명 같은 소품에서도 이국적인 감성이 물씬 묻어난다. 특히 카페 입구 쪽 테이블에 놓인 아기자기한 소품과 사각창, 초록 야자수가 만들어내는 포토존은 인생샷을 찍기 적당한 곳. 바다를 바라보며 맛보는 커피와 디저트 맛도 일품이다.

CAFE

고즈넉한 중산간 여백의 미를 품은
카페 동백。

◎ 제주시 조천읍 동백로 68(선흘리 922) OPEN 4~9월 11:00~18:00, 10~3월 10:00~17:00 CLOSE 일 · 월요일 아메리카노 5000원, 동백 티라미수 7000원, 동백 치즈케이크 7000원 070-4232-3054

제주도 하면 바다를 먼저 떠올리지만 일찍부터 제주 중산간의 아름다움에 심취했던 김영갑 같은 예술가도 있다. 화려하진 않지만 바라볼수록 마음이 차분해지고 평화로워지는 여백의 미를 지닌 제주 중산간을 주목하게 만든 카페 동백. 카페 말고는 주위가 온통 숲과 들뿐인 이곳에 사람들의 발길을 모은 것은 카페 내부의 큰 창을 통해서 감상하는 뎅그런 창고 건물의 뷰다. 아티스트인 주인장은 그의 섬세한 시선을 통해 중산간 특유의 목가적인 아름다움을 재발견했으리라. 어떤 이는 그 풍경에서 추사의 세한도를, 어떤 이는 태국의 치앙마이를 떠올리기도 한다. 이 뷰를 찍기 위해 창가 자리 쟁탈전이 치열하며, 누구라도 셔터를 누르게 된다. 카페 동백만의 음료와 홈메이드 케이크도 맛있다. 환경 보호를 위해 일회용 컵을 사용하지 않기 때문에 개인 컵을 소지할 경우에만 테이크아웃이 가능하다. 6인 이상의 단체는 입장이 제한된다.

CAFE

당신은 세화씨와 커피를 마셔본 적 있나요?
카페공작소.

📍 제주시 구좌읍 세화리 해맞이해안로 1446(세화리 1477-4) OPEN 08:00~21:00 CLOSE 연중무휴 커피류 4000원~5500원, 수제차 5000~6000원, 에이드류 6000원 📞 070-4548-0752

세화리 바닷가의 카페공작소는 이렇게 묻는다. '당신은 세화씨(sea)와 커피를 마셔본 적이 있나요?'. 세화씨와 커피는 아니지만 그 방파제에 올라앉아 캔맥주를 마신 기억이 되살아났다. 원래 참 예쁜 마을인 세화리가 지금처럼 핫해지기 전부터 이 바다를 꿋꿋이 지키고 있던 카페공작소. 그런데 요즘 카페공작소가 참 예뻐졌다. 세화 바다의 감성 풍경을 카페 안에 담기 시작한 후로, 바다를 향한 유리창에 돌고래 그림과 함께 '안녕, 제주', '바다가 참 아름답다. 보고 싶다' 등이 삐뚤빼뚤 적혀 있는데, 그날 바다의 표정에 따라 매일 다른 풍경이 담긴다. 액자처럼 반듯한 사각형 안에 세화 바다를, 혹은 함께 여행하고 있는 친구를 담으면 감성 터지는 한 장의 사진이 된다. 날씨 궂은 날에는 벨롱장이 열리곤 했던 이 카페는 역시나 여성 취향을 저격하는 디자인 소품을 판매하므로 커피 한잔하면서 시간을 보내기 좋다.

CAFE

월정리 카페 1세대, 베이커리를 더하다
월정리Lowa。

제주시 구좌읍 해맞이해안로 472(월정리 6) OPEN 동절기 09:00~21:00, 하절기 09:00~23:00 CLOSE 연중무휴 커피류 4000~6500원, 라떼류 6000~7000원, 디저트류 6000~9000원 064-783-2240

다른 데 가지 말고 월정리로 오라고 유혹하는 카페 월정리로와. 월정리 붐을 일으킨 주역인 아일랜드 조르바와 함께, 월정리 카페 1세대라 할 수 있는 월정리Lowa가 이번엔 베이커리카페로 변신했다. 명불허전의 루프탑이 있는 카페 본채를 비롯해 제주 전통가옥을 리모델링해 보다 프라이빗한 느낌을 살린 작은 공간이 안쪽에 마련돼 있다. 베이킹 연구소를 따로 두고 식빵과 스콘, 케이크 등 다양한 베이커리 메뉴를 선보여 바다 뷰도 보고 빵도 맛보면서 잠시 쉬어가기 좋다. 가장 인기 있는 공간은 햇살 따뜻한 날 파노라마 뷰로 월정리 바다를 만끽할 수 있는 하늘로와. 자리 잡기는 힘들지만 월정리 최고의 뷰 포인트라 할 만하다. 커피 한 잔 들고 루프탑에 앉아 눈부시게 빛나는 월정리 바다를 바라보고 있노라면 새삼 이런 생각이 들 것이다. 그래, 제주에 오길 잘했어.

CAFE

커피 한 잔으로 행복해지고 싶다면
풍림다방。

◎ 제주시 구좌읍 중산간동로 2267-4(송당리 1377-1) 10:30~18:00 연중무휴 풍림브레붸 7000원, 더치라떼 7000원, 스페셜티 커피(핸드드립) 6000~9000원 1811-5775

〈수요미식회〉에 제주에서 커피가 맛있는 집으로 소개된 풍림다방. 나지막한 돌담집의 아담한 규모로 운영하다가 최근 일반 가옥을 리모델링해 확장 이전했다. 핸드드립 커피를 주문했다. 융드립으로만 커피를 내리는 주인장의 자세가 어찌나 진지한지 가볍게 후루룩 마시면 안 될 것 같다. 융드립 커피 특유의 묵직함이 좋다. 원두에 대해 물었더니 커핑 테스트를 통해 선별한 스페셜티 원두를 아낌없이 쓰는 게 비결이란다. 이곳의 시그니처 메뉴인 브레붸는 뜨거운 커피 위에 차가운 생크림 거품을 올려 젓지 않고 후루룩 마셔야 하는 풍성한 맛. 진득한 더치라떼도 인기다.

뉴트로 감성의 비밀 정원
그계절.

제주시 구좌읍 한동로 119 (한동리 2040 1동) OPEN 11:00~17:30 CLOSE 수요일 커피류 4500~6000원, 주스·에이드류 6000원, 바질토스트 6000원 010-3140-3121

목구조로 지은 창고형 카페로 초록 식물을 가득 채워 마치 식물원 같은 분위기가 흐른다. 호주 삼나무 아라우카리아를 비롯해 떡갈잎고무나무, 알로카시아 등 힙한 초록 식물과 귤나무, 박쥐란 행잉 바스켓을 걸어 마치 치앙마이 카페 느낌이랄까. 환한 햇살이 비치고 식물들이 파티션이 되어주는 이 카페에 앉아 있는 동안에는 미세먼지 걱정은 잠시 접을 수 있을 듯하다. 초록 식물과 더불어 셔터를 연신 누르게 하는 것은 그 사이사이에 놓인 빈티지한 가구와 소품들이다. 인기 있는 시그니처 메뉴는 레몬, 라임, 오렌지, 자몽 등을 넣은 수제 과일청 에이드인 '여름방학'으로 주로 모차렐라 치즈를 올리고 바질 가루를 듬뿍 뿌린 바질토스트나 딸기토스트를 곁들인다.

CAFE

낭만적 피크닉 바구니 콘셉트의
토끼썸。

◎ 제주시 구좌읍 해맞이해안로 1860(하도리 1) ⌂ 09:00~19:00 ⌂ 비 오는 날(인스타그램 확인) 🛒 2인 세트 : 더치커피 피크닉 2만5000원, 수제청차 피크닉 2만8000원 📞 010-4628-4801 🏠 instagram@tokkisome_jeju

문주란 자생지로 알려진 토끼섬이 바라보이는 구좌의 바닷가 카페다. 아늑한 카페 내부나 바다를 보며 커피 타임을 즐길 수 있는 야외 테이블도 있지만, 이곳은 인스타그램을 들썩이게 한 야외용 피크닉 바구니 세트로 유명하다. 카페 맞은편 잔디밭에 앉아 피크닉을 즐기는데, 제주의 바닷바람을 맞으며 나들이 기분을 내기에 이보다 더 좋을 수 없다. 그런데 이곳을 찾는 여행자들에게 가장 중요한 것은 인증샷이다. 토끼썸은 이런 인증샷 문화를 영리하게 캐치한 카페라서 빵, 버터, 잼, 쿠키, 음료 등으로 구성된 라탄 바구니와 함께 피크닉 매트, 양산, 화관과 꽃팔찌, 실크플라워 꽃다발 등 소위 사진발이 잘 받는 모든 것을 제공한다. 마음에 드는 소품을 고르고 싶다면 미리 예약하면 편리하다.

SHOP

제주 프리마켓의 원조
벨롱장.

○ 세화항, 가시리 유채꽃플라자, 함덕, 송당리 등 OPEN 토요일 11:00~13:00 ※ 코로나 19로 인한 휴장 중, 반드시 확인 후 방문할 것
cafe.naver.com/vellong, instagram@bellongjang

매년 3월부터 10월까지 세화항에서 토요일 오전 11시부터 딱 두 시간 동안 '반짝' 장이 서던 벨롱장이 인기를 얻은 후 세화항, 가시리 유채꽃플라자, 함덕, 송당리 등 장소를 옮기며 열린다. '벨롱'은 제주어로 불빛이 멀리서 반짝이는 모양을 뜻하는데, 반짝 열렸다 끝나기 때문에 이름이 '벨롱장'이다. 제주 프리마켓의 원조이자 규모나 성장 속도 면에서도 가히 독보적인 벨롱장은 제주 이민자들이 자발적으로 모여 직접 만든 것들을 사고팔던 소박한 형태로 시작되었다가 이후 100팀 이상의 셀러들이 판을 벌이는 규모로 발전하였다. '벨롱다리'라고 불리는 셀러들이 펼쳐놓은 좌판은 핸드메이드 액세서리와 소품, 직접 만든 먹거리가 주를 이룬다. 햇살 좋은 날 바닷바람 솔솔 부는 작은 포구에서 유니크한 핸드메이드 액세서리도 사고, 주전부리도 하고, 사람 구경도 하기에 이만한 장이 없다. 그래서 일부러 벨롱장에 맞춰 여행 일정을 짜기도 한다. 벨롱장은 날씨에 따라, 상황에 따라 취소되기도 하고 장소를 옮기기도 하니 인스타그램이나 등을 통해 미리 일정을 확인하는 편이 안전하다.

SHOP

닷새마다 열리는 바닷가 시장
세화오일장.

◉ 제주시 구좌읍 해맞이해안로 1412(세화리 1500-44) ⓞᴾᴱᴺ 5, 10, 15, 20, 25, 30일

물빛도 아름다운 세화리 바닷가에서 닷새마다 오일장이 선다. 끝자리에 0과 5가 들어가는 5, 10, 15, 20, 25, 30일이다. 원래는 세화리 주민을 위한 장이었지만 요즘은 여행자들이 더 즐거워한다. 규모는 아담하지만 감귤이나 옥돔 같은 제주 특산물 외에도 채소, 반찬거리, 옷, 신발, 농기구 등 없는 게 없다. 가격 역시 재래시장답게 저렴해서 제주에 오래 머물면서 이곳을 지나면 감귤도 사고 분식도 사 먹고 그랬다. 여행자들이 새삼 이 작은 재래시장에 재미를 느끼는 것은 제주 이민자들의 블로그가 발단이 된 게 아닌가 싶다. 제주 사람에겐 일상적인 풍경이지만 도시에서 내려온 그들에겐 독특한 시골 정서가 담뿍 담긴 재미있는 공간이었을 테니까. 어쨌거나 이곳에 왔으니 '맛나식당'에서 튀김으로 주전부리를 아니 할 수 없다. 시장은 오전 8시부터 열리고 오후 2~3시 정도면 마무리된다.

책을 위한 오롯한 공간
만춘서점.

제주시 조천읍 함덕로 9(함덕리 272-35) OPEN 11:00~18:00 CLOSE 연중무휴 064-784-6137

함덕해수욕장 가는 길에 만나는 심플하고 깔끔한 건물로 앞쪽에 테이블과 의자까지 놓여 있어서 이곳이 카페인가 싶지만 안으로 들어서면 아담한 벽면 가득 가지런히 책이 꽂혀 있는 작은 책방이다. 이곳은 출판사에서 오래 근무했던 대표가 직접 골라온 책을 판매하며 카페 공간은 운영하지 않는, 오로지 책을 위한 공간이다. 아이에게 읽어주고 싶은 그림책부터 일본 작가의 소설, 책에 관한 책 등 다양한 장르의 책을 만날 수 있고, 특별히 주인의 정성 어린 손글씨로 책에 관한 내용을 적은 메모를 붙여두어 독자의 선택을 돕는다. 'Reading is sexy'라는 카피가 인상적인 포스터가 눈길을 사로잡는 서점 내부도 좋지만 햇살 좋은 날, 야외 테이블에 앉아 살랑살랑 페이지를 넘기면서 광합성하고 있노라면 행복하다는 감정이 슬며시 찾아온다.

종달리에서 만나는 그녀의 취향
달리센트.

○ 제주시 구좌읍 종달리 1991　13:00~17:00　인스타그램에 공지　instagram@dalriscent_official

서울에서 라이프 스타일 잡지 에디터로 일하다가 고향인 종달리로 내려와 오픈한 편집숍이다. '달리센트'는 종달리의 '달리'와 향기라는 뜻의 '센트'를 조합한 이름. 널따란 밭 옆 파란 지붕이 있는 창고를 개조해 오랫동안 에디터로 몸담았던 내공을 쏟아내고 있다. 이곳에서는 그녀가 세계여행을 다니며 수집한 라이프 스타일 소품을 비롯해 직접 만든 아이템들도 만날 수 있다. 리스본 석류나무 비누, 유럽 앤틱 스푼과 황동 빈티지 촛대, 로마 벼룩시장 포르타포르테세에서 건져온 놋접시 등 다른 곳에서는 만나기 쉽지 않은 그녀만의 독특한 감성과 취향이 스며 있다. 이런 것들을 애정하고 소유하고픈 '감성녀'들에겐 세상에 둘도 없는 보물. 오픈 시간이나 휴무일은 매일 달라지니 인스타그램을 꼭 확인해야 한다.

SHOP

공들여 제작한 진짜 핸드메이드 소품
나나이로 & 아코제주。

◎ 제주시 구좌읍 구좌로 75-1(세화리 1397-5) OPEN 나나이로 11:00~18:00, 아코제주 11:00~18:00 CLOSE 나나이로: 인스타그램 공지, 아코제주: 연중무휴 ☎ 나나이로 010-8599-2653, 아코제주 070-8869-2177

이제는 제주에 감성 소품점이 워낙 많아져 치열한 경쟁의 시대에 돌입한 느낌이다. 진짜 공들여 제작한 핸드메이드 소품의 가치를 알아보는 안목이 필요한 시점. 제주 감성을 담은 밀랍초가 많은 나나이로와 도자기 소품으로 단골을 확보한 아코제주는 한 공간에 함께 있다가 이제 따로 분리되었다. 동물을 좋아한다면 자신의 애견 쿵쿵이를 모델로 제작한 아코제주의 도자기 마그넷이나 엽서에 손길이 가게 될 듯.

북마니아인 두 주인장의 아지트
소심한책방。

◎ 제주시 구좌읍 종달동길 29-6(종달리 737) OPEN 10:00~18:00(점심시간 12:00~13:00) CLOSE 때때로 휴무(전화 확인 필수) ☎ 070-8147-0848

제주의 동쪽 끝, 종달리에 자리 잡은 작은 책방이다. 앙증맞은 작은 간판을 단 이 책방에 들어서면 제주 관련 서적과 독립출판물, 인문학 서적, 그림책에 귀여운 소품까지 빼곡하게 들어차 있다. 그리고 책장 사이사이에 이 책을 추천하는 이유에 대해 깨알같이 적어놓았다. 두 주인장이 이 책은 이래서 좋고, 저 책은 저래서 좋으니 함께 읽어 보자고 소곤소곤 귓속말을 해주는 듯하다. 요즘엔 소심한 책방에서 직접 제작한 책이나 문구류 등도 만나볼 수 있어 제주의 다른 독립서점과 차별화된다.

STAY

정겨운 외갓집 같은 독채 민박
언니네여인숙。

📍 제주시 구좌읍 종달논길 54(종달리 814-44) OPEN 입실 17:00, 퇴실 10:00 💰 평일 15만 원, 주말 16만 원 📞 010-4416-2312

제주 종달리에는 언제부터인가 작은 카페와 소규모 책방, 소품 가게 등이 곳곳에 생겨나기 시작했다. 이 자그마한 가게들 덕분에 종달리에 오면 항상 마음이 여유로워진다. 언니네여인숙은 이런 편안한 마을 분위기를 그대로 집 안으로 들여놓은 듯한 독채 민박집. 제주 옛집을 개조해서 레트로하면서도 정겨운 느낌을 잘 살렸다. 스르륵 열리는 미닫이문과 빈티지한 소품들, 시골집에서 보던 작은 상과 겨울이면 온기를 뿜어내는 난로 등이 아늑하고 편안한 분위기를 자아낸다. 본래 더블룸, 트윈룸 등을 별도로 예약할 수 있는 여성 전용 게스트하우스로 운영했으나, 코로나19 이후 한 팀만 이용할 수 있는 독채 민박으로 변경해 안전에 보다 신경을 쓰고 있다.

STAY

화이트로 완성한 감성 스테이
하도리보통날.

⊙ 제주시 구좌읍 하도1길 33(하도리 2205-1) 입실 16:00, 퇴실 10:30 13만 원(비수기 주말 기준) 010-8507-9314

하도리 마을 중간에 자리한 작은 주택으로, 다소 평범해 보이는 외관과는 달리 내부가 온통 화이트풍의 감성 공간이다. 방은 서로 다른 구조의 2인실 두 개로 화이트 컬러 베이스에 정성이 깃든 깔끔한 베딩과 아기자기한 감성 소품으로 꾸몄다. 작고 심플하지만 예쁜 주방과 소박한 제주 풍경이 보이는 창가의 테이블까지 사진 찍을 거리가 많아서 특히 감각 있는 여행자들이 애정하는 공간. 젊은 주인 부부가 직접 페인트칠부터 돌담 쌓기까지 하며 손이 가지 않은 곳이 없을 만큼 정성이 엿보인다.

브런치 카페 옆 감성 독채 스테이
하도리1091。

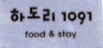

📍 제주시 구좌읍 하도13길 6(하도리 1091-5) 입실 16:00, 퇴실 10:30 1~2인 16만 원, 3인 21만 원, 4인 25만 원(비수기 주말 기준) 📞 010-5747-0052

핫한 브런치 카페 하도리1091에서 운영하는 감성 독채 스테이. 카페 옆에 있는 아담한 건물을 펜션으로 사용하고 있다. 현관문과 중문을 차례로 열고 입실하면, 층고를 높여 개방감 있는 거실을 마주한다. 창 너머로 보이는 돌담과 나무가 어우러진 제주다운 풍경이 마음을 편안하게 한다. 전체적으로 화이트 톤의 깔끔한 인테리어로 킨포크 감성이 느껴진다. 거실 한켠에 마샬 스피커도 구비돼 있으니 잔잔한 음악과 더불어 여유로운 시간을 보내기 좋다. 큰 방과 작은 방, 파우더룸과 욕실, 주방으로 구성되어 있어 최대 4인까지 여유롭게 이용할 수 있다.

북유럽 인테리어로 꾸민 따스한 공간
무이비엔.

◎ 제주시 구좌읍 한동로4길 3(한동리 948-1) OPEN 입실 16:00, 퇴실 11:00 무이동(4인 기준) 20만 원, 비엔동(2인 기준) 12만 원(비수기 주말 기준) ☎ 070-7570-3341

구좌읍 한동리의 독채 렌탈하우스다. 무이비엔은 스페인어로 '아주 좋아'라는 뜻으로 배낭여행을 즐기는 주인장의 취향을 담은 이름. 방 두 개가 있는 널찍한 무이동과 스튜디오형인 비엔동, 두 개의 독채가 있다. 유난히도 깔끔하고 편안한 북유럽 스타일 인테리어는 핀란드 헬싱키에 여행 가서 묵었던 에어비앤비 숙소에서 영감을 얻었다고 한다. 모노톤으로 성취한 뺄셈의 미학과 적재적소에 세팅한 소품들. 북유럽 인테리어에 관심이 있다면 아이디어를 많이 얻어갈 수 있을 듯하다. 빛이 잘 드는 따스한 거실에서 책도 읽고, 음악을 들으며 다음 일정도 계획하고, 따스한 조명 아래 좋은 사람들과 소곤소곤 얘기꽃을 피우는 풍경, 무이비엔에 가장 잘 어울리는 그림이다.

따뜻한 아침 밥상과 감동의 한우 파티
렌소이스 게스트하우스。

◎ 제주시 구좌읍 상도북4길 3(상도리 469-1) 입실 16:00, 퇴실 10:00 트윈룸 8만 원, 더블룸 10만 원(비수기 주말 기준) 010-2006-1166

렌소이스는 '하얀 이불보'라는 뜻을 가진 브라질의 신비한 사막. 2017년 새해 첫날 오픈한 게스트하우스다. 집 곳곳에 다양한 모양의 창을 내어 최대한 풍경을 집안으로 들였다. 2층으로 올라가는 계단 벽에는 액자 같은 네모 창을. 계단을 올라가서는 날씨에 따라, 시간대에 따라 버라이어티한 풍경이 펼쳐지는 큐브 창을. 침실에는 가로로 기다란 창을 내어 자연을 작품처럼 감상할 수 있게 했다. 1층엔 카페가 있고 2층에는 4개의 작은 객실이 있다. 300m만 나가도 세화해변이고 자전거를 타고 휘익 돌기 좋은 한적한 동네. 또 '조식 깡패'라 불릴 만큼 조식 서비스가 훌륭하고, 저녁에는 한우 사시미, 육회 파티를 열기도 해 숙박객들의 만족도가 높다.

평대리 바닷가의 스타일리시 독채
마 메종.

📍 제주시 구좌읍 한평길 49-2(평대리 2031-1) 입실 16:00, 퇴실 10:30 그린동 18만 원, 블루동 15만 원(비수기 주말 기준)
📞 010-2820-0407

제주 전통 돌담집을 최대한 살려 현대적으로 재해석한 독채 렌털하우스. 남편이 은퇴 후 제주 바닷가에서 살고 싶은 꿈을 평대리에서 이룬 노부부가 운영한다. 바닷가 바로 앞에 위치하여 집에서 바라보는 경치나 아기자기하게 꾸민 정원이 아름답다. 창가에 앉으면 바다를 완벽하게 조망할 수 있는 블루동(밖거리)과 시골 농가의 분위기를 살린 그린동(안거리)은 서로 다른 분위기로 취향에 따라 선택이 가능하다. 절제된 공간에 영국제 앤틱 가구를 뼈대로 하여 이프하우스 의자나 명품 조명으로 품위 있는 공간으로 꾸몄다. 또한 빈티지한 크로슬리 턴테이블과 안드로이드 도킹오디오를 세팅하여 음악을 듣기에도 완벽한 장소로 만들었다. 2박부터 예약을 받으며 TV, 바비큐 그릴, 전기밥솥이 없다.

하도리 자연 속에서 트렌디한 하룻밤
비젠빌리지.

제주시 구좌읍 하도9길 72(하도리 907) 입실 16:00, 퇴실 11:00 더블룸 9만9000원~, 트리플룸 10만9000원~, 팬트하우스 26만 원~, 캠핑카 16만8000원~, 도미토리 1인 5만 원(비수기 주말 기준) 010-8242-8222

'초원 마을'이라는 의미를 담은 비젠빌리지는 5,000㎡의 당근밭 위에 세운 복합 문화공간이다. 중앙의 풀장을 에워싸고 두 동의 펜트하우스와 3개 동의 도미토리를 비롯해 오가닉 팜 카페를 표방하는 비 어라운드, 셀렉트 숍인 로프트 마켓, 그리고 데이브 런치 콘셉트의 레스토랑인 하도 테이블로 구성되어 있다. 서울에서 인테리어 회사와 빈티지 조명 & 가구숍을 운영하던 최정훈 대표가 꿈꾸는 비젠빌리지는 제주의 자연 속에서 트렌디한 삶을 즐길 수 있는 공간. 거친 느낌의 인더스트리얼 인테리어와 빈티지 소품이 잘 어울리는 이곳은 세계적인 조명 디자이너들의 조명 기구로 인테리어한 멋진 공간에서 잠도 자고, 맛있는 음식을 즐기며, 공연과 예술이 함께하는 아트 빌리지다. 누구나 이용할 수 있지만 특히 작은 모임이 재미나는 하룻밤을 보내고 싶을 때 비젠빌리지를 떠올려볼 만하다.

B&B로 운영하는 독채 렌탈하우스

그대봄.

⊙ 제주시 구좌읍 한동로6길 28(한동리 1837-3) ᴼᴾᴱᴺ 입실 16:00, 퇴실 10:30 돌담동·바람동·숲속동 각 16만 원, 코티지 13만 원(비수기 주말 기준) ☎ 010-8871-6534

취사가 가능한 돌담동과 바람동. 그리고 취사를 할 수 없는 숲속동과 코티지 이렇게 총 4동의 독채를 운영한다. '길이 아니라고 생각한 그곳이 길'이라고 표현할 정도로 외진 동네 끝에 있어서 찾는 데 약간의 애로사항은 있을지 모르지만 그만큼 한적하고 조용히 쉬어갈 수 있다. 깔끔하면서도 절제된 북유럽 인테리어로 꾸몄고 평상형 침대를 두어 아기를 데리고 오는 가족들도 많다. 그때그때 제철 식재료를 이용해 정성껏 차려내는 조식도 좋은 평을 받고 있다.

아이를 위한 완벽한 키즈 펜션

자넷앤캐시.

⊙ 제주시 구좌읍 평대9길 20-1(평대리 92) ᴼᴾᴱᴺ 입실 16:00, 퇴실 11:00 50만 원~(비수기 주말 기준) ☎ 010-5325-8297

구좌에 위치한 자넷앤캐시의 콘셉트는 한 가지. 아이는 마음껏 뛰놀고, 부모는 아이들과 원 없이 놀아주고 쉬는 것이다. 실내 키즈카페는 그냥 놀이방 수준이 아니라 영유아를 위한 볼풀장과 피셔프라이스의 놀잇감. 탈것 등을 빠짐없이 갖추었고, 벽면과 바닥을 3M 안전매트로 둘러 아이가 안전하게 놀 수 있도록 배려했다. 잔디밭에는 아이들이 뛰고 구를 수 있도록 대형 곰돌이 쿠션과 트램펄린을 놓아두었다. 온전한 독채에 다양한 콘셉트의 방 4개가 있어 널찍한 공간에서 쉬기 편안하다.

착한 가격의 미니 풀빌라
아쿠아뷰티크。

제주시 구좌읍 해맞이해안로 522(행원리 1515-9) OPEN 입실 15:00, 퇴실 11:00 스탠더드룸 19만 원, 패밀리형 독채 24만 원 / 미니풀 미온수 6만 원(비수기 주말 기준) 070-4548-1014

월정리 해안도로를 달리다 보면 미니 수영장을 갖춘 여러 채의 객실이 시선에 들어온다. 북적거리는 월정리 중심에서 약간 비켜난 곳에 위치하면서도 바다를 감상하기에 부족함이 없는 미니 풀빌라다. 전용 수영장을 갖춘 웬만한 풀빌라는 50만 원대를 넘어서기 때문에 큰맘 먹기 전에 이용하기 어렵다. 아쿠아뷰티크는 수영장과 객실의 규모를 줄여 착한 가격에 풀빌라를 오롯이 즐기도록 한 영리한 틈새 숙소. 12개 룸 모두 오션뷰로 대부분 2인실이지만, 패밀리룸도 있어서 커플뿐만 아니라 가족들이 이용하기에도 좋다.

하도리 자연과 아트의 멋진 하모니
디스이즈핫。

제주시 구좌읍 하도15길 153-5(하도리 59-1) OPEN 입실 16:00, 퇴실 11:00 스탠더드룸 11~13만 원, 복층룸 14만 원, 스위트룸 17만 원(비수기 주말 기준) 064-784-4447 thisishot.net

주얼리 디자이너인 아내와 설치미술 작가인 남편이 손수 꾸민 이른바 아트 스테이. 객실은 각각 최종운, 최배혁, 홍장오, 로와정, 김영헌 작가의 작품과 1960년대 비틀즈 오리지널 포스터로 장식되어 있다. 2인룸과 복층룸, 그리고 가장 넓은 스위트룸이 있으며, 객실마다 걸린 작품이 다르므로 마음에 드는 작품의 방으로 예약하면 좋겠다. 카페에서 준비해주던 조식 서비스를 코로나19 이후 룸 서비스로 전환하였다.

편하게 쉴 수 있는 가성비 좋은 공간
스테이 프롬제이.

제주시 조천읍 신흥로 42(신흥리 107-3)   입실 16:00, 퇴실 11:00   라떼, 미남, 제이 10~12만 원 / 제주 11~13만 원(비수기 주말 기준)   010-2580-0927

올레길 19코스이자 함덕해수욕장에서 차로 3분 거리인 신흥리 마을에 있는 B&B다. 최대한 독립적일 것, 깔끔할 것, 호텔식 베딩일 것 등 자신의 여행 중에 불편했던 일들을 떠올리며 가성비 좋은 숙소를 꿈꾸었다고 한다. 프롬제이에는 바리스타인 주인장이 직접 로스팅하는 카페를 비롯하여 5개의 룸이 있다. 각각 독립적인 객실은 북유럽 스타일로 깔끔하면서도 실용적으로 꾸몄으며, 매일 세탁한 호텔식 침구로 세팅한다. 매일 아침 직접 굽는 스콘과 신선한 원두커피를 조식으로 제공하여 좋은 평을 얻고 있다.

오름 점프샷과 흑돼지 바비큐의 전설
소낭 게스트하우스.

제주시 구좌읍 월정1길 1(월정리 891-7)   입실 16:00, 퇴실 10:00   도미토리(1인) 3만 원, 커플룸 8만 원~(비수기 주말 기준)   064-782-7676, 010-6665-7149

수년 전 당시로서는 익숙하지 않았던 게스트하우스 문화를 체험하게 해주었던 전설의 게스트하우스다. 세월은 흘렀지만 여전히 새벽 오름의 그 유명한 점프샷과, 매일 저녁 의식처럼 진행되는 솥뚜껑 흑돼지 바비큐 파티를 즐긴다. 그때는 상상도 할 수 없을 만큼 다양한 숙소들이 제주를 점령하고 있는 지금, 소낭보다 규모도 크고 시설 좋은 숙소는 많겠지만 소낭의 역사와 추억은 그 빛이 바래지 않는다. 맞은편에 깔끔한 2·3인실을 갖춘 2호점도 있다.

PART 5

제주시
서부권

애월읍, 한림읍, 한경면을 포함하는 제주시 서부권은 1132번 일주도로를 따라 해안 드라이브하기에 제격인 곳이다. 해안도롯가에 오션뷰 끝내주는 펜션과 식당들이 즐비하고, 제주 최고의 물빛을 자랑하는 협재해수욕장, 풍력발전기가 이국적인 신창풍차해안도로까지 품고 있다. 내륙 쪽에는 테지움 제주, 유리의성, 렛츠런파크 제주 등 아이와 즐기기 좋은 테마 여행지가 줄을 잇는다. 오름에 오르고 싶다면 노꼬메·새별·금오름이 가까운데, 그중 금오름은 이효리의 뮤직비디오 촬영지로 더욱 주목을 받은 바 있다. 차귀도 너머로 해가 떨어지는 일몰을 보고 싶다면 자구내포구를 하루의 마무리 코스로 잡아보는 건 어떨까.

제주시 서부권
버킷리스트 10

1 더럭초등학교에서 컬러풀한 사진 찍기
2 바다 전망 애월 카페에서 커피 한잔 **3** 한적한 한담해안산책로 걷기 **4** 차귀도 배낚시하며 고등어 낚아보기 **5** 한림공원에서 재롱둥이 앵무새와 놀기

6 몽환적인 핑크뮬리 배경으로 사진 찍기 **7** 풍차가 있는 최고의 해안길 드라이브 **8** 홈메이드 스타일 당근케이크 맛보기 **9** 에메랄드 물빛 협재해수욕장&금능으뜸해변에서 물놀이하기 **10** 몸만 가서 즐기는 글램핑하기

제주시 서부권 지도

- 신의한모
- 망고레이
- 하귀애월 해안도로
- 1132
- 문동일셰프의 녹차고을
- 제주무이
- 애월읍
- 더럭초등학교 & 연화지
- 에코힐글램핑
- 테지움 제주
- 렛츠런파크 제주
- 9.81 파크
- 노꼬메오름
- 아르떼뮤지엄
- 1135
- 새별오름
- 1139
- 새별오름 나홀로나무
- 그리스신화박물관

그리운 봄꽃과 앵무새의 천국
한림공원.

◎ 제주시 한림읍 한림로 300(협재리 2487) 3~9월 08:30~19:00(7월 15일~8월 20일은 19:30까지), 10~2월 08:30~18:00 연중무휴 어른 1만2000원, 어린이 7000원 064-796-0001

식물, 동굴, 분재, 조류, 수석 등 다양한 볼거리가 한 곳에 모여 있다. 어린아이부터 할머니, 할아버지까지 3대가 가도 무난하게 즐거운 시간을 보낼 수 있다. 사실 한림공원은 전국에서 가장 먼저 봄꽃을 만날 수 있는 곳이기도 하다. 스산한 겨울 끄트머리에서 봄꽃이 그리울 때 이곳을 찾으면 흐드러지게 핀 수선화와 매화가 뿜어내는 꽃향기에 정신이 몽롱해질 정도. 1월에 수선화, 2월에 매화, 4월에 왕벚꽃, 6월에는 수국과 철쭉 등 철마다 풍성한 꽃의 향연을 즐길 수 있다. 동물을 좋아한다면 사파리 조류원에 앵무새와 구관조를 만나러 가자. 사람의 목소리를 곧잘 흉내 내는 이 새들과 빨리 친해지려면 입구에서 판매하는 해바라기 씨가 최고의 선물이다.

말과 교감하며 한바탕 놀다
렛츠런파크 제주.

제주시 애월읍 평화로 2144(유수암리 1206) 09:30~18:00, 공원 내 시설 11:00~17:00(동절기는 16:00까지) ※경마일은 금~일요일 월·화요일 경마 2000원, 비 경마일 무료 1566-3333

'경마공원'으로 알려진 렛츠런파크 제주는 천연기념물로 지정된 제주 조랑말을 만날 수 있는 데다 아이들과 이런저런 체험을 하기에도 꽤 괜찮은 놀이공원이다. 기본적으로 평일 입장료는 모두 무료, 경마가 열리는 주말에도 어른만 2000원이다. 5세 정도면 탈 수 있는 놀이기구도 다양하고, 6세 이상의 아이라면 무료 승마체험도 할 수 있다. 단, 평일보다는 주말이라야 놀이공원을 제대로 즐길 수 있다. 페이스 페인팅이나 캐릭터 만들기를 하는 상설체험장도 있고, 여름이면 깜짝 등장하는 미니 수영장에서 더위를 잊을 수도 있다. 그렇다면 어른은? 주말에 재미 삼아 경마 한 게임 해보는 건 어떨까? 제주 시내에서 가까우므로 공항 가기 전 시간이 애매하게 남았을 때 들르면 후회하지 않을 것.

초현실 몰입형 미디어아트 전시관
아르떼뮤지엄.

제주시 애월읍 어림비로 478(어음리 1503) 10:00~20:00 연중무휴 어른 1만5000원, 어린이 1만 원 064-799-9009

2020년 오픈한 핫한 전시관. 서울 코엑스의 WAVE 작품으로 유명한 디자인 컴퍼니 d'strict가 선보이는 국내 최대 몰입형 미디어아트 전시관이다. 스피커 공장으로 사용되던 1,400평 규모의 공간이 대형 전시관으로 탈바꿈했다. 총 10가지 각기 다른 콘셉트의 공간으로 꾸며져 있는데, 흐드러진 연보랏빛 꽃잎이 가득한 플라워존을 시작으로 거대하고 역동적인 파도와 마주하는 웨이브존, 오로라가 펼쳐진 초현실 해변의 비치존 등 볼거리가 다양하다. 특히 전시 중간에는 직접 그림을 그리고 스캔하면 스크린에 등장하는, 참여형 아트 공간도 있어 아이들과 함께 즐겨보기에 좋다.

SIGHTS

넓은 초원을 달리는 리얼 레이싱의 쾌감
9.81 파크

제주시 애월읍 천덕로 880-24(애월읍 어음리 산131) 파크 09:00~19:00 / 레이싱 09:40~18:40(기상 악화 시 임시 중단, 사전 문의 필수) 연중무휴 9.81 풀패키지 4만9500원 / 몸풀고레이싱 2만9500원 1833-9810

푸르른 제주 바다와 한라산을 배경으로 스릴 넘치는 액티비티를 즐길 수 있는 레이싱 테마파크. 실내와 실외에서 즐길 수 있는 다양한 액티비티 프로그램을 운영하고 있다. 가장 유명한 것은 무동력 레이싱. 제주 바다를 바라보며 중력가속도만으로 빠른 스피드를 즐길 수 있다. 9.81 파크만의 전용 앱을 활용하면 자신의 주행기록과 고화질 탑승 영상, 라이선스 획득 등 더 재미있게 즐겨볼 거리가 많다. 이외에도 실내에서는 서바이벌 배틀 게임, 범퍼카, VR 레이스 등이 준비되어 있어 한나절 신나게 놀기 좋다. 렌터카를 이용하지 않는 뚜벅이 여행자들을 배려해 셔틀버스를 운영하고 있다.

유리 명품을 만날 수 있는

유리의성。

⊙ 제주시 한경면 녹차분재로 462(저지리 3135-1) 09:00~19:00 연중무휴 어른 1만1000원, 어린이 8000원 / 유리 공예체험 : 램프워킹 1만5000원, 글라스페인팅 1만 원, 블로잉 5000~3만 원 064-772-7777

유리를 테마로 한 국내 박물관이 여러 곳 되지만 제주 유리의성은 작품의 양과 질적인 면에서 단연 최고. 곶자왈을 유리 조형물로 재현한 '마법의 숲'도 새롭고, 무엇보다 명품 반열에 드는 유리 작품을 만날 수 있는 게 반갑다. 개인적으로는 유럽으로 배낭여행 갔을 때 미처 가지 못해 아쉬웠던 이탈리아 무라노 섬의 유리 공예품과 베네치안 글라스, 그리고 체코의 유리 공예품을 만날 수 있어 반가웠다. 특히 이탈리아 유리 명장 피노 시뇨레토의 갤러리에 전시된, 1억2000만 원을 호가하는 유리 말은 그 제작 과정이 매우 궁금할 정도. 직접 유리로 뭔가를 만들어보고 싶다면 건물 2층에서는 유리 공예체험이 가능하다.

SIGHTS

학교에 피어난 무지개 컬러
더럭초등학교 & 연화지

◎ 제주시 애월읍 하가리 1580-1

세계적인 컬러리스트인 장 필립 랑클로가 전자 회사와 손을 잡고 폐교 직전까지 갔던 작은 시골 학교를 알록달록한 컬러 페인팅 하나로 명소로 만들었다. 수년 전, 스마트폰 컬러 프로젝트 CF에 소개될 때만 해도 20여 명의 학생이 전부였던 '더럭분교'의 학생 수가 현재는 100여 명. 이제는 '더럭초등학교'로 승격되었다. 학교 건물 주위를 돌아보면 컬러풀한 건물 외벽과 어우러진 소담스러운 꽃 무리도 있어 화가 몬드리안 스타일로 사진 찍기 놀이를 하기도 딱 좋다. 단, 수업이 있는 주중에 출입을 금하고 있으며, 주말이나 방학 때 개방 통로를 따라 다녀야 한다는 점을 기억하자. 가까이에 있는 연화지에는 버드나무가 휘영청 늘어져 있고 수련, 홍련, 어리연이 가득하다. 연꽃은 매년 7월 중순부터 9월 중순까지 볼 수 있다.

곰돌이와 뒹구는 테디베어 동산
테지움 제주.

제주시 애월읍 평화로 2159(소길리 155-112번지) 08:30~19:00 연중무휴 어른 1만500원, 어린이 8000원 064-799-4820

제주에는 테디베어를 콘셉트로 한 뮤지엄이 세 곳으로 테디베어뮤지엄, 조안베어뮤지엄, 그리고 테지움 제주가 그곳이다. 다 같은 곰돌이지만 작품성이나 구색 면으로 보면 테디베어뮤지엄이 가장 괜찮고, 정교하진 않지만 봉제 인형과 함께 뒹굴고 싶다면 테지움 제주로 가자. 테지움에는 곰돌이뿐만 아니라 실제 크기로 제작한 각종 동물의 봉제인형으로 가득 차 있다. 특히 납작 엎드려 있는 4m 크기의 큼직한 곰돌이 인형이 있어 아이들이 뒹굴면서 놀기 딱 좋다.

물방울 화가를 만날 수 있는
제주도립김창열미술관.

제주시 한림읍 용금로 883-5(월림리 115-21) 09:00~18:00 월요일, 1월 1일, 설날, 추석 어른 2000원, 어린이 500원 064-710-4150

'물방울 화가'로 잘 알려진 김창열 화백의 작품을 만날 수 있는 미술관이다. 서양의 사실적인 눈속임 기법인 트롱플뢰유 기법을 도입해 캔버스에 똑 떨어진 듯한 생생한 물방울을 그려 넣어 프랑스 화단의 호평을 받은 게 1972년. 이후 50여 년 가까이 물방울에 천착한 그는 1990년대에 들어서는 명필가였던 할아버지로부터 천자문을 배웠던 어린 시절로 돌아가고 싶은 마음을 천자문 위의 물방울 작품으로 표현했다. 회랑에 전시되어 있는 물방울 조형 작품들과 절묘하게 작품과 어우러진 중정의 분수가 인상적이다.

제주에서 엿보는 그리스 신화의 세계
그리스신화박물관.

제주시 한림읍 광산로 942(금악리 산30-12) 09:00~18:00 연중무휴 그리스신화박물관+트릭아이미술관 어른 1만2000원, 청소년·어린이 1만1000원 / 아테네 시민권+월계관이나 가면 만들기+의상 체험 3000원 / 아트토이 5000원 064-773-5800

아크로폴리스 언덕의 파르테논 신전처럼 웅장하고 하얀 건축물. 그곳을 늠름히 지키고 있는 반인반마 켄타우로스를 지나 박물관 내부로 들어서면 그리스 신화의 세계가 펼쳐진다. 신들의 탄생을 주제로 한 창조관, 올림포스관, 신탁관, 영웅관, 휴먼관 순으로 관람하는 동안 신과 인간의 얘기가 자연스럽게 이어진다. 특히 올림포스 12신의 대리석 조각상이 좌우로 늘어선 올림포스관이 압권. 천장의 푸른 하늘과 어우러져 신비스런 느낌을 준다. 아이와 함께라면 그리스 의상 입어보기, 월계관이나 가면 만들기 등을 체험해보자.

뉴저지미술관이라 불러다오
제주현대미술관.

제주시 한경면 저지14길 35(저지리 2114-63) 09:00~18:00(7~9월은 19:00까지) 월요일, 1월 1일, 설날, 추석 어른 2000원, 어린이 500원 064-710-7801

저지리에 있어 농담 삼아 '뉴저지미술관'이라고도 부른다. 나를 향해 악수하자고 손 내민 듯한 커다란 조각상이 보이는 입구를 지나, 미술관에 들어서면 김흥수 화백의 상설전시관과 일반전시관이 펼쳐진다. 계단과 복도로 이어진 2·3전시관은 미로처럼 이리저리 연결된 동선이 독특하다. 2007년 문을 연 저지문화예술인마을 중심부에 있으며, 미술관 밖 야외정원에는 꽃의 얼굴을 한 표범과 공룡 등 아이들에게 상상의 날개를 달아줄 조형 작품과 아트숍이 있다.

닮은 듯 다른 형제 같은 두 해변
협재해수욕장 & 금능으뜸해변.

◎ 제주시 한림읍 협재리 / 금능리

나란히 이웃해 있는 협재해수욕장과 금능으뜸해변은 제주를 대표하는 이국적인 바다 빛깔을 보여준다. 잠깐이라도 멈춰 서지 않을 수 없는 비췻빛 바다로, 썰물 때는 멀리까지 나가볼 수 있다. 이 두 해변이 제주에서도 유독 예쁘기로 소문난 것은 검은 암반과 하얀 모래, 해초가 어우러져 최고의 비경을 만들기 때문. 특히 금능으뜸해변은 우리나라 해안 중에 허탕 없이 사진을 건질 수 있는 포인트. 한여름에는 색색의 파라솔이 펼쳐져 있어 해수욕장의 낭만을 더하고, 수심이 완만하고 모래가 고와 아이들도 마음 놓고 물놀이, 모래놀이하기에 좋다. 스노클링하기에도 적당해서 장비를 챙겨 가면 바다를 온몸으로 즐길 수 있다. 헤엄쳐 갈 수 있을 것 같이 가까이 보이는 비양도가 그림처럼 펼쳐지고, 협재와 금능 사이 울창한 종려나무는 낭만적인 산책의 풍경을 그린다. 금능마린게스트하우스 앞의 이국적인 수영장은 어촌계 소유인데, 주변 야자수를 배경으로 광각 사진을 찍기에 좋다.

투명한 블루의 바다 즐기는
한담해안산책로。

◎ 제주시 애월읍 한담마을에서 곽지과물해변까지 1.2km

몇 년 전만 해도 아는 사람만 아는 숨겨진 비경이었던 이 산책로는, 그러나 이제 알 만한 사람은 모두 아는 길이 되었다. 애월 한담동에서 곽지해수욕장까지 해안으로 연결된 이 멋진 산책로를 끼고 제주에서도 핫하기로 손꼽히는 '몽상드애월'과 '카페 봄날'이 있기 때문. 카페들이 생기기 전 무척 한적했던 이곳을 떠올린다면 주차 전쟁으로 몸살을 앓는 지금은 상전벽해라 할 만큼 변해가고 있지만 금방이라도 발을 적실 듯 출렁이는 투명한 블루의 바다와 검은 현무암, 유난히도 눈부신 모래의 하모니는 여전히 멋지다. 〈효리네 민박〉에서 이효리 부부가 즐겼던 곽지과물해변의 패들보드와 한담해안산책로 초입의 투명카약이 색다른 재미를 준다.

한여름에도 이가 덜덜 떨리는 용천수
곽지과물해변.

◉ 제주시 애월읍 곽지리

'괴물'이 아니라 '과물'이다. 한담해안산책로와 이어지는 곽지과물해변은 수심이 완만해서 여름이면 아이를 동반한 가족들이 물놀이하러 즐겨 찾는다. 다른 유명 해변보다 비교적 한적해서 대여해주는 파라솔을 빌려 그늘 아래서 망중한을 즐기기 좋다. 곽지과물해변만의 매력은 바닷가에서 뿜어내는 용천수(과물)가 있다는 것. 예전에는 식수로도 사용했다는 과물은 제주 사람들의 천연 목욕탕이기도 했다. 남탕과 여탕이 따로 구분되어 있는데, 노천탕의 물이 깊은 편은 아니지만 이 물에 몸을 담그면 한여름에도 이가 덜덜 떨릴 정도로 차갑고 상쾌하다. 무더운 여름에는 잠시 발을 담그고 더위를 식히기만 해도 혼미했던 정신이 번쩍 든다. 노천탕은 해수욕장 개장 기간에 한해 아침 10시부터 밤 10시까지 이용할 수 있다.

SIGHTS

위풍당당 풍력발전기가 그리는 이국적 풍경
신창풍차해안도로

◎ 제주시 한경면 두모삼거리에서 신창 방면

한경면 소재지인 신창리 바닷가에서 절부암이 있는 용수포구까지의 해안길. 드라이브만 즐겨도 좋지만 신창풍차가 있는 해안과 싱계물공원, 방사탑이 있는 용수포구와 제주 열녀의 전설이 서린 절부암. 여기에 근처 수월봉 절벽해안. 김대건 신부 표착기념관, 자구내포구까지 함께 둘러볼 만한 여행지가 많아 그냥 휭하니 지나가기엔 아깝다. 신창풍차해안도로를 떠올리자니 이곳이 제주 최고의 바닷가 풍경이라며 '엄지 척' 하던 지인이 떠오른다. 10여 기의 하얗고 거대한 풍력발전기가 가장 드라마틱한 풍경을 보여주려면 역시 화창한 날씨라야 한다. 흰 구름 둥실 뜬 하늘과 쪽빛 바다는 새하얀 풍력발전기에 더할 나위 없는 극적 배경. 바닷가에는 고기를 잡기 위해 쌓은 둥그런 원담과 사방을 돌담으로 두른 노천탕 '싱계물'이 잘 보존되어 있다. 바닷속에 잠겼다 드러나는 자바리 조형물을 감상하며 다리를 건너면 드라마 〈맨도롱또똣〉 등대라고 부르는 신창등대까지 걸어갔다 올 수 있다.

로우앵글의 바닷가 뷰가 좋은
하귀애월해안도로.

◉ 제주시 애월읍 하귀리에서 애월항까지 약 9km의 해안도로

제주의 수많은 해안드라이브 길 가운데 이곳이 손꼽히는 이유는 구불구불한 도로를 달리며 바라보는 오션 뷰가 끝내주기 때문. 이 길을 따라 많은 펜션이 집결돼 있고 분위기 좋은 카페와 맛집도 들어서 있다. 독특한 외관의 UFO카페를 지나면 고등어 조형물과 제주 전통 방식의 돌 염전인 '소금빌레'가 있는 구엄포구가 나온다. 계속 달리다 보면 애월항에 못 미쳐 고내포구에 다다른다. 고내포구 등대 근처는 마을 사람들이 모여 앉아 벵에돔·한치 낚시를 즐기는 포인트. 근처 낚시점에서 낚싯대를 빌려 직접 손맛을 보는 것도 좋다.

전형적인 제주 어촌의 풍경
귀덕해안도로 & 한림항.

◉ 제주시 한림읍 귀덕사거리 지나서부터 한림항까지

마을과 바다가 가장 가깝게 붙어 있는 해안도로라면 바로 '귀덕해안도로'일 것이다. 바다를 끼고 있는 한수풀해녀학교를 지나면 프랑스 아저씨가 빵을 굽는 베이커리 카페가 나온다. 갈매기가 오종종 앉아 있는 너머로 비양도를 감상하며 해안을 따라가다 보면 바닷물에 잠긴 한수리 솟대가 보이는 한수리에 접어든다. 목욕체험용 용천수가 있고 조개 캐기 체험 프로그램도 운영하는 마을이다. 한림항은 관광지가 아닌 제주도 어촌의 일상을 만날 수 있는 큰 항구. 날이 어두워지면 갈치, 오징어, 한치를 낚는 배들이 밝힌 '불덩이'가 한림항의 밤을 운치 있게 만든다. 한림항에 비양도 가는 배를 타는 선착장이 있다.

섬 너머로 떨어지는 일몰이 장관

차귀도。

◎ 차귀도 매표소 : 제주시 한경면 노을해안로 1163(고산리 3592-1) OPEN 차귀도 배편 10:30, 14:30 ▣ 차귀도 섬탐방+유람 어른 1만 6000원, 어린이 1만3000원 / 차귀도 유람 어른 1만5000원, 어린이 1만2000원 ☏ 064-738-5355

천연기념물이자 세계지질공원인 차귀도는 오름이 바다에 뚝 떨어진 듯 보이는 재미있는 섬. 보는 방향에 따라 물고기로도 보이고 사자 머리로도 보이는데, 무엇보다 차귀도 너머로 떨어지는 일몰이 장관이다. 입도 금지된 무인도였다가 현재는 들어갈 수 있으며 자구내포구에 차귀도행 매표소가 있다. 화산송이로 이루어진 차귀도를 천천히 돈다면 1시간 30분쯤 걸린다. 특히 붉은 화산송이가 그대로 드러난 해안절벽인 송이동산과 우뚝 솟은 장군바위가 압권.

짜릿한 손맛 한번 보실라우?

차귀도 배낚시。

◎ 제주시 한경면 노을해안로 1150(고산리 3613) 자구내포구 ☏ 수용횟집 배낚시 064-773-2288, 010-3837-8227

자구내포구에 가면 배낚시 코스를 대문짝만하게 적어놓고 손님을 끄는 낚싯배 전문 대여점들이 몇 군데 있다. 그냥 낚시만 할 수도 있고, 배 안에서 바비큐를 맛보는 코스도 있다. 배를 타면 낚싯대가 준비되어 있는데 노련한 선장님이 낚싯대 잡는 법, 크릴새우 꿰는 법 등을 알려준다. 잡은 물고기는 포구의 횟집에서 회를 떠주거나 매운탕으로 끓여준다. 먼바다로 나가는 것이 아니기 때문에 물고기가 척척 잡히는 건 아니지만 1시간 30분 정도 짜릿한 손맛을 경험하는 정도로는 괜찮다.

요트 타고 즐기는 차귀도의 맛
차귀도요트.

◎ 제주시 한경면 한경해안로 156(용수리 4240) 성수기 08:00~19:00, 비수기에는 전화 문의 기상 조건 악화 시 요트투어(1시간) 어른 6만 원, 어린이 4만 원 / 요트투어 + 스노클링(1시간 30분) 어른 9만 원, 어린이 6만 원 064-772-1321

2020년 봄. 드디어 차귀도에서도 요트투어를 즐길 수 있게 되었다. 이제 멀리 자구내 포구에서 감상하는 차귀도 일몰이나 차귀도 트레킹과는 또 다른 차귀도의 매력을 볼 수 있다! 요트를 타면 가마우지 서식지 절벽, 500번째 장군바위, 와도, 독수리바위 등 바다 쪽에서 색다른 앵글로 차귀도를 구석구석 볼 수 있다. 이 근처가 돌고래 떼가 자주 출몰하는 지역이라는 것도 큰 매력. 돌고래 떼가 먹이를 찾으러 다니는 길과 요트의 운항 항로가 꽤나 겹친다. 돌고래와 만날 약속을 할 수는 없으니 꼭 만나게 해달라고 꿈에서라도 빌어볼 일이다. 물결이 잔잔해 맑은 시야가 확보되는 당산봉 근처에서 스노클링도 즐길 수 있고, 낚싯대만 드리우면 노래미가 알아서(!) 낚여준다. 차귀도요트는 천연기념물 차귀도, 돌고래, 스노클링까지 1석 3조의 즐길거리로 가득하다.

숲에서 배우는 인생의 지혜
환상숲곶자왈공원.

제주시 한경면 녹차분재로 594-1(저지리 2848-2) 하절기 09:00~18:00 ,동절기 09:00~16:00(매 정시에 숲 해설) 일요일 오전 어른 5000원, 어린이 4000원 / 족욕 체험 1만2000원 064-772-2488

곶자왈이란 요철 지형의 용암 더미 위에 나무, 덩굴식물, 암석 등이 뒤섞인 제주도 특유의 척박한 원시림. 환상숲곶자왈은 면적 약 3만9600㎡로 산책로는 불과 700여m인 작은 숲에 불과하지만, 강인한 생명력을 가진 만큼이나 감동적인 스토리텔링을 갖고 있다. 바로, 뇌경색으로 쓰러진 이형철 씨가 4년 동안 맨손으로 산책로를 일구었고, 그 과정을 지켜보며 숲에서 배운 삶의 철학을 스토리화한 딸까지 가족의 뭉클한 이야기가 담겨 있는 숲인 것. 이 이야기는 KBS〈인간극장 – 곶자왈, 아버지의 숲을 걷다〉에도 소개된 바 있다. 오시록한길, 생이소리길, 갈등의길, 정글지대, 아바타길로 이어지는 비교적 짧은 산책로는 평탄한 편이라 가족과 걷기에도 좋다. 돌아보는 데 20분 정도 걸리지만 매 정시마다 숲 해설가와 함께 걸으며 숲과 인생에 대해 생각해보는 프로그램을 운영하고 있다. 족욕 카페에서 한방 족욕과 한방차도 즐길 수 있다.

제주 서부의 대표 오름
노꼬메오름.

◎ 제주시 애월읍 유수암리

제주도 서부에 있는 한라산 능선의 오름 가운데 대표적인 것이 노꼬메오름이다. 옛날 말을 키우던 제주 목동인 테우리들의 삶의 터전이던 '상잣길'에 있는 오름이라 그런지, 오름 가는 길에 소담한(?) 말똥이 널려 있다. 노꼬메오름 오르는 길은 동부 오름에 비해 더 울창한 삼나무 숲길인데 초입은 비교적 완만하게 이어 진다. 정상까지는 2.32km로 40분 정도면 도착한다. 중간 즈음에는 제1쉼터인 너른 평상이 있는데 잠시 쉬었다 가자. 이곳에서부터 정상까지는 다소 경사가 가파르다. 제2쉼터부터 정상까지는 약 600m. 가을이면 억새밭이 펼쳐지는 노꼬메오름 정상에는 손을 뻗으면 닿을 듯한 한라산, 올록볼록 나지막이 솟은 오름들, 멀리 산방산과 차귀도, 비양도까지 한눈에 들어온다.

제주들불축제가 열리는 오름
새별오름.

◎ 제주시 애월읍 봉성리 산59-8

제주시와 모슬포를 오가는 1135번 도로를 달리다 만나게 되는 오름으로 길가에 위치해 접근성이 좋다. 앞쪽에서 보면 완만한 하나의 오름처럼 보이지만 막상 올라보면 정점인 남쪽 봉우리를 중심으로 다섯 개의 봉우리들이 타원형으로 솟아 있다. 경사도가 비교적 급한 해발 519m의 오름으로, 정상에 오르면 한라산과 비양도까지 보인다. 가을이면 오름 전체가 억새로 은빛 바다를 이루며, 매년 3월 초순에는 제주 최고의 축제로 꼽히는 제주들불축제가 열린다. 외국인들도 와서 즐기는 이 축제의 하이라이트는 오름 불 놓기. 때가 겨울의 끝이라 천지를 따뜻하게 데워주는 불기운이 반갑다. 모든 업보를 다 소멸시키듯 타오르는 불길을 보고 있노라면 왠지 코끝이 시큰해진다.

이효리의 뮤직비디오 속 그곳
금오름.

◎ 제주시 한림읍 금악리

'금악오름'이라고도 부른다. 예전에는 차를 타고 오를 수 있는 오름으로 제주에서 유일했지만, 현재는 금당 목장의 사유지로 일반 차량의 통행이 금지되어 걸어서만 오를 수 있게 되었다. 해발 437.5m의 북쪽 정상에 서면 한라산, 협재해수욕장 등의 풍경이 펼쳐진다. 정상의 분화구 둘레는 약 1.2km로 한 바퀴 도는 데 30분 정도 소요된다. 이효리가 뮤직비디오를 찍은 곳으로 더욱 유명세를 치른 오름.

이국적 풍경의 감성사진 포인트
성이시돌목장 테쉬폰.

◎ 제주시 한림읍 산록남로 53(금악리 116)

성이시돌목장은 유기농 우유와 무항생제 소고기를 생산하는 목장이지만, 여행자들에게는 감성사진 찍기 좋은 테쉬폰이 있는 곳으로 더 잘 알려졌다. 국내에서 흔히 볼 수 없는 이라크 건축 양식의 테쉬폰은 본래 목장에서 숙소나 돈사 등으로 활용했던 공간. 그런 테쉬폰이 요즘엔 셀프웨딩 촬영지로 알려지면서 줄 서서 차례를 기다려야 할 정도가 되었다. 테쉬폰 근처에는 수제 아이스크림과 수제 유기농 우유를 판매하는 카페 '우유부단'이 있다.

SIGHTS

'바람의 언덕'에서 지질트레일
수월봉 지질공원.

◎ 제주시 한경면 고락로(고산리)

늘 바람이 많아 '바람의 언덕'이라 불리는 수월봉은 2011년 제주에서 첫 번째로 개발된 지질트레일 코스다. 포구 쪽에서 수월봉을 향해 1.5km가량 올라가다 보면 절벽해안을 따라 무언가 할퀴고 간 듯한 거대한 자국, 그러니까 화산쇄설암층을 볼 수 있다. 이곳을 지나 수월봉전망대까지는 걸어서만 갈 수 있다. 아래쪽으로 연결된 계단을 내려가면 몽글몽글한 검은 모래로 이루어진 숨겨진 해변이 있다.

제주의 자연이 내어준 촬영 세트장
새별오름 나홀로나무.

◎ 한림읍 금악리 새별오름과 이달봉 사이

제주에는 기존 관광지 외에 여행자들이 발굴해 유명해진 스폿들이 있다. 대표적으로 귤껍질 말리는 풍경이 유명한 신풍 신천 바다목장이 있다. 테쉬폰으로 유명한 성이시돌목장에서 가까운, 새별오름 가는 길에 요즘 주목받는 또 하나의 출사 포인트가 있으니 바로 나홀로나무이다. 새별오름과 이달봉 사이 풀밭 속에 우뚝 서 있는 나무 한 그루가 SNS용 인증샷은 물론 웨딩촬영 장소로도 주목받고 있다.

FOOD

맛도 깡패, 비주얼도 깡패
밥깡패

제주시 한림읍 한림로4길 35(한림리 1534-6) 11:00~20:00(재료 소진 시까지, 브레이크 타임 15:00~16:00) 일·월요일
해녀파스타 2만3000원, 토마토고추커리 1만2000원, 흑돼지두부커리 1만3000원 064-799-8188

'삼식답게 제주 라이프'라는 블로그로 좌충우돌 제주 생활을 리얼하게 전해주었던 그녀의 에너지와 위트는 몇 년 후인 요즘에도 여전하다. 전직 웹디자이너이자 한수풀해녀학교 출신인 해녀꿈나무, 현재는 지인 언니와 밥깡패를 운영하며 제주 서부권 맛집을 평정하고 있는 그녀, 삼식이 말이다. 메뉴는 전복, 문어, 새우 등을 세련되게 세팅한 해녀파스타를 비롯해 토마토고추커리와 흑돼지두부커리 등. 그런데 메뉴판부터 구석구석 그녀만의 위트가 묻어 있다. '맛있으면 내 덕, 맛없으면 니 기분 탓' 사실 그녀의 요리는 맛있다. '어지간하면' 제주산만 쓰며 매일 아침 펄떡이는 생물 재료만 쓴다. 요리는 따로 배운 적이 없지만 맛있는 걸 하도 먹으러 다녀서 저절로 장금이가 되었다고. 전직 디자이너답게 요리 세팅도 잘해 인스타그램에 올리게 만드는 비주얼을 뽐낸다. 밥깡패 옆에 '못생김'이란 명패가 붙은 제주 선물가게가 생겼다. 대기 명단에 이름 올려놓고 둘러보다 보면 잇템을 발견하게 될 듯.

FOOD

협재 최고의 풍광과 함께 즐기는 족타 냉우동

수우동.

📍 제주시 한림읍 협재1길 11(협재리 1706-1) 🟢 10:30~18:30(브레이크 타임 15:30~17:00, 월요일은 16:00까지만 영업) 🔴 화요일
💰 수우동 8000원, 냉우동 1만1000원, 모둠튀김 6000원 📞 064-796-5830

직접 가서 먹을 때보다도 오히려 더욱 군침을 삼키게 했던 〈수요미식회〉 수우동 편. 우동과 돈가스가 맛있는 이유를 낱낱이 해부하여 알려주는 수우동 편은 시청자의 뇌리에 강하게 남았고 제주 여행의 위시리스트에 오르게 되었다. 비양도가 그림처럼 걸려 있는 뷰가 끝내주는 수우동의 인기 메뉴는 냉우동과 두툼한 돈가스. 훈연 고등어와 멸치를 오랫동안 우려내 특유의 감칠맛을 살린 냉우동 육수에, 수타가 아닌 족타 방식으로 반죽해 24시간 숙성시켜 탄력성을 높인 탱글탱글한 면발이 어우러진다. 거기에 반숙 달걀튀김이 딸려 나오는 것이 신의 한 수. 동그란 상태로 튀겨진 달걀튀김을 반으로 갈라 주르륵 흘러내리는 노른자와 함께 면을 먹어보자. 제주산 돼지고기 돈가스의 촉촉함, 바삭함이 살아있는 일본식 모둠튀김도 좋다.

제주에서 만나는 오키나와 콘셉트

문쏘。

⊙ 제주시 한림읍 한림상로 15-5(옹포리 326-3) ⏰ 10:30~20:20 📅 연중무휴 🍽 황게카레 1만3000원, 고등어밥 1만5000원, 에그인헬 2만 원 📞 064-796-4055

문쏘의 메뉴는 딱 세 가지, 황게카레, 고등어밥, 그리고 에그인헬이다. 황게는 제주도 근해에서 주로 잡히지만 쉽게 볼 수 없는 귀한 게라 '금게'라는 별명이 붙었을 정도. 이 황게가 카레 위에 떡 하니 얹어져 나오는 매콤한 황게카레는 그 비주얼 자체로도 호기심을 불러일으킨다. 튀긴 후 구워낸 고등어가 밥 위에 통째로 얹혀 나오는 일본식 덮밥 메뉴인 고등어밥, 그리고 매콤한 소스에 달걀을 올려 바게트나 밥을 곁들여 먹는 에그인헬 등 여느 식당에서 쉽게 만날 수 없는 메뉴로 무장했다. 오키나와 액자와 야자수 등을 이용해 '제주에서 만나는 오키나와' 콘셉트로 꾸민 인테리어도 독특하고, 메뉴판에는 매운 정도와 메뉴에 어울리는 추천 맥주를 적어 놓았다. 문쏘에서 밥 먹고 바로 옆집 '김씨사생활'에서 구입한 야자수우유나 망고우유로 입가심을 추천한다.

프랑스식 조리법으로 완성한 느림의 미학
맛있는 폴부엌.

◎ 제주시 한경면 녹차분재로 568(저지리 2969-18) ◎ 11:00~16:00 ◎ 일·월요일 ◎ 폴셰프의 카프레제 샐러드 1만3000원, 문어오일파스타 1만7500원, 돼지고기 스테이크 2만6000원, 치킨버섯리소토 2만1000원 ◎ 010-2169-1624

프랑스 르 꼬르동블루 출신인 폴 셰프가 제주 로컬푸드를 이용하여 프랑스식 조리법으로 느림의 미학을 담아낸 메뉴를 선보인다. 환상숲곶자왈공원에서 가까운 저지리 도롯가에 위치해 있어 눈에 잘 띄는 위치. 묵직한 콘크리트 테이블과 기다란 나무 테이블로 꾸민 시크한 인테리어에 셰프의 아내가 만든 도자기에 담겨 나오는 음식은 마치 요리 잡지에 실린 작품처럼 고급스럽다. 특제 크림소스를 바르고 토마토와 루꼴라를 가득 올린 미니 오픈샌드위치는 입맛을 돋우기에 좋은 애피타이저 메뉴. 딱새우나 한치, 문어, 흑돼지 등을 이용한 파스타나 스테이크도 인기 메뉴다. 밥 종류를 원한다면 치킨버섯리소토도 좋은 선택이다.

FOOD

제주 한국조리기능장 1호 셰프의 손맛
문동일셰프의 녹차고을。

제주시 애월읍 하귀동남4길 13-1(하귀1리 235-5) OPEN 10:00~21:00 CLOSE 연중무휴 제주밥상A 3만6000원, 제주밥상B 2만9000원, 들깨녹차칼국수(2인 세트) 2만6000원 064-712-1780

군 격납고 재료를 활용한 돔형 벙커 건물이 이색적인 '녹차고을'. 본가가 전남 보성에서 녹차 밭을 운영하는 터라 녹차 사랑이 남다른 문동일 셰프는 제주 한국조리기능장 1호이자 제주그랜드호텔 조리팀장 30년. 〈한식대첩 3〉 제주 대표팀 등 셰프로서 화려한 경력을 자랑하는 프로다. 녹차고을의 대표 메뉴는 〈한식대첩 3〉에서 선보인 제주밥상이다. 제주 로컬푸드를 이용한 향토요리와 퓨전요리, 두 가지 버전으로 조리하는데 한식과 양식을 한 상으로 받아볼 수 있어서 이걸 먹을까, 저걸 먹을까 고민할 필요가 없다. 좀 더 가볍게 먹고 싶다면 녹차로 반죽한 면발에 구수한 들깨 국물을 부은 들깨녹차칼국수를 추천한다.

FOOD

두부에 관한 한 '신의 한 수'
신의한모.

제주시 애월읍 하귀14길 11-1(하귀1리 1620-4)　11:30~22:00(첫째·넷째 일요일은 15:00까지, 브레이크 타임 15:00~17:30)
월요일　식사류 9000~2만 원, 탕류 7000~1만8000원, 단품 요리 9900~1만7000원　064-712-9642

한국 음식에서는 부재료라는 이미지가 강한 두부가 주인공인 일본식 두부 요리 전문점이다. 도로에서는 잘 눈에 띄지 않는 마을 안쪽 하귀리 동귀포구의 멋진 뷰가 식당 앞에 정원처럼 펼쳐져 있고, 돌담 안쪽으로 잔디마당이 조성돼 있어 유난히도 아늑한 느낌을 준다. 메뉴의 콘셉트 못지않게 무릎을 탁 치게 만드는 상호 또한 젊은 오너들의 기발함을 엿보게 한다. 이 집의 두부는 대체로 입안에서 사르르 녹는 아이스크림 같은 식감이 특징. 일본까지 건너가서 배워왔다는 일본식 두부의 특징으로, 비지를 걸러낸 두유에 해양심층수에서 분리한 간수를 넣어 만든다. 국산 콩만 사용해 일체의 식품첨가물을 넣지 않은 건강한 두부 맛을 즐길 수 있다.

FOOD

해장각! 한국인이 딱 좋아하는 바로 그 국물 맛
바다제비。

제주시 한림읍 한림로 640(한림리 1392-2) OPEN 10:00~17:00(라스트오더) CLOSE 마지막주 화·수요일 수제비 1만 원, 칼국수 1만 원, 한치파전 1만4000원 070-7797-4548

짜장떡볶이로 유명한 한림의 명랑스낵 사장님이 운영하는 해산물 테마의 음식점이다. 문을 열고 들어서자마자 주방에서 파전 부치는 냄새가 진동하는 바다제비의 메뉴는 딱 세 가지. 수제비와 칼국수, 그리고 한치파전이다. 수제비와 칼국수는 조개, 미더덕, 꽃게, 딱새우 등을 푸짐하게 넣어 우려낸 진한 국물을 쓴다. 그러므로 수제비냐. 면이냐만 선택하면 된다. 맛있게 얼큰한 국물은 딱 해장각! 국물의 매운맛 정도를 선택할 수 있는데 기본적으로 청양고추까지 올라간 얼큰한 맛이라 웬만한 매운맛에 자신이 없다면 중간맛이 안전하다. 수제비와 칼국수의 하이라이트는 세 마리의 딱새우를 까 먹는 순간. 까 먹는 방법이 벽에 붙어 있으므로 참고하자. 채소튀김처럼 바싹 튀긴 한치파전도 추천.

FOOD

한담해변을 품은 복합 제주 음식단지
하이월드。

제주시 애월읍 애월북서길 54(애월리 2550) OPEN 09:00~23:00(매장에 따라 영업시간 다름) CLOSE 연중무휴 070-4548-4433(하이엔드제주)

한담해변을 품은 럭셔리 리조트 하이클래스 제주가 대대적인 변신을 통해 하이월드로 거듭났다. 이곳에 가면 카페, 제주 향토 음식점, 전복김밥 코너, 베이커리, 흑돼지, 고기국수, 전복요리 등 한곳에서 제주의 맛을 고루 즐길 수 있다. 몽상드애월, 카페 봄날 등을 필두로 카페와 레스토랑, 공방 등이 어우러진 애월 카페거리는 그야말로 제주 최고의 핫 플레이스. 이제 제주 여행에서 꼭 들러야 할 필수 순례 코스가 되었다. 하이월드에서 운영하는 8곳의 업장 가운데 눈길을 끄는 것은 제주의 상징인 현무암을 모티브로 개발한 현무암빵과 돌도넛. 시원한 바다를 감상하며 갈치, 고등어, 전복, 흑돼지로 조리한 요리를 즐긴 후 커피와 디저트도 추천한다. 푸른 빈백이 놓인 카페는 젊은 여행자들에겐 인생샷 명당.

FOOD

미추리살의 발견
명리동식당.

◉ 제주시 한경면 녹차분재로 498(저지리 3136-1) OPEN 11:30~21:00 CLOSE 월요일 🍴 자투리고기(250g) 1만4000원, 흑돼지삼겹·목살(200g) 1만8000원, 김치전골 뚝배기 6000원 ☎ 064-772-5571

자투리 고기 맛집으로 표선 가시리에 가시식당이 있다면 한경 저지리에는 명리동식당이 있다. 이 집은 〈식신로드〉를 비롯해 매스컴에 다수 소개된 바 있으며, 현지인들이 애정하는 20년 전통의 동네 맛집이기도 하다. 자투리 고기라 하면 주 부위를 떼어내고 남은 자투리를 떠올리게 되지만, 연탄 불판 위에 오르는 이곳의 자투리 고기는 두툼한 고깃덩어리. 식감이 유난히도 탱글탱글한 이 부위는 삼겹살 바로 아랫부분인 미추리살이라 한다. 착한 가격에 양 많고 질도 좋은 부위로 만족도가 높다.

DIY로 즐기는 제주 딱새우의 매력
피어22.

◉ 제주시 한림읍 금능7길 22(금능리 1494-3) 금능어촌계 복지회관 OPEN 11:00~20:00 CLOSE 연중무휴 🍴 테왁(2인분) 3만 원, 빵과 토마토 6000원, 랍스터 테일 1만5000원 ☎ 064-796-7787

금능포구 22번지인 금능어촌계 복지회관에 위치해 '피어22'라 이름 붙였다고 한다. 해녀들이 테왁에 가득 담긴 수확물을 쏟아내는 데서 모티브를 얻은 '테왁' 메뉴는 제주 딱새우를 메인으로 옥수수, 감자, 소시지가 담긴 솥단지째 들고 나와 손님 앞에서 좌르륵 엎는 방식이 독특하다. 김이 모락모락 오르는 딱새우를 나무망치로 두드려 껍질을 벗긴 후 렌치 소스에 찍어 먹는데, 요즘 제주 대세인 딱새우의 플레인한 맛을 즐기는 게 오히려 특별하다. 딱새우는 한림수협에서, 전복이나 성게는 금능마을의 해녀들에게 구입해 신선하다.

우리 동네에도 이런 중국집 있었으면
보영반점。

📍 제주시 한림읍 한림로 692-1(한림리 1305-16) OPEN 11:00~19:30 CLOSE 둘째, 넷째 목요일 🍜 간짬뽕 8500원, 삼선짬뽕 8500원, 탕수육(중) 2만2000원 📞 064-796-2042

화교 가족이 40여 년간 한 자리에서 변함없이 문을 여는 '한림 맛집 넘버원'으로 통하는 중국집. 여행자들에게 '보영반점 = 간짬뽕'일 만큼 이 집의 대표 메뉴는 간짬뽕. 돼지고기, 새우, 오징어, 버섯, 양파를 듬뿍 넣어 볶으면 비슷하게 빨갛게 볶아냈지만 많이 맵지는 않다. 20여 년 전 국물 없는 짬뽕을 찾던 손님을 위해 만든 것이 보영반점의 대표 메뉴가 되었다. 주문 즉시 만들기에 시간은 좀 걸리지만 한 번 맛보면 다른 집은 못 간다고 할 만큼 보영반점만의 특별한 내공이 있다.

수족관 활어가 즉석 물회로~
금능포구횟집。

📍 제주시 한림읍 금능9길 27(금능리 1494-6) OPEN 09:00~17:00 CLOSE 4~10월까지 무휴 🍜 활한치물회 1만4000원, 활쥐치물회 1만5000원, 해삼물회 1만3000원, 우럭조림 3만~5만 원 📞 064-796-9006

푸짐하고 가격도 착한 물회가 유명한 집이다. 입구의 수조에는 계절에 따라 쥐치나 한치 같은 활어가 한가롭게 노닐고 있는데, 손님의 주문 한 마디가 이들의 생과 사를 가른다. 수족관에서 바로 건진 활어는 한 마리 통째로 물회 육수에 퐁당! 6~10월에는 한치, 5~6월엔 자리돔, 8월 이후엔 쥐치가 제철이다. 이때가 아니라면 잡자마자 급랭한 냉동선어 물회로 만족해야 한다. 된장과 고운 고춧가루, 초고추장을 섞은 양념을 횟감에 치대서 국물을 걸쭉하게 만들어 새콤달콤하면서 진하고 자극적인 맛이다.

FOOD

국내 최대 크래프트 비어 브루어리
제주맥주。

📍 제주시 한림읍 금능농공길 62-11 (금능리 407-14) OPEN 양조장 펍 13:00~19:30, 브랜드 샵 13:00~19:30 CLOSE 월~수요일 양조장 투어 2만2000원 📞 064-798-9872 🏠 jejubeer.co.kr

뉴욕을 대표하는 브루클린 브루어리의 양조 기술과 레시피를 담은 '제주위트에일'을 연간 2000만ℓ가량 생산하는 국내 최대 규모의 크래프트 비어 브루어리. 얼핏 맥주 제조 공장처럼 보이지 않을 정도로 캐주얼하게 꾸미고, 곳곳에 맥주 관련 굿즈와 작품 등을 진열해놓았다. 양조장 투어 역시 빔프로젝터나 실험실 콘셉트의 공감각적인 장치를 이용해 한결 쉽게 맥주 제조 과정을 이해할 수 있게 한다. 투어의 마무리는 이곳에서 만든 제주위트에일 한 잔.

망설이지 말고 우유부단으로
우유부단。

📍 제주시 한림읍 금악길 38 (금악리 142-2) OPEN 하절기(4~9월) 09:30~17:30, 동절기(10~3월) 10:00~17:00 CLOSE 설, 추석 당일 우유부단 아이스크림 4500원, 시그니처 밀크티 4500~5500원 📞 064-796-2033

청정 제주의 유기농 우유를 생산하는 성이시돌목장이 여행자들의 주목을 끈 것은 뜻밖에도 목장 가는 길에 있던 테쉬폰 때문이었다. 〈효리네 민박〉에서도 소개되었던 테쉬폰은 목장의 숙소로 사용되었던 이라크식 구조물. 이국적인 느낌 가득한 사진을 얻을 수 있는 이곳에 여행자들의 발길이 이어지면서 우유와 아이스크림을 맛보며 쉬어갈 수 있는 작은 카페 '우유부단'이 생겼다. 위트 있는 상호의 카페 옆 우유갑 모양의 의자 조형물은 빠질 수 없는 인증샷의 포인트. 젖소도 보고 말도 보며 고소한 디저트를 즐겨보자.

CAFE

인증샷 필수 애월 바닷가의 카페

몽상드애월.

◎ 제주시 애월읍 애월북서길 56-1(애월리 2546) OPEN 10:00~19:30 CLOSE 연중무휴 커피류 6000~8000원, 제주 감귤주스 9000원
☎ 064-799-0090

빅뱅의 권지용(GD)이 문을 연 카페로 알려져 아침 오픈 시간에 가도 북적거린다. 카페 안은 음악과 시끌벅적한 대화 소리가 섞여 오붓한 대화는 애시당초 기대하지 않는 게 좋다. 커피를 테이크아웃해서 바닷가로 나가면 카페 아래쪽으로 카페 봄날이 내려다보이고 애월 앞바다가 180도로 펼쳐진다. 거울이라 해도 믿을 반영 샷이 잘 나오는 카페 외관 덕에 그 앞에서 셀카 삼매경에 빠진 여행자들이 많다. 벨기에산 초콜릿을 부드럽게 녹인 후 수제 크림을 올린 몽상쇼콜라와 달콤한 연유를 더해 부드러운 단맛을 낸 돌코롬하크라떼가 인기. 이밖에 우도에서 자란 땅콩과 볶은 현미를 곁들인 우도땅콩라떼와 제주산 감귤 100%를 그대로 착즙한 제주감귤주스 등이 사랑받고 있다.

카페에 가득한 바다
카페 봄날.

제주시 애월읍 애월로1길 25(애월리 2540) 09:00~21:30 연중무휴 커피류 5000~7000원, 차류 5000~6000원 064-799-4999

몇 년 전, 차인표의 토크쇼 〈땡큐〉에서 보았다. 창 너머로 바다가 넘실거리는 것을. 한담해변에 저런 카페가 있었나 싶어서 기억을 더듬어보니 바닷가의 양어장이 있던 그 자리일 것이다. 카페 창가에 앉아 있으니 파도가 손에 잡힐 듯 마음이 울렁인다. 카페 봄날 바로 위쪽에 몽상드애월이 들어선 이유를 짐작하기 어렵지 않다. 오픈한 지 1년도 안 돼서 하나의 카페를 넘어서 관광 명소가 된 한담해변의 카페 봄날이 드라마 〈맨도롱또똣〉의 촬영지로 또 한 번 유명세를 탔다. 그러면서 바다 하나로 충분했던 이 카페의 야외 공간이 인증샷용 포토존과 조형물로 한결 얼룩덜룩해졌다. 그럼에도 바닷가 야외 테이블에 앉아 여유롭게 커피 한잔의 낭만을 즐기며 사진놀이하는 재미가 넘치기에, 여전히 이곳을 찾는 발길은 끊이지 않는다.

CAFE

제주 우뭇가사리로 만든 자연주의 감성 푸딩
우무.

제주시 한림읍 한림로 542-1(옹포리 324-3) OPEN 10:00~19:00 CLOSE 비정기 휴무(인스타그램 공지) 커스터드·말차·초코푸딩 각 6300원 010-6705-0064 instagram@jeju.umu

커스터드, 말차, 초코 단 세 가지 맛의 해초 푸딩으로 줄을 세우는 옹포리의 작은 가게. 귀염뽀짝한 우무 캐릭터나 자연주의 인스타 감성 물씬한 푸딩 가게의 분위기가 한몫하는 것도 사실. 우무의 푸딩 삼총사의 탄생 스토리는 가공품인 한천도, 젤라틴도 아닌 제주 해녀가 채취한 진짜 우뭇가사리로부터 시작된다. 얼핏 단순해 보이는 푸딩 세 가지를 개발하느라 1년여를 보냈다면 믿기지 않을 법도 한데, 실제로 그렇다. 탱글탱글해 보이지만 입안에 넣으면 사르르 녹아 사라지는 식감은 아이에게 먹여도 좋겠다는 생각마저 들게 한다. 세 가지 푸딩을 모두 맛보려거든 맛이 순한 커스터드푸딩부터 그 다음은 말차, 초코 순으로 추천. 푸딩을 캐릭터화한 텀블러나 파우치 같은 굿즈도 인기다.

CAFE

감성 뉴트로 카페로 부활한 명월리 폐교
명월국민학교.

◉ 제주시 한림읍 명월로 48(명월리 1734) ○ 하절기 11:00~20:00, 동절기 11:00~19:00 ○ 연중무휴 ○ 커피류 5000~6500원, 차류 5000~6000원, 조각케이크류 7000원 ☎ 070-8803-1955

'명월초등학교'가 아니고 '명월국민학교'다. 차임벨 대신 학교종이 땡땡땡 울리던 국민학교가 카페를 품은 복합문화공간으로 부활했다. 1955년에 개교했다가 폐교한 뒤 20여 년간 방치되었던 이 학교에 숨을 불어넣어 되살린 것은 명월리 청년회원을 주축으로 한 주민들. 크게 손대지 않고 옛 모습을 복원하고 유지하되 뉴트로 감성을 조미료처럼 솔솔 뿌려 다양한 연령대가 찾는 이색적인 공간으로 탈바꿈시켰다. 리모델링한 교실은 추억의 주전부리도 파는 카페 공간인 '커피반', 제주 관련 소품을 판매하는 '소품반', 명월국민학교와 제주도 테마의 작품을 전시·판매하는 '갤러리반'으로 구성되어 있다. 매주 월요일마다 프리마켓 '소풍'도 이곳에서 열린다. 근처의 명월리 명소인 수령 500년 이상 된 팽나무 군락지에도 꼭 들러보자.

CAFE

맛있는 커피가 있는 위트 넘치는 공간
크래커스。

제주시 한경면 낙수로 1(조수리 1363-1) OPEN 10:00~18:00 CLOSE 연중무휴 콜드블루 6000원, 카페라떼 5500원 064-773-0080 www.crackerscoffee.com

할머니네 집 문짝을 뜯어다 꾸민 듯한 인테리어가 생뚱맞은 인스타그램 인기 카페. 요즘 1970년대 코리안 빈티지가 유행이라더니, 역시나 직접 인테리어 공사를 했다는 이 카페는 최대한 옛날 집의 촌스러움을 살려 편안하면서도 유니크한 공간으로 탈바꿈하는 데 성공했다. 신발을 벗고 올라가 커피를 즐기게끔 한 좌식 코너도 편안하고, 소소한 제주 시골집 풍경이 비치는 커다란 창가 자리도 인기 있다. 3년 동안 '브루마블'이라는 간판을 달고 운영하다가 본격적인 커피 로스팅 비즈니스를 위해 '크래커스'라는 이름으로 바꾸었다. 무엇보다 역삼동에서 카페를 운영했다고 알려진 주인장이 내리는 커피 맛이 맛있다는 것이 가장 큰 매력. 안정적이고 일률적인 맛을 자랑하며, 직접 로스팅한 커피 원두를 판매하기도 한다.

CAFE

리얼 인더스트리얼 인테리어가 독특한 카페
앤트러사이트 제주.

제주시 한림읍 한림로 564(동명리 1715) 09:00~19:00 연중무휴 에스프레소 메뉴 4000~6000원, 스페셜티 커피 6000~6500원, 베이커리류 3500~4800원 064-796-7991

이제는 작동하지 않는 육중한 증기터빈, 더는 움직이지 않는 컨베이어 벨트, 울퉁불퉁한 돌담 벽과 바닥, 바닥에 깔린 돌 사이로 자라는 식물들. 여느 주인장 같으면 중장비로 모두 들어내 고물상에 넘겼을 것 같은 60년 된 전분 공장의 녹슨 기계들이 요즘 유행하는 '인더스트리얼 인테리어'의 진수를 보여준다. 서울 합정점, 한남점에서 이미 그 내공을 검증받은 주인장보다 더 놀라운 것은, 이런 분위기를 핫하게 여겨 찾아오고 소문내주는 여행자들. 감히 흉내 내기 힘든 독특한 분위기가 매력이지만 등받이 없는 의자와 무릎 높이의 낮은 테이블은 오래 앉아 얘기꽃을 피우기에 다소 불편하다. 취향대로 고를 수 있는 커피와 베이커리 사이드 메뉴가 있다.

CAFE

책과 휴식이 함께하는 북마니아들의 천국

유람위드북스。

제주시 한경면 홍수암로 561(조수리 434-2) OPEN 10:00~20:00(목·토요일은 23:00까지 심야책방 운영) CLOSE 화요일 아메리카노 5000원, 에이드 6000원, 홍차 7000원 070-4227-6640

'남의 집 짓고 꾸며주는' 인테리어 회사를 운영하면서 이제는 자신들이 꿈꾸던 공간을 맘껏 펼쳐보고자 마음먹은 두 동업자가 마련한 북카페다. 정호선 대표는 본래 '책 컬렉터'로 주로 만화책을 많이 모았으나 북카페를 꾸미면서 에세이와 일반 단행본, 독립서적, 잡지 등을 대대적으로 구입해 다양하게 구색을 갖춰놓았다. 무엇보다도 독특한 것은 하나의 공간을 매우 입체적으로 디자인했다는 것. 계단을 오르면 책이 그득그득한 2층 다락도 있고, 콕 박혀서 독서 삼매경에 빠질 수 있는 좁은 구석이 곳곳에 있다. 초록 밭이 보이는 좌식 창가, 빈티지 LP플레이어가 놓인 창가 등 자신이 좋아하는 구석을 찾아 온종일 차 한잔 마시며 책과 놀 수 있게 해놓았다. 책과 휴식이 공존하는 카페로 벽에 적힌 글귀대로 '좋은 책 한 권을 만나는 기쁨'이 크다.

CAFE

몽환적인 핑크뮬리가 있는 다얀이네 집
키친오즈.

제주시 한림읍 협재로 208(협재리 958-1) OPEN 11:00~18:50 CLOSE 화요일 알리오올리오 1만4000원, 새우로제파스타 2만 원, 마르게리따피자 2만 원, 아메리카노 5500원 064-796-7165 instagram@kitchenoz_jeju

블러 효과를 낸 듯한 몽환적인 핑크뮬리가 있어 제주의 가을 순례 코스 1순위로 꼽히는 협재의 카페 & 레스토랑. 따뜻한 플로리다가 원산지인 이 억새가 키친오즈의 뒤뜰을 분홍으로 물들인 첫 해 가을. 키친오즈 일대에 두어 달 동안 수만여 명의 인파가 몰릴 정도로 북새통을 이뤘다. 핑크뮬리와 더불어 라벤더 꽃밭을 조성해 봄에는 보랏빛 향연이 펼쳐지니 계절별로 색채의 향연을 만끽해도 좋겠다. 핑크뮬리 못지않게 '심쿵'하게 만드는 키친오즈의 마스코트는 골든 두들종인 다얀이. 키친오즈를 생각하면 창가 자리에 얌전하게 앉아 있던 사랑스러운 다얀이가 먼저 떠오른다. 서울 가회동 시절부터 피자와 파스타가 맛있기로 이름난 레스토랑을 운영했던 주인 내외는 소문난 애견인이기도 하다. 13세 이상 입장이 가능한 노키즈존이지만, 반려견 동반은 가능하다. 영업시간과 휴무가 자주 바뀌는 편이므로 전화 문의하거나 인스타그램을 확인하자.

CAFE

이국적인 멋이 물씬한 수영장 카페
제주돌창고.

⊙ 제주시 한경면 조수7길 8(한경면 조수리 113-6) OPEN 월~목요일 09:30~18:00 / 금·토요일 13:00~21:00 CLOSE 일요일 🍴 금능바다빙수 1만4000원, 돌창고래떼 8000원, 보리개역 5000원, 감귤양갱 5000원, 스콘 4500원, 플로팅디저트 5만 원 📞 064-773-1972

오래된 방앗간을 개조해 만든 이국적이고 이색적인 카페. '돌창고'라는 이름처럼 제주 돌집 특유의 감성을 그대로 살린 카페 내부는 노출된 기둥, 방앗간 기계 등으로 꾸민 덕에 빈티지한 무드가 흐른다. 한편, 카페 외부는 동남아 휴양지를 닮은 풀장과 그네가 있어 그야말로 반전미를 선사한다. 넓은 수영장 위에 떠 있는 공중그네는 이미 많은 인스타그래머들의 포토 스폿으로 유명하다. 수영장은 가을·겨울에는 미온수로 운영되며, 피팅룸까지 준비되어 있어 사계절 물놀이를 즐길 수도 있다. 메뉴는 보리로 만든 미숫가루인 보리개역, 발효 음료인 쉰다리를 비롯해 감귤 양갱, 오메기떡, 보리스콘 등 제주의 전통 음료와 로컬푸드를 이용한 독창적인 디저트로 이루어졌다. 특히 금능바다빙수는 바다처럼 푸른색의 얼음 빙수에 인절미 가루, 초콜릿 크런치 등으로 꾸민 독창적인 메뉴. 풀장 위에 띄워 놓고 즐기는 플로팅 디저트도 인기.

홈메이드 당근케이크 바람을 몰고 온
하우스레서피.

제주시 한림읍 일주서로 5892(귀덕리 1236-9) OPEN 10:00~19:00 CLOSE 화요일 당근케이크(소) 1만4000원, (중) 2만8000원, 루이보스티 5000원 064-796-9440

25년 미국 생활 중에 독학으로 마스터한 홈베이킹 실력을 서울 청담동에 이어 제주에서까지 단숨에 인정받은 전직 아나운서였던 주인장. 그는 당근이 맛있어야 당근빵이 맛있는 거라고 말한다. 당근이다! 매일 아침 생방송하는 마음으로 정성껏 구워내는 달달한 당근케이크는 신선한 제주 구좌 당근으로 만든 것. 홈메이드라 그런지 산뜻하기보다 은근히 손이 가는 맛이다. 그런데 당근케이크치곤 좀 비싸다!

제주에 망고 돌풍 일으킨 디저트 카페
망고레이.

제주시 애월읍 하귀9길 34(하귀1리 157-6) OPEN 10:00~18:00 CLOSE 연중무휴 카라바오 생망고셰이크 8500원, 애플망고셰이크 9500원, 스페셜 100% 망고셰이크 6500원 070-4139-2441

〈꽃보다 할배〉에서 할배들을 푹 빠지게 했던 그 망고가 제주에서도 인기를 얻고 있다. 하귀리의 망고레이 본점에는 망고를 테마로 한 망고셰이크, 망고빙수, 망고잼, 건망고 등 망고망고한 메뉴들이 가득하다. 셰이크 병에 빨대를 꽂아 들고 다니며 마실 수 있게 한 것이 특징. 시그니처 메뉴의 주재료인 카라바오 망고는 필리핀 루손 섬이 최대 산지. 가장 달콤한 망고로 기네스북에 등재되었다는데, 이를 항공편으로 들여와 숙성시킨 것이 이곳의 대표 메뉴인 카라바오 생망고셰이크다.

SHOP

제주를 기념하는 소품 천국
베리제주。

제주시 애월읍 고내로7길 45-14 (고내리 1168)　10:00~18:00　페이스북에 공지　064-746-7520　www.veryjeju.com, www.facebook.com/veryjeju

베리제주는 몇 해 전부터 다양한 제주의 문화 상품을 판매하던 온라인 몰로 제주 여행 중이 아니더라도 온라인으로 쇼핑하는 재미가 쏠쏠했던 사이트. 고내리 주택가에 자리한 베리제주 오프라인 숍은 인테리어 소품, 문구, 식품, 화장품 등의 디자인 상품과 특색 있는 제주산 먹거리를 판매하며, 사회적 기업인 행복나눔마트 협동조합에서 운영하고 있다. 작고 소박한 제주 집 내부를 고쳐 꾸민 가게 안에는 한참 들여다보게 만드는 오종종한 물건들이 빼곡하게 차 있어 아이 쇼핑만으로도 시간 가는 줄 모른다. 여느 디자인 소품점에 비해 다양한 구색을 갖추고 있어서 제주 기념품을 직접 보고 고르고 싶다면 제격이다. 주차는 걸어서 3분 거리인 고내포구 정자 주변에 하는 것이 좋고, 갑작스러운 휴무나 영업시간 변경은 페이스북을 참고하자.

SHOP

'레어템'이 많은 디자인 소품점
디자인에이비.

제주시 한경면 판포4길 22(판포리 2854-10) 10:00~18:00(6~8월은 19:00까지) 수요일 일러스트 마스킹 테이프 4500원 070-7348-8201

온통 정사각 타일을 두른 판포리의 하얀 집. 바다가 보이는 언덕에 자리한 이 깜찍한 건물은 그대로 떼어오고 싶을 만큼 예쁘고 앙증맞다. 도대체 이 안에 뭐가 있을까 하는 호기심으로 기웃거리게 만드는 이곳은 디자인 소품숍인 디자인에이비. 핸드메이드 패브릭이나 디자인 소품, 문구류나 액세서리 등을 판매하는 숍이면서 자체 디자인 상품을 개발하는 오피스이기도 하다. 숍 내부가 몇 사람만 한꺼번에 들어가면 금방 꽉 차버릴 정도이지만, 하나하나 들여다보게 만드는 작고 예쁜 것들 속에서 시간은 하염없이 흘러간다. 제주도를 콘셉트로 한 디자인 제품도 많고, 다른 숍에서 보지 못하는 제품도 알차게 진열돼 있다. 특히 제주의 오름, 동네, 바다를 주제로 한 일러스트가 들어간 마스킹 테이프나 제주의 상징을 한데 모은 종이 가랜드는 자체 제작한 인기 상품으로 저절로 지갑이 열리게 한다.

STAY

독채 펜션 '어랭이' 4총사
어랭이비치 & 어랭이퐁낭.

⊙ 어랭이비치 : 제주시 한림읍 협재리 1454-3, 어랭이퐁낭 : 제주시 한림읍 옹포리 482-1 입실 15:00 퇴실 11:00 어랭이비치 20만 원, 어랭이퐁낭 18만 원, 어랭이오리지날 16만 원(비수기 주말 기준) 010-4514-3471, 010-8358-0131 blog.naver.com/hit21c

'어랭이'는 바닷물고기 놀래기의 제주 방언. 재밌는 이름의 '어랭이비치', '어랭이퐁낭' 등은 협재리, 옹포리 등에 흩어져 있는 어랭이 그룹(!)의 독채형 펜션들. 어랭이의 주인장은 지금처럼 독채형 펜션이 흔치 않던 시절, 제주에 여행 와서 내 집처럼 머물다 가는 숙소가 있으면 참 좋겠다는 생각으로 기존의 주택을 구입해 '어랭이오리지날'로 리모델링했다. 첫 시도가 좋은 반응을 얻자 연이어 비치, 숨비, 퐁낭 등 저마다 최적의 콘셉트로 세 곳을 더 열게 되었다. 돌담 위 감각적인 어랭이 간판에 마음이 홀려 만나본 주인장은 최소한의 비용으로 최대한 손재주를 활용했다는데 가만히 따져보면 사업 수완도 남달랐다. 특히 담 안에 바다가 들락날락하는 미니해변을 온전히 끼고 있는 어랭이비치는 돈 주고도 못 사는 독보적인 위치.

자연과 모던의 교집합
청수리아파트.

⊙ 제주시 한경면 청수서2길 96(청수리 1281-6) 입실 16:00, 퇴실 11:00 16만5000~18만7000원(비수기 주말 기준) 070-4117-4186, 010-7770-6850

시골 마을의 모던한 숙소다. 번잡하지 않고 공기 좋은 곳에서 여유롭게 머물고 싶을 때 숙소 리스트에 넣어보자. 1층은 카페, 2층은 4개의 룸이 있는 숙소로 이용되는 이곳은 일종의 스테이지만 '아파트'라는 이름을 붙여 톡톡 튀는 개성을 느끼게 한다. 전체적으로 커다란 통창을 시원하게 배치하여 실제 공간보다도 훨씬 넓어 보이며 창 너머로 보이는 잔디 마당 덕분에 실내에 있어도 자연 속에 있는 듯한 느낌을 준다. 4개의 객실 모두 원룸형으로 객실 크기와 욕조 유무의 차이는 있지만 룸 스타일은 비슷하다. 건물 외관처럼 군더더기 없이 모던한 룸 인테리어로 꾸몄으며 돌담 사이에 침대를 배치해 제주다운 독특한 분위기를 연출했다. 커피가 맛있는 1층 카페에서 심플하지만 정성 어린 조식이 제공된다.

STAY

화이트 & 블랙의 정석을 보여주는 펜션
텔레스코프.

제주시 한경면 저지6길 20(저지리 1727-5) OPEN 입실 16:00, 퇴실 11:00 No.01 27만 원, No.02 25만 원, No.03 25만 원(비수기 주말 기준) 0507-1410-7340 www.telescope-jeju.com

올 화이트 베이스에 블랙으로 포인트를 준 똑 떨어지는 공간. 심플하고 깔끔함은 기본. 구석구석 섬세한 안목으로 고른 오브제들의 적절한 배치가 마치 모던 갤러리에 온 듯한 느낌을 준다. 설계부터 시공, 인테리어까지 직접 건축가인 주인장이 완성한 텔레스코프에는 그 이름처럼 방마다 망원경을 두어 달을 감상할 수 있도록 하였다. 우주에 대한 그의 관심은 우주선 모양의 제플린 오디오에서도 엿볼 수 있다. 텔레스코프에는 테라스가 딸린 독채가 총 세 개로, 수입 자재를 사용해 디자인과 퀄리티에 많은 공을 들였다. 요리가 하고 싶어지는 주방과 마냥 뒹굴고 싶은 푹신한 침구, 느긋하게 음악 감상하고 싶은 오디오 등 그냥 머무르고 싶어지는 그런 곳이다.

STAY

엣지 있는 무무 스타일 펜션
제주무이.

제주시 애월읍 엄수로 148(수산리 965-1) 입실 16:00, 퇴실 11:00 돌 21만 원, 구름 24만 원, 바람 25만 원(비수기 주말 기준)
064-711-9651

〈대한민국 펜션여행 바이블〉이라는 책을 내면서 취재했던 강화의 게스트하우스무무는 딱 봐도 '아, 무무 스타일이군.' 할 정도로 개성 있는 자기 스타일을 가지고 있었다. 제주도 수산리 마을의 제주무이를 처음 인터넷에서 접했을 때도 척 보고 무무 스타일임을 단박에 알 수 있었다. 독립된 6동의 노출 콘크리트 건물과 1층의 샐러드앤미미 레스토랑으로 이루어져 있는데, 엣지 있는 스타일을 좋아한다면 무무와 샐러드앤미미의 결합 그 자체에 기대감을 가지게 될 것이다. 커플만 이용할 수 있는 5개의 객실이 마련돼 있으며, 이곳에 묵는 동안 온전히 우리만의 공간을 즐길 수 있도록 배려했다. 자연스러운 나무와 화이트 톤으로 차분한 느낌을 주는 인테리어는 역시 지은 지 몇 년이 지났지만 아직까지도 유행에 뒤처지는 느낌이 없다. 제주무이 홈페이지나 전화를 통해 직접 예약하면 2인 홈메이드 브런치와 차를 무료로 제공한다.

착한 가격의 북유럽 스타일 B&B
달숲하우스

제주시 한림읍 명재로 35(협재리 1319-1) 입실 16:00, 퇴실 11:00 바다·달01·숲 7만 원, 하늘·달02·나무 8만 원(비수기 주말 기준) 010-3758-8750

협재해수욕장까지 걸어서 10분 거리로 가성비 좋은 B&B 형태의 숙소다. 하늘, 숲, 달, 나무, 바다 등 자연에서 이름을 따온 각 객실은 자연의 컬러를 모티브로 삼아 북유럽 스타일로 편안하게 꾸몄다. 복층형의 나무 객실 외에 모두 단정한 원룸형 객실로 침대, 테이블, 화장대 등이 모두 똑같이 세팅되어 있다. 객실 내에 취사 시설은 없지만, 체크인할 때 예약하면 1층 카페에서 조식을 준비해준다.

깃털처럼 가볍게 몸만 가서 즐기는 글램핑
에코힐글램핑

제주시 애월읍 관령평화8길 22(광령리 926) 입실 15:00, 퇴실 11:00 커플 글램핑 9만9000원, 패밀리 글램핑 12만9000원(비수기 주말 기준, 가격 변동 있으므로 문의 요망) / 숯·그릴 대여 2만 원 064-743-0060

텐트만 구축할 수 있다면 제주도 전체가 캠핑의 천국이 되겠지만, 육지의 캠퍼들에겐 캠핑 장비를 몽땅 짊어지고 섬에 들어가는 게 여간 부담스러운 게 아니다. 몸만 가면 럭셔리 캠핑을 즐길 수 있는 에코힐글램핑은 제주국제공항에서 10분 거리에 위치해 있어 굳이 중산간까지 들어가지 않아도 청정 제주를 만끽할 수 있다. 화재에도 안전한 방염 텐트에 수영장, 에어컨, TV, 침대, 소파, 테이블, 여기에 쾌적한 샤워시설까지 갖추고 있다. 보통 한겨울인 1~2월은 운영하지 않고, 3월부터 정상 영업하므로 전화로 확인하자.

STAY

뾰족한 징크 지붕이 독특한 그 집
피우다 게스트하우스.

◎ 제주시 한경면 저지12길 60-4(저지리 3263-4) OPEN 입실 17:00, 퇴실 11:00 2인실 9만 원 ☎ 010-5291-7720

올레길 14코스와 14-1코스가 시작점이자 13코스의 종점인 한경면 저지리의 숙소다. 예쁜 집들이 많은 저지리 예술마을에서도 모던한 징크 지붕을 얹은 이 집의 존재감은 각별하다. 객실은 퀸사이즈 침대가 있는 룸 두 개와 수퍼싱글 침대 두 개가 나란히 있는 트윈룸까지 총 3개로, 1~2인 단위로만 이용 가능하다. 객실은 침구마저 각을 잡은 듯 깔끔하고 똑 떨어져서 단순함의 미학을 엿보는 듯하다. 저지리 마을 자체가 조용해서 마음을 정리하며 쉬어가기 좋은 숙소다.

 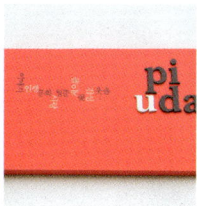 

애월마을 고즈넉한 풍경을 만끽하다
게스트하우스 정글.

◎ 제주시 애월읍 곽지11길 7(곽지리 1622) OPEN 입실 16:00, 퇴실 10:00 더블룸(1인) 7만 원, (2인) 9만 원 / 트윈룸(2인) 10만 원, (3인) 11만 원(비수기 주말 기준) ☎ 010-4335-6648

애월마을의 고즈넉한 풍경 속에 자리한 게스트하우스 정글. 한담해안산책로 가까이에 위치해 있으며, 1층의 분홍씨 카페와 2층의 객실로 이루어져 있다. 욕실과 화장실이 딸린 더블룸과 트윈룸이 있으며, 모든 객실이 '파수꾼'과 '분홍씨' 부부의 바지런한 손길로 깔끔하다. 핸드메이드 샌드위치와 요거트, 주스가 준비된 조식을 먹는 곳은 1층 분홍씨 카페. 직접 로스팅한 원두커피를 마시며 편하게 독서할 수 있도록 다양한 책을 구비해놓았다. 카페 창밖으로는 초록빛 마늘밭 너머 애월 앞바다가 한 폭의 그림처럼 펼쳐진다.

PART 6

서귀포시 중심권

서귀포시 중심권은 서귀포 시내와 중문을 아우른다. 한 권역에 속해 있지만 사실 이 두 지역은 15km가량 떨어져 있어 차량으로 25분 정도 거리. 올레길 6코스를 끼고 있는 서귀포 시내에는 제주 사람들이 즐겨 찾는 향토음식점과 재래시장. 유명한 폭포와 주상절리 등이 있고, 중문 지역은 대형 호텔과 리조트, 음식점, 각종 테마 뮤지엄들이 밀집해 있다. 특히 이곳의 뮤지엄은 날씨 때문에 야외 활동이 여의치 않을 때 찾으면 좋다. 만약 유니크한 숙소를 원한다면 중문 쪽의 대형 호텔보다는 서귀포 시내의 게스트하우스나 호스텔을 이용하자.

서귀포시 중심권 버킷리스트 10

1 가장 제주다운 풍광 보며 커피 홀짝이기 **2** 호텔 수영장에서 휴양하기 **3** 중문관광단지 이색 뮤지엄 투어 **4** 서귀포 매일올레시장 먹방 투어 **5** 감귤 체험 카페 방문하기

6 천제연·정방·천지연·원앙 폭포 투어 **7** 요트 타고 중문 해안 절경 감상하기 **8** 서귀포 잠수함 타고 제주 바닷속 구경하기 **9** 3대가 즐거운 돌고래 쇼 보기 **10** 럭셔리 호텔 뷔페에서 산해진미 맛보기

서귀포시 중심권 지도

1139

녹차미로공원

제주유리박물관

1132

리틀포레스트

강정포구

중문관광단지

사우스바운더 호텔 더본 제주
마가렛펜션 & 앤티크카페
히든클리프호텔 & 네이처 박물관은살아있다

이정의댁

여미지식물원

제주 테디베어뮤지엄 천제연폭포
롯데호텔제주 엉덩물계곡
제주신라호텔 & 더 파크뷰

덕성원

중문색달해변 더클리프
마린스테이지
제주해양레저
요트투어 샹그릴라 아프리카박물관 조안베어뮤지엄
대포주상절리 바다다

● 돈내코유원지

1115

1136

● 엉또폭포

감귤박물관
● 베케

1136

■ 서귀포시청 제2청사
봉주르마담
● 밸류호텔서귀포JS
서귀포시외버스터미널
■ 제주월드컵경기장

쇠소깍

테라로사 제주

● 제스토리

범섬   문섬   섶섬

● 서건도   보목포구

법환포구

서귀포 시내

● 제주에인감귤밭   서홍정원   서귀포시청   낙낭회센타
                              제1청사
                    용이식당   미도장
                                  MIDO
              서귀포매일올레시장   ● 미도호스텔
                                  다정이네
                삼보식당 헤이 서귀포
세계조가비박물관 ● 수희식당   이중섭문화거리
                          ■ 이중섭미술관 & 거주지
              천지연폭포   숨비아일랜드   왈종미술관
                      유동커피   정방폭포 & 소정방폭포
                      칠십리고기완자
                          항원복집
                                  제주할망뚝배기
● 외돌개 & 황우지 서귀포유람선   서귀포항
                서귀포잠수함 새연교

백작 부인처럼 우아하게 요트 타고 두둥실~
요트투어 샹그릴라(퍼시픽리솜)

⊙ 서귀포시 중문관광로 154-17(색달동 2950-5) 연중무휴 퍼블릭 투어 : 어른 6만 원, 어린이 3만5000원, 비바제트보트 1인 2만5000원 1544-2988

요트도 없고 '요트를 가진 친구'도 없는 우리에게 우아한 한나절을 선사해주는 요트투어는 제주의 푸른 바다를 보다 적극적으로 즐기는 방법이기도 하다. 선내가 넓고 안정적인 슈퍼 요트인 카타마란 쌍동선을 타고 바다 한가운데서 천연기념물인 주상절리도 감상하고, 바다낚시로 잡은 회를 와인과 곁들여 즉석에서 맛보는 특별한 경험은 제주 여행을 보다 풍요롭게 만들어준다. 물론 인생샷 한아름 얻어가는 것은 덤이다. 요트 전체를 빌리는 프라이빗 투어나 낚시투어, 선라이즈 투어도 있지만 일반적으로 많이 이용하는 것은 가성비 좋은 60분짜리 퍼블릭 투어다. 보다 다이나믹하고 스릴 있는 체험을 하고 싶다면 '바다 위의 스텔스 전투기'라고 불리는 비바제트보트를 추천한다. 바다 위를 질주하며 슬라이딩, 360도 꺾기 회전, 급회전 같은 현란한 기술을 구사하며 정신을 빼놓는 제트보트는 롤러코스터보다도 재미있다는 평.

SIGHTS

재롱둥이 동물 쇼 3종 세트
마린스테이지(퍼시픽리솜)

◎ 서귀포시 중문관광로 154-17(색달동 2950-4) ⊙ 1일 3회 공연(11:00, 13:30, 15:30) ⊙ 연중무휴 ▤ 어른 1만5000원, 어린이 1만원 ☎ 1544-2988

이곳만큼 꾸준히 '평타'를 치는 테마 여행지도 드물 것이다. 어렸을 때 부모님과 함께 와서 보고, 부모가 되어 아이와 함께 찾게 되는 이 공연은 3대가 함께 봐도 좋은 제주 동물쇼의 터줏대감이라 할 만하다. 개인적으로 동물을 훈련시켜서 선보이는 쇼는 별로 선호하지 않지만 평소 보기 어려운 동물과의 만남은 관람객을 매료시킨다. 일본원숭이, 바다사자, 돌고래 쇼의 3종 세트를 한꺼번에 관람할 수 있는데, 예전과 비교하자면 더욱 박진감 넘치고 관람객의 참여를 끌어내는 쪽으로 발전했다. 꿈만 잘 꾸면 바다사자와 악수하는 기회도 얻을 수 있다. 공연이 마무리되면 수족관 가까이서 돌고래를 볼 수 있는데, 방심했다가는 장난꾸러기 돌고래가 꼬리지느러미로 쳐대는 물벼락을 맞기 십상이다. 그런데도 다들 즐거워하며 깔깔대고 웃는다.

세상의 모든 식물을 만나는
여미지식물원.

◎ 서귀포시 중문관광로 93(색달동 2484-1) ◉ 09:00~18:00 ◉ 연중무휴 ◉ 어른 1만 원, 어린이 6000원 ◉ 064-735-1100

여미지식물원은 워낙 잘 알려진 관광지라 식상하게 여기기도 하지만, 의외로 볼거리가 쏠쏠하고 온 가족이 무난하게 즐길 만한 곳. 다양한 기후의 나라에서 온 식물이 많지만 무엇보다 빵나무, 소시지나무 등 신기한 열대 과일이 주렁주렁 열린 열대과수원이 재밌다. 진짜는 아니지만 빵이 열리고 소시지가 열리는 나무라니, 이건 완전히 동화 속 이야기가 아닌가. 본관을 둘러싸고 일본, 프랑스, 이탈리아 등 각 나라 고유의 정원들이 조성되어 있어 서로 비교하며 그 차이점을 배울 수 있다. 엘리베이터를 타고 전망 타워까지 감상하며 올라가는 중문 시내 뷰도 좋다. 식물을 좋아하는 여행자에겐 산책의 여유가 있고, 목줄을 한 상태로 애견 동반이 가능한 식물원이다.

세상의 진귀한 감귤을 모두 구경하는
감귤박물관.

◎ 서귀포시 효돈순환로 441(신효동 1200-6) ⓞ 09:00~18:00 ⓒ 1월 1일, 설날, 추석 🎫 어른 1500원, 어린이 800원 📞 064-767-3010~1

감귤을 테마로 한 공립박물관으로 저렴한 입장료, 알찬 체험 덕분에 가성비 좋은 여행지로 손꼽힌다. 더구나 큰 욕심 부리지 않고 이곳에 들른다면 생각보다 만족스러운 시간을 보내게 될 것이다. 제주 감귤에 대한 상식은 물론 콩알만 한 감귤부터 작은 수박만 한 감귤까지 세상의 진기한 감귤은 모두 구경할 수 있고, 감귤 머핀과 풋귤차 등 감귤 메뉴를 맛보는 카페도 있다. 시기만 맞으면 감귤밭에서 감귤 따기 체험을 해보는 것도 좋겠다. 코로나19 이전에는 가성비 좋은 감귤 간식 만들기로 아이와 함께 가면 좋은 코스였다. 감귤 액세서리 만들기, 천연 아로마 체험, 족욕 등의 체험 프로그램도 운영한 바 있으니 체험 가능 여부를 미리 문의할 것.

바다 쪽에서 바라본 색다른 뷰
서귀포유람선.

◉ 서귀포시 남성중로 40(서홍동 707-5) (OPEN) 운항시간 11:00, 14:00, 15:20 (CLOSE) 연중무휴 어른 1만6000원, 어린이 9500원 ☎ 064-732-1717

서귀포 유람선을 타면 바다 쪽에서의 색다른 앵글로 새연교와 새섬, 범섬, 섶섬, 정방폭포, 외돌개, 서귀포 해안 절경까지 멋진 파노라마 뷰를 볼 수 있다. 감성돔, 참돔을 낚는 낚시꾼이 많은 범섬에는 커다란 동굴이 있어 잠깐 그 내부에까지 배가 들어가 절경을 감상한다. 외돌개의 뒷모습, 정방폭포의 원경, 한라산을 배경으로 한 제주도 전경까지 우리가 알던 곳을 색다른 그림으로 보는 재미가 좋다. 선장님의 유쾌한 안내 멘트와 쫓아오는 갈매기들과의 새우깡 놀이도 잔재미. 코로나19 영향으로 유람선 운항을 잠정 중단한 바 있으니 반드시 미리 문의 후 방문할 것.

창 너머로 제주 용궁이 펼쳐지는
서귀포잠수함.

⊙ 서귀포시 남성중로 40(서홍동 707-5) ⊙ 07:20~18:40(성수기는 07:45~18:50) ⊙ 연중무휴 ⊙ 만 14세 이상 5만5000원, 만 3~13세 3만6000원 ☎ 064-732-6060 ⌂ submarine.co.kr

제주에서 잠수함을 탄다면 서귀포잠수함이 그나마 가장 괜찮다. 세계 최대의 맨드라미 산호 군락지인 문섬과 해저에 가라앉은 난파선을 구경할 수 있기 때문이다. 문섬 근처로 이동한 잠수함은 난파선이 있는 수중 40m까지 서서히 내려간다. 입담 좋은 해설과 함께 해조류, 열대어, 토착 어종, 산호초 군락, 난파선 등 수심마다 다른 풍경이 이어진다. 다이버가 주는 먹이를 따라 이리저리 떼 지어 몰려다니는 크고 작은 물고기를 보는 것도 재미. 이를 배경으로 기념사진 한 장 남기려면 찬스를 잘 잡을 것. 가장 아름다운 산호를 보고 싶다면 겨울이. 다양한 물고기를 보고 싶다면 여름이 좋다. 잠수 시간은 평균 1시간 10분 정도이며 신분증 필수. 탑승 하루 전까지만 홈페이지 예약할 수 있고, 당일 예약은 전화로만 가능하다.

인형 디자이너 조안 오의 핸드메이드 작품
조안베어뮤지엄.

서귀포시 대포로 113(대포동 1959) 09:00~18:00 연중무휴 어른 8000원, 어린이 6000원 064-739-1024

곰 인형 디자이너인 조안 오가 디자인하고 작업한 핸드메이드 테디베어를 만날 수 있다. 그녀의 테디베어는 직접 직조한 모헤어와 식물과 열매에서 추출한 천연염료를 사용하는 것이 특징. 배우 배용준을 패러디한 준 베어를 비롯해 오바마 베어, 조안 베어, 북극곰 폴라 베어 등 조안 오 작가의 다양한 작품을 만날 수 있다. 또한 작가가 직접 사용하던 직기와 작가의 가족을 테디베어로 꾸민 조안 패밀리도 만나볼 수 있어 흥미롭다. 규모는 크지 않지만 알차고 테디베어의 퀄리티가 높은 편.

제주 최고의 비경을 품은 개인 다원
녹차미로공원.

서귀포시 산록남로 1258(색달동 산50) 하절기 09:00~19:00(동절기는 18:00까지) 연중무휴 어른 7000원, 어린이 5000원 064-738-4405

해발 500m의 고지대에서 자라는 녹차밭으로 꾸민 녹차미로와 서귀포 70경 중 제1경이라 부르는 풍경을 볼 수 있는 전망대가 있다. '제주도의 푸른 밤'을 부른 가수 최성원이 제주도에서 가장 좋은 뷰를 가지고 있는 곳으로 추천한 바 있다. 예전에는 오로지 녹차밭 뿐이었지만 지금은 계절에 따라 핑크뮬리와 동백꽃도 함께 볼 수 있다. 곳곳에 포토존도 많아져서 사진 찍기도 즐겁다. 다만 원래 입장료에 포함되어 있던 가마솥에 덖은 전통 수제차를 현재는 제공하지 않는다는 점이 아쉽다.

서귀포 생활의 즐거움을 담은 이왈종 화백의 미술관
왈종미술관.

◎ 서귀포시 칠십리로 214번길 30(동홍동 281-2) OPEN 10:00~18:00 CLOSE 월요일 어른 5000원, 청소년·어린이 3000원 064-763-3600

작업에 몰두하기 위해 제주에 정착했다는 이왈종 화백의 개인 미술관이다. '제주의 꽃과 새가 나를 만들었다'고 고백할 만큼 제주에 깊은 애정을 드러낸 이 화백은 원래 수묵화가였다가 제주에 정착한 이후 생동감 넘치고 원색적인 부조작품에 몰두했다. '10년간 그림 값이 가장 많이 뛴 화가'로도 알려진 그는 골프, 자동차, 비보이 등 현대적인 이미지를 차용한 <생활의 중도> 시리즈로 유명하다. 고가의 원화가 언감생심이라면 이 화백의 작품을 담은 생활용품 아트숍으로 발길을 돌려보자.

조가비와 금속공예의 하모니
세계조가비박물관.

◎ 서귀포시 태평로 284(서홍동 557-1) OPEN 09:00~18:30 CLOSE 연중무휴 어른 6000원, 어린이 4000원 064-762-5551

어떻게 저런 모기 눈알만 한 조개껍데기로 작은 병을 채웠을지? 그냥 꽉 채운 게 아니라 컬러의 조화를 배려하면서 각을 잡았다. 명연숙 관장은 30여 년간 세계 조가비 컬렉션 투어를 하며 깨알만 한 것에서부터 대형 조가비까지 세계 각국에서 3800여 종의 조가비를 수집했다. 자연적인 컬러가 예쁜 조가비만 모아 작품을 만드는데 특히 은접시 위에 핑크, 퍼플, 블루 등 신비한 컬러를 입은 조가비를 감각적으로 구성한 작품은 신비롭기 그지없다. 천연 진주 팔찌 만들기와 조가비 소품 만들기 같은 유료 체험 프로그램도 운영한다.

SIGHTS

예술 작품으로 승화한 곰 인형 나라
제주 테디베어뮤지엄.

서귀포시 중문관광로 110번길 31(색달동 2889) OPEN 09:00~19:00(여름에는 22:00까지) CLOSE 연중무휴 어른 1만 원, 어린이 8000원 064-738-7600

제주에 테디베어를 테마로 한 여타의 뮤지엄들이 있지만 역시 원조의 내공은 숨길 수가 없다. 이건 단순한 곰돌이가 아니라 예술 작품이다. 2억 원이 넘는 '루이뷔통 베어'와 125캐럿의 보석으로 만든 '125k 베어' 등 희귀한 테디베어가 있어서 하는 말이 아니다. 세계의 역사적 사건이나 명작을 패러디해서 테디베어나 곤충으로 제작한 아이템은 제주도 여기저기서 만날 수 있지만, 역시 오리지널의 정교함과 스토리를 잘 살린 독창성은 따를 수가 없다. 현재 리뉴얼 공사로 휴관 중이니 반드시 미리 문의 후 방문할 것.

즐거운 눈속임의 착시 공간
박물관은 살아있다.

서귀포시 중문관광로 42(색달동 2629) OPEN 10:00~19:00 CLOSE 연중무휴 어른 1만2000원, 어린이 1만 원 064-805-0888

영화 〈박물관은 살아있다〉에서 따온 절묘한 이름의 이 착시 테마파크는 일단 규모부터 세계 최대. 착시아트, 미디어아트, 오브제아트, 스컬쳐아트, 프로방스아트 등 5가지의 테마로 나누어 있고, 명화 속의 인물들이 실제 살아있는 것처럼 보이게 하는 디지털아트를 가미해 보다 생생한 체험을 가능하게 한다. 거기에 '어둠 속에서 만나는 판타지 이야기'를 테마로 5개의 방과 2개의 길로 구성되어 있는 시크릿 하우스, 18가지 음색으로 모든 음악 장르를 연주하는 100년 된 오르간 신통이도 만날 수 있다.

유리조형 작가의 핸드메이드 작품
제주유리박물관.

서귀포시 중산간서로 1403(상예동 4303) OPEN 5~9월 10:00~22:00, 10~4월 10:00~21:00 CLOSE 연중무휴 어른 9000원, 어린이 7000원 / 체험비 : 꽃병·접시 만들기 2만 원, 양초 만들기 1만 원 064-792-6262

'유리의성'이 체코, 이탈리아 등 해외의 명품 유리 작품을 만날 수 있다면, '유리박물관'은 유리조형 작가의 핸드메이드 작품을 만나는 곳. 야외에 유니콘, 피라미드 등 유리 조형물을 세웠고, 계곡과 연못에는 산책하며 작품을 감상하는 유리 올레길을 조성했다. 실내전시관에는 유리를 재료로 퓨징, 캐스팅, 블로딩, 밴딩, 콜드워킹 기법 등으로 완성도를 높인 예술 작품을 전시하고 있다. 해 질 무렵 유리 정원에 불이 켜지면 낮과는 또 다른 화려한 풍경이 연출된다. 직접 유리 꽃병이나 접시를 만들어보는 체험도 재미있다.

진기한 아프리카의 문화를 한자리에
아프리카박물관.

서귀포시 이어도로 49(대포동 1833) OPEN 10:00~19:00 CLOSE 연중무휴 어른 1만 원, 어린이 8000원 064-738-6565

서아프리카 말리공화국의 젠네대사원을 모방한 독특한 외관이 유난히 눈길을 끈다. 황토색 몸체에 뾰족한 탑을 하나씩 얹고 있어 그 자체로 압도적 존재감. 내부에는 18~20세기 초까지 제작된 아프리카 원주민 부족의 조각, 가면, 악기, 생활용품 등 아프리카 미술품을 전시하고 있는데 의외로 볼거리가 많다. 세네갈 팀의 젬베 리듬 공연은 코로나19로 인해 잠정 중단되었다. 대신 새로 리뉴얼된 전시장에서 애니메이션과 미디어 파사드를 체험할 수 있다.

참 잘 생긴 화가 이중섭의 꽃 같은 나날
이중섭미술관 & 거주지

◎ 서귀포시 이중섭로 27-3(서귀동 532-1) OPEN 09:00~18:00(하절기는 20:00까지) CLOSE 월요일, 1월 1일, 설날, 추석 ▤ 어른 1500원, 어린이 400원 ☎ 064-760-3567

이중섭미술관은 한국전쟁 당시 서귀포에 거주하면서 그 아름다운 풍광을 작품으로 남긴 바 있는 화가 이중섭을 기념하는 공간이다. 서귀포항이 내려다보이는 언덕 위에 위치해 있으며 바로 옆에는 그와 가족이 세 들어 살던 초가집을 함께 둘러볼 수 있다. 〈서귀포의 추억〉, 〈물고기와 노는 두 어린이〉 등의 작품과 연표 등이 상설 전시되어 있으며 미술관 소장품을 전시하는 기획전이 열리기도 한다. 코로나19 상황이 개선될 때까지 잠정적으로 사전 예약제를 운영한다. 하루 8차, 30명씩 관람하며 1인 예약 가능한 최대 인원은 4인.

3월에 즐기는 유채꽃 천국
엉덩물계곡

◎ 서귀포시 색달동 3384-4 ▤ 무료

이른 봄, 제주여행이 좋은 이유는 유채꽃 때문일지도 모른다. 제주 내에서도 유채꽃 피는 시기는 각기 다른데, 색달해수욕장 옆에 위치한 엉덩물계곡은 3월 유채꽃을 즐길 수 있는 곳. '엉덩물계곡'이란 이름이 독특한데 예전에 큰 바위가 많고 지형이 험준해 물을 찾는 짐승들조차 접근은 못하고 엉덩이만 들이밀고 볼일을 봤다 하여 이런 이름이 붙었다고 한다. 나무 계단을 내려가다 보면 갈지자로 조성한 데크 탐방로와 그 옆으로 노란 유채꽃밭이 펼쳐져 있다. 이른 봄, 유채꽃과 함께 행복한 순간을 사진으로 남기기에 충분하다.

젊음의 열기로 가득 차는 뜨거운 바다

중문색달해변.

서귀포시 중문관광로 72번길 67 (색달동 3039)

올레길 8코스로 제주신라호텔 쉬리 언덕에서 내려다보는 중문색달해변의 와싱토니아 야자나무가 이국적인 풍광을 선사한다. 피서철에는 역동적인 해양레포츠를 즐기는 사람들로 활기를 띠고 나머지 계절의 한적한 해변 풍경도 나름대로 맛이 있다. 파도가 높아 윈드서핑, 수상스키, 요트투어 등의 해양레저를 즐기기 좋아서인지, 가족들이 즐겨 찾는 잔잔한 협재해수욕장에 비해 유난히 젊은이들과 외국인들이 많다. 서핑하는 사람들이 많다 보니 샤워 시설도 잘되어 있다. 한여름에는 해외 토픽에서 봤음직 한 뜨거운 열기를 방출하는 해변이지만 사진 찍기 예쁜 곳이라 겨울에도 많이들 찾는다.

SIGHTS

제주 바다에서 즐기는 스릴! 스트레스 훨훨~
제주해양레저.

◉ 서귀포시 중문관광로 192 중문어촌계(중문동 2785-2) 연중 주상절리 스노클링 3만5000원, 서핑 강습(3시간) 6만 원, 제트스키 강습 6만 원 064-738-5111

에메랄드 물빛이 아름다운 제주 바다는 짜릿하고 스릴 넘치는 해양레저를 즐기기에도 부족함이 없다. 특히 중문 앞바다는 여름이면 각종 레저 기구를 타고 즐거운 비명을 지르는 관광객들로 더욱 후끈해진다. 부러운 눈으로 보지만 말고 중문어촌계 1층에 위치한 제주해양레저를 찾아보자. 특히 성수기인 한여름에는 간단한 교육을 받고 전문 가이드와 즐기는 주상절리 스노클링과 직접 운전 가능한 제트스키, 젊은층이 애정하는 서핑이 눈길을 끈다. 바다에서 하늘로 최고 200m 상공까지 솟구치는 패러세일링을 비롯해 제트스키, 밴드웨건 등의 해양 액티비티를 묶은 패키지를 선택하면 훨씬 착한 가격에 오래 즐길 수 있다.

SIGHTS

이것이 진짜 제주의 꿀재미
디스커버제주.

◎ 서귀포시 천제연로 337(회수동 617) ※각 프로그램 장소 다름 OPEN 09:00~18:00 CLOSE 프로그램에 따라 시즌별 휴무 야생돌고래 탐사(어른) 3만8000원, 볼레낭개 호핑투어 3만8000원, 제주오프로드 3만9000원 ☎ 050-5558-3838

제주 현지인들만 즐기던 꿀재미. 아니 제주 사람들도 모르는 '제주를 200% 즐기는 법'을 제안하는 디스커버제주는 제주의 숨겨진 재미를 발견하는 로컬 액티비티 플랫폼이다. 체험 장소는 프로그램에 따라 다르다. 야생 돌고래 탐사(동일리 포구), 별밤사진관(상모리), 제주 오프로드(조천읍), 볼레낭개 호핑투어(보목항) 등 야생의 제주를 최대한 즐길 수 있는 10여 가지의 다양한 프로그램을 운영한다. 그 가운데 가장 리뷰가 많이 올라오는 것은 야생 돌고래 탐사. 수족관에 갇혀서 훈련받은 돌고래가 아닌, 야생의 돌고래 떼를 가까이에서 보는 감동은 상상 그 이상이다. 길이 아니라 더욱 다이내믹한 스릴을 만끽할 수 있는 제라진 오프로드, 라이트 페인팅을 이용한 특별한 사진을 간직할 수 있는 별밤사진관, 섶섬에서의 호핑투어도 인기.

SIGHTS

서귀포 칠십리의 숨은 비경

쇠소깍。

📍 서귀포시 쇠소깍로 104(하효동 990-1) OPEN 24시간 CLOSE 연중무휴 💰 무료 📞 064-732-1562

서귀포 칠십리에 숨은 비경 중 하나로 용암이 흘러내리면서 굳어져 형성된 계곡 같은 골짜기다. 효돈천 하류에 위치해 있는 쇠소깍은 청록빛의 물빛과 기암괴석, 그리고 소나무 숲이 조화를 이루면서 독특한 풍광을 연출한다. 사실 이곳에서는 그늘을 드리운 데크에 서서 깊고 푸른 쇠소깍의 아름다움을 감상하는 것만으로 충분히 힐링된다. 그래도 무언가를 타보고 싶다면 테우와 나룻배를 타고 쇠소깍 상류까지 거슬러 올라가 보자. 예전에는 투명 카약이 인기였는데 요즘은 카약 대신 나룻배로 바뀌었다. 새롭게 등장한 깡통열차도 어린이뿐 아니라 어른까지 즐겁게 한다.

칠선녀가 목욕했던 옥황상제의 연못
천제연폭포.

📍 서귀포시 천제연로 132(중문동 2232)　🕘 09:00~18:00(일몰 시간에 따라 변경)　🚫 연중무휴　🎫 어른 2500원, 어린이 1350원
📞 064-760-6331

옥황상제를 모시는 칠선녀가 밤마다 목욕했다는 전설을 품은 천연기념물 천제연폭포는 상, 중, 하 세 개의 폭포로 이루어져 있다. 제1폭포는 비가 많이 오지 않는 대부분의 날에 거울처럼 맑은 연못과 주상절리 같은 수직절벽의 모습을 보여준다. 나무계단을 걸어 다다른 제2폭포는 세 개의 폭포 중 가장 웅장한 편. 제3폭포로 가는 길에는 칠선녀의 모습이 부조로 새겨진 선임교가 있다. 경사가 좀 있는 편이지만 다리 위에서 아래쪽을 내려다보면 계곡 양쪽으로 천연기념물로 지정된 울창한 난대림 지대가 펼쳐진다. 다리 끝에 있는 천제루에 오르면 서귀포 바다까지 보인다. 제3폭포까지는 노약자에겐 힘든 코스. 무성한 숲길을 걸어 다다르면 고생한 보람이 느껴지지 않는 작은 폭포, 그곳이 제3폭포다.

더위를 물리치는 천연 미스트
정방폭포 & 소정방폭포

◎ 서귀포시 칠십리로 214번길 37(동홍동 278) 09:00~18:00 연중무휴 어른 2000원, 어린이 1000원 064-733-1530

정방폭포는 천제연, 천지연과 더불어 제주 3대 폭포로 꼽힌다. 장쾌하게 내리꽂히는 23m 높이의 이 폭포가 독특한 것은 바다로 바로 떨어지는 물줄기. 무더운 여름철 폭포 가까이에 다가가면 얼굴에 천연 미스트를 팍팍 뿌려주며 잠시라도 더위를 잊게 해준다. 폭포수가 어찌나 맑은지 물 아래 노니는 은어들이 들여다보일 정도. 여행자의 눈에는 그저 박력 넘치는 폭포겠지만 알고 보면 이곳은 제주 사람들에게는 가슴 아픈 상처로 남아있는 학살의 현장. 이곳을 찾아 얘기를 들은 배우 문근영이 눈물을 쏟았다고 한다. 근처에 소정방폭포를 비롯해 서복전시관과 왈종미술관이 있으니 함께 둘러보자.

SIGHTS

좋은 사람이랑 밤마실 가기 좋은 폭포
천지연폭포.

서귀포시 남성중로 2-15(서홍동 666-1) OPEN 09:00~21:20 CLOSE 연중무휴 어른 2000원, 어린이 1000원 064-733-1528

제1~3폭포가 있는 천제연과 비슷한 이름 때문에 곧잘 혼동하게 되는 고전적인 제주 관광지. 나무 계단을 오르내리면서 세 개의 폭포를 봐야 하는 천제연에 비해, 천지연은 들어가는 길이 평탄해서 휠체어나 유모차로 이동하기 편리하다. 천지연폭포를 만나러 가는 길 양옆은 아열대 식물원 느낌의 산책로가 조성되어 있어 한여름에 시원한 그늘을 드리워준다. 팔뚝만 한 잉어를 볼 수 있는 징검다리를 건너면 장쾌한 폭포 음이 가까워진다. 예나 지금이나 꿀타래 같은 천지연폭포 앞에서의 기념촬영은 필수 의례.

나 홀로 바위와 숨은 스노클링 명소
외돌개 & 황우지。

◎ 서귀포시 서홍동 791

올레길 6코스의 종점이자 7코스 시작점인 외돌개는 이름에서도 짐작되듯 바다 한가운데 홀로 우뚝 선 길쭉한 바위. 12만 년 전 바닷속에서 폭발한 용암이 푸른 바다를 만나 급격히 식으면서 만들어졌다. 드라마 〈대장금〉 촬영 장소였던 이곳은 드라마의 감동을 찾아온 중국인 여행자들이 기념사진을 찍는 명소이기도 하다. 외돌개에서 올레길 옆으로 난 계단을 따라 잠시 내려가면 그곳이 황우지. 크고 작은 바다 연못이 여러 개로 깊이도 각각 달라 어른은 어른대로, 아이는 아이대로 물놀이나 스노클링을 즐기기 좋다. 무더운 여름철엔 간식을 싸 들고 와서 투명한 바닷속을 노니는 작은 물고기와 한가로이 물놀이를 즐겨보자.

원앙폭포로 더위 잊는 베스트 피서지
돈내코유원지.

◎ 서귀포시 돈내코로 114(상효동 1459)

제주에는 음력 7월 보름인 백중날에 물을 맞으면 모든 신경통이 사라진다는 얘기가 전해져 온다. 이날 제주 사람들은 돈내코를 찾아 한라산에서 내려오는 얼음처럼 차가운 물을 맞곤 한다. 울창한 상록수림의 호위를 받으며 원앙폭포 팻말을 따라 들어가면, 아담한 폭포와 작은 연못이 나오는데 백중날뿐 아니라 무더운 한여름 더위를 잊기 좋다. 제주도의 숨은 비경으로 그간 관광객들에게는 널리 알려진 편이 아니었으나 차츰 찾는 사람이 늘고 있다. 유리알처럼 맑고 푸른 돈내코계곡과 원앙폭포는 바라만 봐도 가슴이 탁 트이는데 튜브와 여벌 옷을 가져간다면 제대로 즐길 수 있을 테다. 거기에 얼음장 같은 물에 담가 놓은 캔맥주 하나면 천국이 부럽지 않을 터.

SIGHTS

누가 박아놓았나? 저 까만 흑심들은!
대포주상절리.

◎ 서귀포시 중문동 OPEN 하절기 08:00~19:00, 동절기 09:00~18:00 CLOSE 연중무휴 어른 2000원, 어린이 1000원 064-738-1521

용암이 급격히 식으면서 발생하는 수축 작용에 의해 형성된 돌기둥 해안으로 이 일대가 유네스코 세계지질공원으로 지정되었다. 해안가 나무계단을 따라 내려가면 전망대 왼쪽으로 촘촘히 박혀있는 신기한 육각형 돌기둥을 볼 수 있다. 바람이 많이 부는 날 이곳에 가면 주상절리에 부딪히는 성난 파도가 연출하는 드라마틱한 풍경을 볼 수 있다. 매표소를 지나 왼쪽의 산책로를 이용하면 다른 각도의 주상절리를 볼 수 있다. 바쁠 때 살짝 보고 지나가야 한다면 무료인 산책로 쪽을 이용하자.

무드 돋는 서귀포 최고의 산책 코스
서귀포항 & 새연교.

◎ 서귀포시 서귀동

저녁 식사 후 산책 겸 한 바퀴 돌아보기 좋은 코스. 서귀포항은 서귀포잠수함과 서귀포유람선을 타는 항구인데, 해 질 무렵부터는 바다에 휘황한 불빛이 어룽대며 항구 특유의 정취가 물씬하다. 특히 새연교를 건너 새섬까지 이어지는 산책 코스가 잘 정비되어 있다. 바람과 돛을 형상화한 하얀 주탑에 화려한 LED 조명까지 더해지는 아름다운 새연교를 건너면 바로 새섬이다. 입장료도 없고 밤 10시까지 조명이 작은 섬을 밝혀주기 때문에 얘기꽃을 피우며 낭만을 만끽하기 좋다.

대한민국에서 최고로 도도한 폭포
엉또폭포

◎ 서귀포시 강정동 1587

상시개방이지만 아무 때나 만날 수 없어서 더 그리운 엉또폭포는 '한라산에 70mm 이상의 비가 내려야만' 그 위용을 보여주는 건천 폭포다. 평소에는 깎아지른 절벽이었다가 한바탕 폭우가 쏟아지고 나서도 여건이 맞아야 그 신비스러운 아우라를 보여준다. 그러니 제주에서 폭우가 쏟아질 땐 '혹시 70mm?'하고 엉또폭포로 달려가보자. 때론 안전상의 이유로 통제하고 때론 바글바글해서 사람들의 뒤통수만 보고 돌아서기도 하지만 그 장쾌한 폭포소리만큼은 확실히 가슴을 뚫어준다.

서귀포에서 즐기는 무인도 체험
서건도

◎ 서귀포시 이어도로 826-51(강정동 750)

올레길 7코스 중간쯤에 하루 두 번 바닷길이 열리는 서건도가 있다. 보름이나 그믐에는 3~4m에 불과하지만 사리 기간에는 10m 이상 갯벌이 드러나기도 한다. 그렇게 닿을 수 있는 서건도는 축구장 2개 크기의 작은 섬. 바닷길이 열리는 동안 섬을 한 바퀴 돌아 나올 수 있는 탐방로가 있지만 인적이 드물어 마치 정글 숲을 헤치고 가는 기분이 든다. 오래 머물 수는 없지만 서건도에서 범섬, 문섬, 섶섬을 비롯한 제주의 또 다른 얼굴을 볼 수 있어 좋다.

FOOD

제주산 흑돼지로 만든 이탈리안 미트볼
칠십리고기완자.

서귀포시 태평로 357(서귀동 820-5) OPEN 11:00~21:00(브레이크 타임 15:00~18:00) CLOSE 비정기 휴무 고기완자 1만3000원, 콥샐러드 1만3000원, 치즈오븐 고기완자 1만5000원, 에이드류 6000원 064-732-5570

제주를 찾는 관광객을 대상으로 한 갈치조림이나 흑돼지 같은 향토 음식점이 많은 서귀포 원도심에서 익숙한 메뉴보다는 색다른 별미를 맛보고 싶다면 이곳이 제격. 서귀포항 가는 외곽 도로에서 만나는 칠십리고기완자는 눈에 띄는 진노랑 외관으로 단장한 이탈리안 스타일 미트볼 전문점. 블루 컬러로 캐주얼한 느낌의 실내 인테리어도 쾌적하고 오픈 키친이라 왠지 믿음이 간다. 제주산 흑돼지를 다져 동그랗게 말아 크랜베리 소스와 함께 서빙되는 칠십리 고기완자, 그리고 재료를 잘게 썰어 드레싱을 끼얹어 먹는 콥샐러드가 이 집의 시그니처 메뉴. 보다 풍성한 치즈 맛을 원한다면 고기완자 위에 모짜렐라, 고르곤졸라, 그뤼에르 등 5가지 치즈를 올린 치즈오븐 고기완자도 있다. 아이들도 좋아할 만한 가족 메뉴로 손색없다.

FOOD

다이어트는 다음으로 미루자

더 파크뷰 (제주신라호텔 뷔페)

📍 서귀포시 중문관광로 72번길 75 OPEN 올데이 다이닝 07:30~22:00, 조식 뷔페 07:30~10:30, 브런치 뷔페 12:00~14:00, 디너 뷔페 18:00~21:30 CLOSE 연중무휴 💰 조식 뷔페 어른 5만5000원, 브런치 뷔페 어른 5만5000원, 디너 뷔페 어른 11만6000원 📞 064-735-5334

가격대가 제법 있지만 특별한 한 끼를 생각한다면 제법 괜찮은 선택. 제주신라호텔의 뷔페 레스토랑 더 파크뷰는 동서고금을 아우르는 산해진미가 한데 모여 있다. 신선한 식재료는 기본, 자연주의 요리부터 즉석에서 조리하는 지중해 스타일의 라이브 요리, 고급스러운 디저트까지 오감만족 메뉴들로 가득하다. 가짓수만 많은 다른 뷔페에 비할 바가 아니다. 메뉴 하나하나가 환상의 맛인지라 접시를 수없이 비우게 된다. 특히 양고기 특유의 냄새를 확실히 잡은 양갈비는 더 파크뷰 최고의 인기 메뉴. 참고로 뷔페 메뉴 중 객단가가 가장 높은 것은 디저트, 해산물, 스테이크라고 한다. 본의 아니게 본전 생각 난다면 이들 메뉴를 먼저 공략하자. 코로나19 기간에는 뷔페 운영시간이 약간씩 단축되었으며, 브런치와 디너는 사전 예약 필수.

제주 바다와 손맛이 합체하면?
수희식당。

◎ 서귀포시 태평로 377(서귀동 447) ⓞ 08:00~21:00(브레이크 타임 15:30~17:00) ⓒ 명절 연휴 ⓜ 전복뚝배기 1만6000원, 성게미역국 1만8000원, 성게소라물회 1만8000원, 갈치조림(2인) 5만 원 ☎ 064-762-0777

이중섭문화거리나 천지연폭포에 들렀다가 근처에서 식사할 계획이라면 30여 년의 전통의 수희식당도 좋은 선택이다. 수희식당은 전복, 성게, 갈치, 고등어, 옥돔 등 제주 바다에서 나는 모든 해산물이 주방에 쌓여 있나 싶을 정도로 다양한 메뉴로 무장하고 있다. 봄에 들른다면 성게와 자리돔 요리가 제철이다. 반으로 쪼개 스푼으로 그냥 떠 먹어도 고소한 성게 알을 듬뿍 넣어 끓인 성게미역국과 담백한 된장 육수를 베이스로 한 성게소라물회도 맛있다. 추운 날 먹으면 속이 확 풀리며 온몸이 따뜻해지는 전복뚝배기는 얼큰한 국물에 밥 말아 먹기 좋다. 그 밖에 통통한 갈치를 매콤하게 조린 갈치조림 등 어떤 메뉴를 주문해도 실패할 일이 없는 제주 현지인 맛집이다.

FOOD

넉넉한 인심과 착한 가격의 두루치기 DIY
용이식당。

서귀포시 천지로 40(천지동 297-8)　08:30~22:00　첫째, 셋째, 다섯째 수요일　두루치기 7000원　064-732-7892

서귀포시 구 시외버스터미널 근처의 용이식당은 오로지 두루치기 한 가지만 내세우는 맛집으로, 몇 명인지만 말하면 알아서 메뉴를 내온다. 이제는 제주에 두루치기 전문 식당이 여러 곳이지만 용이식당 두루치기는 서귀포 시내에서 가장 부담 없이 친근한 메뉴이면서 맛도 좋다. 완전히 조리되어 나오는 게 아니라 빨간 양념에 살짝 버무린 돼지고기에 각자 취향대로 콩나물무침, 무생채, 파무침, 배추김치, 마늘 등을 더해 나만의 두루치기를 만들어 먹는 DIY 방식이 큰 매력이다. 술은 물론 음료수도 팔지 않지만 이웃 가게에서 사다 마셔도 뭐라 하지는 않는다. 함께 나오는 밥은 대부분 두루치기를 조금 남겨 참기름 휘휘 두르고 고추장을 얹어 달달 볶아 먹는다. 국과 밥은 무한리필로 알아서 밥솥에서 퍼다 먹으면 된다. 주머니 가벼운 서민을 위한 착한 메뉴.

꽃게짬뽕이 명물인 70년 전통 중국집
덕성원。

서귀포시 중문관광로 323(중문동 2446-1 2층) OPEN 평일 11:00~21:00(브레이크 타임 15:00~17:00), 주말 11:00~20:00 CLOSE 월요일
꽃게짬뽕 1만 원, 짬뽕스페셜 1만1000원, 탕수육(소) 1만7000원 070-738-0750

화교 가족이 운영하는 중국집으로 국내산 암꽃게를 얹은 빨간 꽃게짬뽕이 유명하다. 닭 육수를 진하게 우려내 토실한 꽃게를 넣은 짬뽕은 국물에서 진한 바다 향이 물씬 풍긴다. 빨간 국물이 매워 보이지만 맛을 보면 그다지 맵지 않은 편. 소스를 부어 먹는 '부먹' 스타일의 탕수육도 쫄깃하니 맛있다. 중문점은 둘째 아들이 운영하는 집으로, 아버지와 장남이 운영하는 서귀포 본점의 맛과 다르다는 평도 있다. 입맛대로 선택하시라.

제주 스타일 전복뚝배기를 좋아한다면
삼보식당。

서귀포시 중정로 25(서귀동 319-8) OPEN 08:00~21:00 CLOSE 설날, 추석 전복뚝배기 1만5000원, 옥돔미역국 1만6000원, 갈치조림(2인) 4만5000원, 성게미역국 1만6000원 064-762-3620

서귀포 주민들이 즐겨 찾는 동네 맛집이지만 〈수요미식회〉, 〈식객 허영만의 백반기행〉 등 각종 매스컴에 제주 향토요리를 소개할 때 단골로 언급돼 지금은 여행자들도 많이 찾는다. 보통은 제주식으로 끓여낸 된장 베이스의 전복뚝배기를 주문하는데 사실 유명세만큼 특별한 점은 느낄 수 없다. 칼칼한 메뉴로는 갈치조림이 인기. 옥돔 한 마리를 통째로 넣어 끓인 옥돔미역국은 깔끔한 국물 맛이 좋다.

욕쟁이 할망의 손맛을 고스란히
제주할망뚝배기.

서귀포시 칠십리로 92(서귀동 750-10) 08:30~21:00 연중무휴 전복뚝배기 1만3000원, 갈칫국 1만3000원, 갈치조림 4만~6만 원 064-733-9934

'주인 할머니의 욕만큼 푸짐한 해물뚝배기'를 컨셉으로 내세우는 집. 전복뚝배기에는 전복 세 마리와 조개류가 들어가는데 뚝배기에 넘쳐날 만큼의 양은 아니지만 먹다 보면 은근히 푸지다. 이 집의 전복뚝배기가 오래도록 사랑받는 비결은 욕쟁이 할머니가 담그는 집된장과 간장. 그리고 그날그날 새벽에 들어오는 신선한 해산물이다. 이름난 제주 뚝배기들이 그렇듯이 삼삼하게 푼 된장과 재료 자체에서 우러난 시원한 해물 맛이 포인트다. 자극적이지 않은 제주의 맛을 좋아한다면 단골로 삼아도 좋을 듯.

김밥 한 줄에 담은 넉넉한 엄마 인심
다정이네.

본점 : 서귀포시 동문로 59-1, 서귀포 신시가지점 : 서귀포시 이어도로 796 08:00~20:00(브레이크 타임 14:30~17:00) 월요일 다정이김밥 3000원, 매운김밥 3500원, 제육김밥 4500원 본점 : 010-4905-9140, 서귀포 신시가지점 : 0507-1398-9140

김밥 하나에 밥과 반찬 한 상을 꾹꾹 채워 넣은 듯한 넉넉한 인심을 담은 가정식 김밥집이다. 어떤 메뉴를 주문하더라도 구운 김에 이런저런 대여섯 가지 재료와 밥을 얹어 팔뚝만큼 굵어진 김밥을 마는데 옆구리가 터지지 않는 것이 신기할 뿐. 집에서 말아 먹던 김밥 그대로를 판매한다는 안주인의 자부심도 대단하다. 테이블은 단 두 개뿐이지만 쉴 새 없이 포장해가는 손님들로 문턱이 닳을 정도. 이런 다정이네가 2021년 3월에 서귀포 신시가지점을 오픈했다. 다정이 엄마의 넉넉한 인심을 2호점에서도 맛볼 수 있다는 얘기.

FOOD

제주도 최고의 복요리 전문점
향원복집。

◎ 서귀포시 부두로 43(서귀동 782) 08:30~22:00 연중무휴 참복국 1인 2만 원, 까치복국 1인 1만6000원, 참복 코스요리 (1kg) 16만 원 064-762-2341

제주도 내 첫 복사시미(복어회) 명인이 1966년에 문을 연 이래 55년째 대를 이어가며 영업 중인 복요리 명가. 복어는 황복–참복–까치복–밀복–은복–졸복의 순서로 고급으로 치며, 그 가격도 큰 차이가 난다. 소동파가 '죽음과도 바꿀 맛'이라며 극찬하던 복어는 회로 먹으면 쫄깃하고 국으로 먹으면 시원하기 이를 데 없다. 코스 요리도 있지만 부담 없이 먹기에는 복국이 무난하다. 독특한 것은 일본식 특제 소스인 유자향 양념장. 깔끔한 복어국에 살짝 그을린 복어 지느러미를 넣은 뜨끈한 히레사케를 함께 곁들이면 금상첨화.

현지인 수산 전문가가 강추하는 숨은 맛집
낙낭회센타。

◎ 서귀포시 동홍중앙로 50(동홍동 499-13) 16:00~23:00 연중무휴 국내산 활어회 6~12만 원, 매운탕 3만5000원~4만5000원, 우럭조림 3만5000~4만5000원 064-732-8251

바닷가 횟집도 아니고, 소위 '스키다시'가 거하게 나오는 식당도 아니지만, 뱃일을 하던 바깥주인과 다금바리, 붉바리 전문식당을 운영하던 안주인의 내공과 안목을 믿고 가는 집이다. 11~2월에는 방어, 3~6월에는 벤자리나 벵에돔, 참돔 같은 잡어, 6~8월에는 한치, 9~10월 전어 등 수족관에서 바로 꺼낸 가장 맛있는 제철 횟감을 내놓는다. 입맛 돋우는 묵은지에 회 한 점 싸서 '한라산'을 곁들이다 보면, 벵에돔 곤이나 옥돔튀김 등 그날그날 상황에 맞는 안줏거리들이 등장하는 것도 매력.

FOOD

크래프트 비어와 안주의 기막힌 페어링
사우스바운더.

서귀포시 예래로 33(상예동 584-2) 16:30~익일 01:00(브레이크 타임 16:00~17:00) 연중무휴 사우스바운더 피자 2만 원, 버블비어 9900원 064-738-7536

서핑을 하다가 만난 특급호텔 양식 수석 셰프와 양조 전문인 남자가 의기투합하여 서귀포 히든클리프호텔 근처에 '맛있는 크래프트 비어를 제대로 즐길 수 있는 공간'을 만들었다. 오너가 직접 꾸몄다는 인더스트리얼 콘셉트의 인테리어는 캐주얼하고 개성 있는 분위기를 잘 살렸으며, 한쪽 코너엔 자체 설비를 갖고 에일을 생산해내는 소규모 브루어리가 있다. 사우스바운더의 가장 큰 매력은 아마도 제주 브루어리 펍 가운데 최고라 할 수 있는 전문 셰프의 고급진 요리와 맥주의 페어링일 것이다. 오징어 먹물 도우에 초록빛 함초롬한 루꼴라로 완전히 덮여 '루꼴라 동산'을 이루는 사우스바운더 피자는 시그니처 메뉴. 가운데 고소한 반숙 달걀 노른자의 풍미는 화룡점정이다. 하우스 맥주 외에도 맥파이 퀼시나 핸드앤몰트의 슬로우 IPA 등 엄선한 전국의 게스트 탭 10여 종도 갖추고 있어서 다양하게 즐길 수 있다.

CAFE

대포 바다 풍경이 시원하게 펼쳐진 카페
바다다.

서귀포시 대포로 148-15(대포동 2384) OPEN 10:30~20:00 CLOSE 연중무휴 커피 7900원, 블루레모네이드 1만2000원, 칵테일 1만 2000원 064-738-2882

요즘 제주도에는 바다를 앞마당처럼 둔 오션뷰 카페가 인기다. 바다다는 대포 포구에서 그리 멀지 않은 위치에 자리한 오션뷰 카페. 루프탑과 통창이 있는 노출 콘크리트 카페와 시원하게 트인 대포 앞바다를 바라보는 소나무 숲의 야외 테이블로 구성되어 있다. 그러니까 카페 안에서 통창을 통해서든, 루프탑에 올라서든, 야외 의자에 앉아서든 바다를 마음껏 감상할 수 있다는 게 포인트. 마치 임랑해변을 어느 위치에서든 즐길 수 있게 해놓은 부산 웨이브온의 제주도 버전이랄까. 루프탑에 올라가면 바다를 지그시 응시하고 있는 부처상을 만날 수 있다.

CAFE

중문 최고의 일몰과 그루브
더클리프

◎ 서귀포시 중문관광로 154-17(색달동 2950-4) OPEN 평일 10:30~01:00, 주말·공휴일 10:30~02:00 CLOSE 연중무휴 시그니처 드링크류 1만5000원, 생맥주 1만~1만2000원, 음식류 1만8000~3만2000원 📞 064-738-8866

모처럼 떠난 친구들과의 제주 여행. 모든 것이 좋다. 그런데 뭔가 1%가 부족하다. 이런 생각이 든다면 중문의 더클리프를 추천한다. 더클리프는 인도네시아 발리 콘셉트로 꾸민 널따란 메인 홀과 바다를 향하고 있는 야외 테라스로 구성되어 있는 비치펍 & 라운지. 야외 테라스의 푹신한 쿠션에 몸을 파묻고 세상 편한 자세로 감상하는 일몰은 중문 최고라는 평이다. 포켓볼과 다트, 테이블사커를 즐기며 친구끼리 가볍게 맥주 한잔하기 좋은 메인홀은 특히 밤이 되면 천장의 미러볼이 휘황한 디제잉 클럽으로 변신한다. 로맨틱한 일몰을 보며 마음이 촉촉해졌다면, 쿵쾅거리는 디제잉 뮤직에 그루브가 절로 돋을 듯. 저녁 7시부터는 카페 음료 주문 불가.

CAFE

돌무더기와 초록 식물이 빚어낸 '제주다움'
베케.

📍 서귀포시 효돈로 54(신효동 1137-1) 🕐 11:00~18:00 휴무 화요일 💰 커피류 5500원~6500원, 차콩크림라떼 7500원, 오미자에이드 7000원, 오렌지컵케이크 3500원 📞 064-732-3828

베케는 '밭의 경계에 아무렇게나 두텁게 쌓아놓은 돌무더기'를 뜻하는 제주 말이다. 이 돌무더기를 활용한 정원이 누구도 흉내낼 수 없는 베케만의 독특한 풍경을 만들어냈다. 커다란 통창 밖으로 비치는 소문난 뷰는 부서진 콘크리트 구조물 사이로 자연스럽게 군락을 이루며 자라고 있는 초록 식물들. 가장 자유롭고 제주다운 풍경이다. 베케의 정원은 포토존으로도 큰 인기를 끌고 있는데, 특히 양쪽으로 가지런히 늘어선 황금측백나무 사이에서 인생샷을 찍으려는 여행객들이 줄을 잇는다. 가을에는 핑크뮬리와 팜파스그라스가 피는 등 계절에 따라 더욱 극적인 배경이 되어준다. 베케의 시그니처 메뉴는 차콩크림라떼. 녹차라떼에 크림과 콩가루를 더해 진한 고소함이 특징이다. 상큼한 오렌지가 올라간 디저트 오렌지 컵케이크도 인기.

즉석 감귤 체험이 가능한 카페
제주에인감귤밭。

📍 서귀포시 호근서호로 20-14(호근동 693) 🕙 10:00~18:00 ❌ 일요일 💰 에이드류 7000원, 감귤차류 6000원, 감귤 따기 체험 7000원 📞 010-2822-1787

'제주에 있는 감귤밭'이라는 뜻의 제주에인감귤밭. 제주의 감귤 체험 카페 중에 포토존을 가장 잘 꾸며놓은 곳으로 입소문이 자자하다. 아닌 게 아니라 감귤 나무 사이에 하얀 시폰 천을 두른 카바나존, 사랑스러운 글귀가 적힌 가렌드존, 작은 파고라형 온실 등 인생샷 찍을 곳이 다양하기도 하다. 아날로그감귤밭이 좀 더 20대 취향에 가깝다면, 제주에인감귤밭은 아이를 동반한 가족들도 편하게 이용하기 좋은 분위기. 감귤밭에 왔다면 카페를 이용하거나 감귤 체험을 하거나 둘 중 하나는 해야 하고, 둘 다 이용한다면 체험료 할인 혜택이 있다. 감귤 체험은 보통 10월 말부터 1월까지만 진행한다. 감귤 체험 시에는 마음껏 감귤을 먹고 1kg을 따고 담을 수 있는 가위와 바구니를 준다. 감귤 음료를 마시고, 싱싱한 감귤도 따 먹고, 사진도 찍다 보면 배도 부르고 마음도 흡족하다. 더불어 한라봉청 만들기 체험도 가능하니 네이버로 예약하자.

CAFE

아늑한 정원으로 둘러싸인 디저트 카페
서홍정원.

◎ 서귀포시 솜반천로 55번길 12-8(서홍동 449-8) OPEN 11:00~20:00 CLOSE 연중무휴 커피류 3000~5500원, 얼그레이시폰 7000원, 생크림딸기케이크 6000원 ☎ 064-762-5858

서귀포 시내 끝에 위치한 서홍동 골목의 40년 된 주택을 개조해서 꾸민 디저트 카페다. 바로 앞에 이 카페의 정원 같은 솜반천 공원과 산책로가 있어서 예쁜 정원이 있는 가정집 분위기가 난다. 심플하고 모던하면서도 곳곳에 감성 돋는 가구들과 소품으로 꾸민 실내에서 바라보는 창밖 풍경도 아름답지만, 햇살 좋은 날 캠핑 의자와 테이블이 세팅된 2층 테라스에서 감성 캠핑 분위기를 즐겨도 좋다. 커피나 패션푸르츠처럼 비주얼 좋은 음료와 곁들여 매일 만드는 신선한 디저트 케이크를 즐기면서 잠시 망중한을 즐기는 분위기. 특히 말랑말랑한 시폰에 얼그레이 크림이 주르륵 흘러내리는 얼그레이시폰은 인스타그래머들의 침샘을 자극하는 유혹의 디저트 메뉴. 단것을 좋아하지만 또 너무 지나치게 단것은 싫은. '조금 입맛이 차별화된'이라면 서홍정원의 디저트와 사랑에 빠질 듯. 또한 서홍정원 블랜딩 커피를 드립백으로도 판매한다.

커피 상사병에 빠지게 하는 '인생 커피'
유동커피

서귀포시 태평로 406-2(서귀동 581-4) OPEN 08:00~23:00 CLOSE 연중무휴 커피류 3000~7000원, 라떼류 3800원, 사이드 메뉴 4000~4800원 064-733-6662

벽에 줄줄이 걸려 있는 자부심 넘치는 수상 경력과 자격증들이 유동커피 주인장 조유동 씨의 실력을 입증한다. 어렸을 때부터 커피에 미쳐 살았다는 단발머리 주인장은 미쳐야 미친다는 '불광불급(不狂不及)'의 진리를 커피 한 잔으로 다시금 일깨워준다. 이중섭문화거리 초입에 자리한 유동커피는 '안 마셔 본 사람은 있어도 한 번만 마신 사람은 없다'고 할 정도로 중독성 있는 커피를 만나는 카페. 매장에서 직접 로스팅한 스페셜티 원두는 기본, 취향에 따라 선택하여 마실 수 있는 세 가지 타입의 커피를 자상하게 설명해 두었다. 3000원 중반대의 착한 커피 가격도 고마운데 익살스러운 캐리커처에다 '유동커피 한잔하실라우?', '음료는 입에 맞으셨나요?' 같은 애교 작렬의 문구까지…. 결론적으로 '커피 장사의 신'이 내린 커피를 마시러 가야 할 이유가 산더미다.

CAFE

유럽 스타일로 제주의 자연을 재해석한
테라로사 제주.

서귀포시 칠십리로 658번길 27-16(하효동 1306-1) 09:00~21:00 연중무휴 핸드드립 커피 5500~1만 원, 에스프레소 메뉴 5000~5500원, 티 5000원 033-648-2760

몇 년 전, 여행서 〈소도시 감성 여행〉 취재를 위해 테라로사 김용덕 대표를 만나 장시간 인터뷰한 적이 있다. 김 대표의 남다른 열정과 학구열, 그리고 약배전으로 새콤한 맛을 잘 살린 강릉 테라로사 커피를 맛본 후 곧바로 팬이 되었다. 기대를 잔뜩 안고 간 테라로사 제주. 역시나 유럽 스타일을 지향하는 그의 취향을 고스란히 반영한 붉은 벽돌의 고풍스러운 외관과 감귤나무, 구름비나무로 가득한 자연을 카페 안으로 끌어들인 인테리어 감각에 놀랐다. 햇살 좋은 날이면 육중한 폴딩도어를 열고 맑은 공기를 호흡하며 커피를 마시고 유럽풍 베이커리를 맛볼 수 있다. 하지만 커피 맛은? 강릉 본점의 커피 맛까지는 기대하지 않는 편이 좋을 듯.

CAFE

서귀포의 프렌치 스타일 유기농 베이커리
봉주르마담。

◉ 서귀포시 대청로 33(강정동 208-4) OPEN 09:00~21:00 CLOSE 연중무휴 🍴 크루아상 3000원, 까눌레 2500원, 마카롱 2000원 ☎ 064-739-2900

서귀포 신시가지에 있는 프렌치 베이커리로 서귀포 빵지 순례지로 빠지지 않는 곳이다. 코발트 블루빛의 강렬한 외관이 이국적인 이곳은 대형 호텔 출신의 파티시에가 오너. 정통 프렌치 베이커리를 배우기 위해 프랑스 파리를 들락거렸다는 그는 유기농 버터와 유기농 밀가루를 사용하고 최적의 반죽을 위해 언제나 18도를 유지하는 '파이실'을 운영한다. 이런 과정을 통해 나오는 크루아상은 바삭하면서도 결이 생생하게 살아 있는 시그니처 메뉴로 꼽힌다. 까눌레, 프레첼앙버터, 밀푀유나 수제 무화과잼도 인기.

침샘 폭발 예쁘고 맛있는 디저트 케이크
이정의댁。

◉ 서귀포시 중문상로 94(중문동 1702-4) OPEN 11:00~19:00 CLOSE 월요일 🍴 커피류 4500~6000원, 티 5000~5500원, 디저트 케이크 5500~6000원 선 ☎ 010-3156-8086

창고를 개조한 심플하면서 감성적인 공간으로 제주 도민인 주인 할머니의 성함이 그대로 카페 상호가 되었다. 좁지 않은 공간이지만 테이블을 5개만 놓아 내부가 여유롭고, 인증샷을 위한 코너도 꾸며 놓았다. 매일 직접 만드는 디저트는 하나같이 침샘을 자극하는 비주얼. 특히 녹차의 쌉싸름한 맛과 그 안에 든 팥크림의 달달함이 조화로운 연두색의 그리너리, 빨강색의 루즈 등이 시그니처 메뉴. 디저트의 맛을 살리기 위해 너무 달거나 크리미하지 않은 기본 커피로 준비하고 있으며, 콜드브루 커피의 가격도 착한 편.

SHOP

간식거리로 넘쳐나는 서귀포 주민의 부엌
서귀포매일올레시장.

서귀포시 중정로 73번길 22(서귀동 271-38) 하절기 07:00~21:00, 동절기 07:00~20:00 연중무휴 064-762-2925

오일장과 달리 매일 열리기 때문에 언제라도 가기 좋은 전통시장. 올레길 6코스에 포함되며 천지연폭포, 정방폭포와 함께 들르기 좋다. 서귀포매일올레시장은 유난히도 이름난 간식거리가 많은 시장이다. 예전부터 유명했던 '제일떡집'의 오메기떡, '새로나분식'의 모닥치기, '우정회센타'의 꽁치김밥을 비롯하여 〈수요미식회〉, 〈3대천왕〉 등의 매스컴에서 제주 먹거리로 소개된 '마농치킨', '귤하르방빵' 앞은 늘 문전성시를 이룬다. 시장 한가운데에 구입한 간식거리를 앉아서 먹거나 잠시 쉬어갈 수 있는 벤치를 기다랗게 놓아 관광객을 배려하고 있다. 그밖에 기념 선물로 좋은 감귤류, 옥돔, 갈치, 고등어 등의 제주 수산물, 감귤초콜릿, 흑돼지 오겹살 등도 저렴하게 사서 바로 택배로 보낼 수 있다.

빈티지 마니아라면 지나칠 수 없는
리틀포레스트

⊙ 서귀포시 월평로 15(월평동 471-1) ⏰ 10:00~18:00 🚫 월요일 💬 커피류 4000~6000원, 에이드류 6000원 📞 010-7448-0903
🏠 instagram@littleforest_jeju

조용하고 깔끔한 서귀포 월평마을 백합단지의 꽃 창고를 리모델링하여 빈티지 소품점과 작은 카페를 겸하고 있다. 여느 디자인 소품점에 비해 유난히도 빼곡히 들어찬 리틀포레스트의 빈티지 제품들은 한참을 둘러보게 한다. 그릇을 좋아하는 어머니 때부터 20여 년간 모았던 유럽 각국의 빈티지 커피잔을 비롯해 일본 주전자, 태국산 법랑 제품 등이 눈에 띈다. 특히 10여 년 전부터 치앙마이에 살았던 주인장이 수집한 치앙마이산 제품들을 다양하게 갖추고 있어서 이곳에서 머무는 것만으로도 동남아 배낭여행을 떠난 듯한 착각에 빠지게 된다. 가게 안쪽에 빈티지 무드로 꾸민 작은 카페 공간이 있어서 라떼나 에이드를 마시며 쉬어갈 수 있다.

'귀염뽀짝' 해녀 캐릭터숍
숨비아일랜드。

서귀포시 이중섭로 29-1(서귀동 513-1) 11:00~20:00(목요일 10:00~19:00) 디퓨저, 젤캔들 만들기 체험 각 7000원 연중무휴 0507-1322-2408

이중섭문화거리 언덕에 있는 디자인 소품숍 겸 공방. 가게 앞에 우뚝 서 있는 커다란 꼬마 해녀 인형이 저항할 수 없는 강력한 귀여움으로 유혹한다. 꼬마 해녀 숨비 캐릭터를 모티브로 한 액세서리와 생활용품 100여 종을 비롯해 빈티지 소품을 만날 수 있다. 더불어 디퓨저와 젤캔들을 직접 만들어볼 수 있는 '숨비네 체험 공방'도 운영하고 있다. 네이버에 '꼬마해녀 숨비 캐릭터샵'으로 검색해서 미리 체험을 예약하고 가는 것을 추천.

상설 소랑장으로 재탄생한 감성 소품숍
제스토리。

서귀포시 막숙포로 60(법환동 209-3) 09:00~21:00 연중무휴 064-738-1134

창 너머로 범섬, 문섬, 섶섬이 그림처럼 펼쳐져 있는 제스토리는 올레길 7코스 법환포구에 자리하고 있다. 초창기에는 카페와 디자인 소품숍, 소랑장을 두루 아우르는 문화공간으로 출발했지만, 지금은 2층 건물 자체가 제주 감성 소품을 가득 채운 대형 소품숍이다. 이제 한 달에 두 번, 7년간 열리던 소랑장은 더 이상 이곳에서 열리지 않는다. 대신 이 소랑장을 통해 발굴한 입점 작가 300팀이 완성한 3000여 종의 핸드메이드 작품을 모두 만날 수 있기에 어찌 보면 상설 소랑장이 되었다고 할 수 있겠다.

STAY

인피니티풀과 어메니티로 취향 저격하는
히든클리프호텔&네이처.

서귀포시 예래해안로 542(상예동 365) OPEN 입실 15:00, 퇴실 12:00 디럭스룸 26만~29만 원대(비수기 주말 기준) 064-752-7777

때로 우리는 한 장의 사진이 주는 여행의 로망을 찾아 그곳으로 떠나기도 한다. 고층 빌딩의 스카이라인을 배경으로 펼쳐져 있는 57층 높이의 싱가포르 마리나베이샌즈호텔의 루프탑 풀장도 그런 이유로 여행자의 로망이 되었던 바. 생태 보고의 마을인 예래에 2016년 문을 연 히든클리프호텔 & 네이처 역시 깊은 원시림을 병풍처럼 두른 인피니티풀 사진 한 장으로 제주 숙소 버킷리스트에 당당히 올랐다. 이 호텔은 밤이면 감각적인 DJ 풀파티로 흥을 돋우는 국내 최대 규모의 47m를 자랑하는 사계절 온수풀과 여성 고객의 취향을 저격하는 록시땅 어메니티로 입소문이 났다. 화이트와 원목으로 마감한 편안한 인테리어의 객실과 친절한 직원들, 그리고 원시림 산책로인 히든 트레일 등 누구나 한 번쯤 묵어보고 싶은 숙소다.

STAY

영국 빅토리아풍 인생샷을 건질 수 있는
마가렛펜션 & 앤티크카페.

서귀포시 예래로 68번길 11-16(상예동 506) 입실 15:00, 퇴실 11:00 스탠더드룸 4만9000원~, 디럭스룸 6만9000원~, 패밀리룸 8만9000원~(비수기 주말 기준) 1644-9565

제주의 숙소로서 기억해둘 만한 가치가 있는 가성비 '갑'의 신축 펜션이다. 층고가 높은 영국풍의 펜션 건물에 잘 관리된 정원과 앤티크카페를 갖추었다. 다양한 크기의 객실들은 널찍하고 깔끔하면서도 이 객실료가 실화냐 싶을 만큼 저렴한 것이 특징. 무엇보다도 전생에 1800년대 영국 사람이 아닌가 싶을 정도로 '삶 자체가 앤티크'인 엘레강스한 마가렛 여사 부부를 만나 앤티크의 세계를 영접한다면, 이보다 더 특별할 수 없는 나만의 아지트가 될 것이다. 특히 수작업으로 제작된 2000여 벌의 1800년대 영국 빅토리아풍 의상과 모자, 양산, 가방 같은 소품을 엔티크카페에서 빌려 인생샷을 건져볼 것. 특별한 기념 여행이라면 전문 작가에게 사진·동영상 촬영을 부탁하는 방법도 있다.

가성비 좋은 디자인 호텔
헤이 서귀포.

○ 서귀포시 태평로 363(서귀동 820-1) ○ 입입실 15:00, 퇴실 11:00 ○ 스탠더드 더블 4만 원선~, 조식 뷔페(어른) 1만1000원(비수기 주말 기준) ○ 0507-1402-0033

헤이 특유의 세련된 인테리어 디자인과 깔끔하면서도 아늑한 객실. 그리고 알찬 조식 뷔페까지 가성비 좋은 서귀포 숙소다. 춘천헤이에 머물러 봤고 만족감을 느꼈다면 그 느낌 그대로 서귀포에 재현되었다고 보면 된다. 천지연폭포 인근의 오래된 호텔을 헤이 스타일로 리모델링하여 이런 스타일을 좋아하는 여행자들로부터 좋은 평을 얻고 있다. 호텔 예약 사이트인 아고다를 이용하면 무료 조식을 포함해 저렴한 가격에 예약할 수 있다.

'백종원 호텔'로 더 잘 알려진 4성급 호텔
호텔 더본 제주.

○ 서귀포시 색달로 18 (색달동 2138) ○ 입실 15:00, 퇴실 11:00 ○ 스탠더드룸 6만7000원선~(비수기 주말 기준) ○ 064-766-8988

'백종원 호텔'로 더 이름난 중문의 4성급 호텔이다. 〈백종원의 골목식당〉에서 최고의 화제를 몰고 왔던 포방터 돈가스 가게를 '연돈'이라는 이름으로 이 호텔 옆에 자리하게 함으로써 그의 사업가적 마인드에 감탄사를 터뜨리게 한다. 럭셔리함보다는 가성비로 후한 평을 받고 있으며, 체크인할 때 프런트에서 제공하는 여러 가지 쿠폰으로 호텔 안에 입점한 빽다방, 도두반점 등 백종원 프렌차이즈들을 알뜰하게 이용할 수 있는 것도 큰 장점. 다만, 최소 3개월 전에는 예약해야 할 정도로 인기.

STAY

시크한 감각의 젊은 숙소
미도호스텔.

⊙ 서귀포시 동문로 13-1(서귀동 258-2) OPEN 입실 16:00, 퇴실 11:00 더블, 트윈, 벙커트윈(2인) 6만 원 / 트리플, 트리플+테라스 7만5000~8만5000원 / 도미토리(4~12인) 1만8000~2만2000원(비수기 주말 기준) ☏ 010-5762-7627

오래된 여관을 리모델링한 숙소로 도미토리, 더블룸, 벙커트윈룸, 테라스를 갖춘 트리플룸에 이르기까지 다양한 객실을 보유하고 있다. 서귀포매일올레시장과 다양한 맛집, 정방폭포, 천지연폭포를 걸어서 갈 수 있는 점도 매력 포인트. 프런트가 있는 카페는 조식을 먹는 공간이자 간단히 맥주 한잔하기에도 좋은 분위기. 요즘엔 유동커피 같은 제주 유명 로스터리 카페의 원두커피나 맥파이 크래프트비어 등 제주 향토 브랜드를 웰컴드링크로 내놓아 좋은 반응을 얻고 있다. 주차 공간에 여유가 없으므로 주변 서귀포 소방서나 시민회관 공영주차장에 주차하고 5분 정도 걸어가는 편이 낫다.

가성비 높은 서귀포 4성급 호텔
밸류호텔서귀포JS.

⊙ 서귀포시 김정문화로 51(법환동 745-5) OPEN 입실 14:00, 퇴실 12:00 스탠더드룸 6만6000원, 디럭스룸 9만9000원(비수기 주말 기준) ☏ 064-064-802-3000

법환동에 위치한 4성급 호텔로 가성비가 뛰어나다. 24시간 운영하는 1층의 편의점을 비롯해 수영장, 사우나, 헬스장, 전용 주차장 등 웬만한 부대시설을 다 갖추었고 룸 컨디션이나 객실 어메니티도 괜찮은 편. 서귀포 중심에 위치해 있어서 15분 안에 천지연폭포, 서귀포매일올레시장 등으로 이동하기 편리하다.

국내 호텔 글램핑의 원조
제주신라호텔.

◉ 서귀포시 중문관광로 72번길 75(색달동 3039-3) 입실 14:00, 퇴실 11:00 / 런치 글램핑 11:00~15:00, 디너 글램핑 10:00~23:00 글램핑 빌리지(1인) 런치·디너 어른 12만 원, 어린이 3만9000원 / 호텔 스탠더드룸 50만 원대~(비수기 주말 기준) ☎ 글램핑 064-735-5179, 호텔 064-735-5114

4300여 개의 객실과 6개의 다이닝 공간, 훌륭한 조경의 숨비정원, 피트니스, 스파·자쿠지 공간을 비롯해 테라스 와인 파티와 갤러리 투어까지 국내 최고를 자랑하는 럭셔리 호텔이다. 레저 전문가와 맞춤형 야외 레저를 즐기는 특화 서비스를 해 좋은 반응을 얻고 있으며, 우리나라에서 처음으로 글램핑 문화를 만들어 여타의 호텔과 캠핑장을 '따라쟁이'로 만든 글램핑의 원조이기도 하다. 셰프가 직접 라이브 디저트를 선보이는 글램핑 세트는 코로나19로 인해 잠정 중단. 글램핑 빌리지도 저녁 6시부터 9시까지만 이용 가능하다.

제주 최고의 특급 호텔
롯데호텔제주.

◉ 서귀포시 중문관광로 72번길 35(색달동 2812-4) 입실 14:00, 퇴실 11:00 키티룸 48만 원대~(비수기 주말 기준) ☎ 064-731-1000

500여 객실과 8개의 다이닝 공간, 사계절 온수풀, 캐릭터 키티룸 등을 보유한 롯데호텔제주는 제주신라호텔과 더불어 제주 최고의 특급호텔. 연중 이용 가능한 온수풀과 힐링 자쿠지 등 여유로운 스파 시설도 잘 되어 있다. 특히 일본 산리오사와 손잡고 만든 캐릭터 키티룸은 객실 가득 사방팔방한 분홍빛이다. 침구도, 가구도, 카펫도 모두 키티로 장식해 인기 최고인지라 예약 경쟁이 치열하다.

PART 7

서귀포시 동부권

서귀포시 남원읍, 표선면, 성산읍까지의 권역을 이룬다. 그간 남원, 표선 쪽에는 표선해비치해변 외에 그다지 눈에 띄는 여행지가 없었는데, 고즈넉한 바닷가 마을인 공천포에 감각적인 카페, 식당, 숙소가 들어서면서 새삼 주목받고 있다. 성산은 역시 동부권 내 여행지. 올레길 1코스가 처음 성산에서 시작되었고, 성산일출봉과 섭지코지에서 바다를 끼고 드라마틱한 풍광이 펼쳐진다. 중산간에는 목장과 오름이 있다. 따라비오름 외에 크게 존재감은 없지만 오름 하면 빠질 수 없는 김영갑갤러리 두모악이 이곳에 있다. 흑돼지고기로 유명한 맛집이 가시리에 있고, 공천포와 성산일출봉 주변에서도 맛집을 찾을 수 있다.

서귀포시 동부권 버킷리스트 10

1 아쿠아플라넷 제주의 상어 앞에서 인증샷 찍기 **2** 세계자연유산인 성산일출봉에 오르기 **3** 김영갑갤러리 두모악에서 오름 사진 감상하기 **4** 동백의 매력에 흠뻑 취해보기 **5** 가시리 식당에서 흑돼지고기 맛보기

6 오름의 여왕 따라비오름 오르기 **7** 카페 서연의집에서 영화 〈건축학개론〉 추억하기 **8** 공천포 맛집에서 된장 물회 들이켜기 **9** 섭지코지 건축물 투어하기 **10** 제주허브동산에서 족욕하며 피로 풀기

1118

1131

성판악매표소

조랑말체험공원

휴애리 남원읍 소원재

ILO SUITE 동백포레스트

르페도라펜션 1136
무주향  하마다 게스트하우스

공새미59 카페송 카페 EPL 남원큰엉
         공천포식당 쁘띠동백
   제주동백수목원
      인디언썸머 되미 라바북스
         호텔창고   위미항
         카페 서연의집
쇠소깍

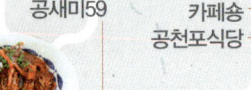

명불허전, 제주도의 상징
성산일출봉.

◎ 서귀포시 성산읍 일출로 284-12(성산리 114)

한라산과 함께 워낙 유명해서 설명이 필요 없는 제주도의 상징. 성산일출봉은 제주 10경 중 최고로 꼽히며 2007년 유네스코 세계자연유산에 등재되어 또 한 번 그 존재감을 과시한 바 있다. 해발 182m 바닷속에서 폭발한 화산체로 원래는 화산섬이었지만 신양해변 사이로 모래와 자갈이 쌓여 육지와 연결이 되었다고 한다. 정상까지 30분 정도 소요되는데 계단이 많고 그늘이 없어서 여름에는 더위를 피하기 힘든 편. 분화구가 있는 정상에서 제주 동쪽의 풍경을 보아도 멋지지만, 성산일출봉에서 섭지코지로 향하는 중간쯤의 광치기 해안에서 바라보는 성산일출봉 풍경도 좋다. 이곳의 봄은 유독 아름답다. 성산일출봉으로 향하는 길은 이른봄 제주에서도 가장 유채꽃이 빨리 피는 곳이며, 성산일출봉과 노란 유채꽃이 어우러진 그림 같은 풍경 사진을 찍기에도 좋다. 해돋이를 감상할 수 있는 최고의 포인트답게 새해 첫날이면 해맞이 관광객으로 북적거린다.

SIGHTS

절대 비경과 건축물의 하모니
섭지코지.

⊙ 서귀포시 성산읍 섭지코지로 107(고성리 127-2) OPEN 4~10월 08:00~19:00, 11~3월 09:00~18:00 CLOSE 연중무휴 💰 섭지코지 입장 무료·주차비 1000원(휘닉스 제주 섭지코지 주차장은 무료) 📞 064-731-7000~5

제주에서도 절대 풍광을 자랑하는 섭지코지는 성산일출봉을 배경으로 쪽빛 바다와 현무암, 그리고 말들이 풀을 뜯고 있는 초록 잔디밭이 컬러풀하게 펼쳐져 있는 비경 중의 비경. 따뜻한 봄날, 섭지코지로 우리를 유혹하는 것은 노란 유채꽃이다. 산방산이나 광치기해변 쪽에서처럼 비용을 내지 않더라도 하얀 등대를 배경으로, 혹은 성산일출봉을 배경으로 멋진 유채꽃 사진을 찍을 수 있다. 섭지코지에 위치한 휘닉스 제주 섭지코지는 세계적인 건축가 안도 다다오와 마리오 보타가 '제주의 햇살과 바다와 바람을 담아' 완성한 공간이다. 신양해변 근처 주차장에서부터 시작하는 섭지코지 해안산책로는 바다를 끼고 걸으며 왕복 1시간 정도 여유롭게 걷기 좋은 코스. 코지하우스, 협지연대와 선녀바위, 글라스하우스까지 이어진다.

낭시파 아르누보 유리공예 작품 전문 갤러리
유민미술관.

서귀포시 성산읍 섭지코지로 107(고성리 127-2) 09:00~18:00 화요일 어른 1만2000원, 어린이 9000원 064-731-7791

휘닉스 제주 섭지코지에서 건축물 그 자체로 존재감을 보여주었던 안도 다다오의 지니어스 로사이가 유민미술관으로 변모하였다. 유민미술관은 중앙일보 초대 회장이었던 고 유민 홍진기 선생이 오랜 시간 수집한 프랑스 아르누보 유리공예 작품 50여 점을 전시한 공간. 노출 콘크리트 건축물을 통해 자연을 있는 그대로 담아내는 건축가로 유명한 안도 다다오의 건축물을 함께 감상할 수 있다. 19세기 후반부터 20세기 초까지 20여 년간 성행했던 에밀 갈레, 돔 형제, 외젠 미셸 등 낭시파 유리공예가들의 작품은 기존의 방식에서 벗어나 색유리를 덧씌우고 조각하고 부식시키는 등 당시로선 파격적인 공예 기법을 보여줬다. 오디오 가이드, 혹은 도슨트 프로그램을 이용하면 아르누보 유리공예를 보다 깊이 이해할 수 있다. 정부 방역 지침에 따라 운영 일정이 변동될 수 있으니 미리 문의 후 방문할 것.

엄마 미소 짓게 되는 동물 친구를 만나러
아쿠아플라넷 제주。

◎ 서귀포시 성산읍 섭지코지로 95(고성리 127-1) OPEN 10:00~19:00 CLOSE 연중무휴 AQ패키지권(아쿠아리움+오션아레나) 어른 3만 3000원, 어린이 3만1000원 📞 1833-7001

동물원이나 아쿠아리움을 방문하게 되면 설렘과 측은지심이 동시에 드는 것은 비단 나뿐만이 아니리라. 어쨌거나 아쿠아플라넷 제주는 '바다의 경외감을 넘어 생명 보존에 대한 필요성을 이곳에서 느껴보라'고 권한다. 그 말을 믿고 싶은 마음으로 아쿠아플라넷 제주에 간다. 이곳의 프로그램은 크게 아쿠아리움, 오션아레나, 특별체험 세 가지로 나뉜다. 아쿠아리움 프로그램은 물범, 펭귄, 수달, 펠리컨 등의 생태에 대해 설명을 듣고, 아쿠아리스트의 가오리 먹이 급이, 해녀의 물질 등을 관람한다. 오션아레나 프로그램은 동화 같은 스토리가 가미된 수중 아크로바틱 공연과 역동적인 돌고래 쇼로 구성되어 있다. 대형수조 체험다이빙은 잠정 중단. 대신 2020년 7월 3일부터 2021년 10월 3일까지 미니언즈 제주특별전을 관람할 수 있다.

제주 조랑말과 함께 꿈 같은 하루
조랑말체험공원.

◎ 서귀포시 표선면 녹산로 381-15(가시리 3149-33) ⓞ 09:00~18:00 ⓒ 연중무휴 ▤ 체험 승마 2만 원, 근거리 초원 + 트랙 1만 2000원, 원거리 초원+트랙 2만5000원, 먹이 주기 체험(1봉지) 3000원 ☏ 064-787-0960

가시리 지역의 오름에서 영감을 받아 건축했다는 둥글납작한 노출 콘크리트 건물이 독특하다. 유홍준 교수의 표현을 빌자면 '제주에서 보기 드물게 친환경적이고 검소한 기풍의 건물'이다. 조랑말체험공원은 조선시대 왕에게 진상되던 최고의 말을 길러내던 갑마장이 있던 가시리 주민들이 만든 말 테마 공원이다. 말과 관련된 유물과 문화예술 작품 100여 점을 전시한 조랑말박물관을 비롯해 승마장, 카페, 아트숍 등으로 구성되어 있다. 제주 초원에서 말 타는 기분을 만끽할 수 있는 승마 코스를 갖추고 있는데, 가족 단위 방문객들에게 가장 인기 있는 코스는 근거리 초원과 트랙을 20분 정도 즐기는 코스. 당근을 구입해서 말에게 먹여보는 체험도 아이들이 좋아한다. 말똥쿠키 만들기 체험도 인기 있었으나 조랑말박물관과 함께 현재는 잠시 중단한 상황. 체험을 위해 방문한다면 미리 문의하는 게 좋겠다.

메밀을 테마로 꾸민 '바람 부는 밭'
보롬왓.

서귀포시 표선면 번영로 2350-104 (성읍리 3229-4) 08:30~18:00 연중무휴 입장료 : 어른 4000원, 어린이 2000원, 보롬라떼 7500원, 깡통열차 5000원 064-742-8181

가족과 함께 시간을 보내기도 좋고, 사진 찍기에도 좋은 '바람 부는 밭' 보롬왓. 중산간의 한적한 마을길 끄트머리쯤에 마치 서프라이즈 이벤트처럼 모습을 드러내는 보롬왓은 카페와 야외 꽃밭, 실내 화원으로 구성되어 있다. 전국 메밀 재배량 1위에 빛나는 제주, 그중에서도 10여 년간 메밀 농사를 짓던 1만여 평에 이르는 이 땅은 이제 메밀과 제주 자연을 테마로 한 복합 공간으로 탈바꿈했다. 먼저 미세먼지 청정화원을 둘러보게 되는데, 특히 미세먼지 흡수에 탁월한 효과가 있는 수염틸란드시아로 꾸민 입구는 소문난 포토존. 카페에 들러 직접 재배한 메밀로 만든 보롬라떼와 메밀치즈타르트를 들고, 빈백이 놓인 카페 앞 잔디정원에 나가보자. 메밀꽃, 라벤더, 수국, 맨드라미 등이 피고 지는 광활한 꽃밭 사이를 누비는 깡통열차도 꼭 타볼 것.

©Gianfranco Iannuzzi, Photo ©TMONET

미디어아트로 만나는 지중해의 화가들
빛의 벙커.

서귀포시 성산읍 서성일로1168번길 89-17(고성리 2039-22) OPEN 4~9월 10:00~19:00, 10~3월 10:00~18:00(모네, 르누아르… 샤갈 전 : 2021년 4월 23일~2022년 2월 28일) CLOSE 연중무휴 어른 1만8000원, 어린이 1만원 1522-2653

옛 군사통신 시설로 사용하던 공간을 미디어아트로 재탄생시켜 세계 거장들의 작품을 풀어놓은 빛의 벙커. 구스타프 클림트와 훈데르트 바서로 시작된 이 전시는 반 고흐와 고갱에 이어 모네, 르누아르, 뒤피와 샤갈 등 약 20명에 달하는 지중해 화가들이 그 바통을 이어받았다. 이번 전시는 총 6개의 시퀀스로 나눈 500여 점의 작품을 선보이며 관람객을 인상주의에서 모더니즘까지의 여정으로 안내한다. 전시실에 들어서는 순간, 미디어아트의 집약체인 첨단 영상 프로젝션 90여 대가 그려내는 현란한 테크닉이 작품 속으로 시선을 빨아들인다. 이번 전시의 대미는 화가이자 음악가였던 파울 클레 스페셜. 이곳에서 만나게 될 화가들에 대해 미리 공부하고 간다면 금상첨화. 김영하 작가와 팝페라 가수 카이의 오디오 도슨트와 함께해도 감상에 도움이 되겠다.

가족 체험형 테마 공원
휴애리.

서귀포시 남원읍 신례동로 256(신례리 2081) 09:00~18:00 연중무휴 어른 1만3000원, 어린이 1만 원, 감귤 체험 5000원, 청귤청 만들기 1만 원 064-732-2114

새롭게 핑크뮬리 포토존으로 떠오른 휴애리 자연생활공원은 본래 '흑돼지 공연'으로 더 알려져 있다. 상당히 가파른 미끄럼틀을 미끄러지듯 달려 내려오는 흑돼지와 거위들의 공연은 스릴도 느껴지지만, 다소 마음이 불편한 것도 사실. 그보다는 온가족이 즐길 수 있는 체험이 다양한 편이니 눈여겨보자. 특히 10월부터 1월 사이에 5000원이라는 저렴한 요금으로 감귤도 먹고, 한 봉투 가져갈 수도 있는 감귤 따기 체험은 추천할 만하다. 청귤청을 담아보고 싶다면 8~9월에 방문해보자. 봄날의 매화축제, 여름날의 수국축제, 가을날의 감귤체험, 겨울 동백축제 등 사계절 축제도 풍성하다.

SIGHTS

가성비 '갑' 화려한 동백꽃세상
제주동백수목원.

◎ 서귀포시 남원읍 위미리 927 매년 12월 1일~2월 말 개장 09:30~17:00 성인 4000원, 어린이 3000원 064-764-4473

제주의 겨울은 '동백'이 있기에 강렬하고 화려하다. 위미리 동백 군락지 근처에 위치한 제주동백수목원. 황무지에 불어오는 거친 바닷바람을 막으려 심은 동백나무가 40여 년이 지나 숲을 이루고, 어른 키를 넘어서 7~8m의 거목으로 자라났다. 매년 12월이면 심장을 녹일 듯 온통 나무를 붉게 물들이는데, 비교적 착한 입장료에 동백꽃세상을 실컷 누릴 수 있어 만족도가 높다. 흡사 장미꽃을 닮은 핫핑크의 애기동백나무들은 그 꽃도 예쁘지만, 동그랗게 다듬어진 나무의 자태가 아름다워 포토 스폿으로 인기를 끌고 있다. 특히 송이째로 떨어지는 토종 동백과 달리, 벚꽃처럼 한 잎씩 떨어지는 핫핑크 동백을 배경으로 인생샷을 찍기 위한 여행자들의 행렬이 끊이지 않는다.

SIGHTS

야간 별빛놀이로 더욱 핫해진 허브 천국

제주허브동산。

서귀포시 표선면 돈오름로 170(표선리 2596-1) OPEN 09:30~22:00 CLOSE 연중무휴 어른 1만2000원, 어린이 9000원 064-787-7362

고대 이집트의 클레오파트라도 애용했다고 전해지는 허브는 이제 우리에게도 차나 아로마오일로 익숙하다. 8만5000㎡의 공간에 150여 종의 허브와 야생화가 사계절 내내 피고 지는 이곳은 허브정원을 산책하며 다양한 테마로 허브를 즐기는 힐링 & 릴렉싱의 공간이다. 정교하게 조성된 유럽식 정원과 손으로 훑으면 향이 배는 로즈메리 가득한 길, 연인들의 비밀스러운 공간인 연인의 숲은 사계절 내내 인기 만점. 제주허브동산의 깜짝 선물 같은 풍경은 가을날 언덕 위 하얀 종탑을 배경으로 흐드러지게 피어나는 핑큐뮬리존이다. 이 앞에 서면 누구라도 인생샷 하나 건지고 싶어진다. 이곳을 가장 가성비 넘치게 즐길 수 있는 꿀팁 하나! 바로, 해 질 무렵에 가서 밝을 때 모든 공간을 즐긴 후 어둠이 내리면 별빛축제를 즐기는 것. 밝을 때만큼이나 어둠 속에서도 또 다른 매력을 발한다.

SIGHTS

목장과 스튜디오, 컬러가 다른 즐거움
목장카페 드르쿰다 & 드르쿰다 in 성산.

📍 목장카페 : 서귀포시 표선면 번영로 2454, 스튜디오카페 : 성산읍 섭지코지로25번길 64 🔓 목장카페 09:00~18:00, 스튜디오카페 09:00~21:00 🔒 목장카페 : 연중무휴, 스튜디오카페 : 연중무휴 💰 목장카페 : 동물 먹이 2000원, 카트 2만5000원, 스튜디오카페 : 음료 5500~8500원 📞 목장카페 064-787-5220, 스튜디오카페 064-901-2197

'드르쿰다'라는 이름의 목장카페와 스튜디오카페가 각기 다른 매력으로 인기를 끌고 있다. 먼저 목장카페 드르쿰다는 2층 카페의 통창을 통해 목장 풍경을 시원하게 감상하면서 커피도 마시고 쉴 수 있어서 엄마들의 환영을 받는 곳. '귀요미' 동물 친구들에게 줄 당근 먹이를 구매해 목장으로 내려가면 산양과 토끼들이 달려든다. 주는 대로 넙죽넙죽 잘 받아먹으니 손에 든 먹이가 자꾸 바닥을 드러낸다. 체험 승마와 카트, 아이가 직접 운전할 수 있는 전기자동차 등 다양한 즐길거리가 있다. 서귀포 광치기 해변 근처에는 스튜디오카페 '드르쿰다 in 성산'이 있다. 최근 인스타그램 포토존으로 핫한 드르쿰다 캐슬과 게르 카페, 5가지 포토존으로 꾸민 빈티지 마을 등 실내·외 공간을 누비며 마음껏 사진을 찍을 수 있다. 입장권을 구입하는 대신 카페에서 1인 1음료 이상 구입하면 된다. 파티룸으로 이용하면 좋은 카라반도 있는데 4인 기준 1시간에 1만 원.

오름을 사랑한 사진작가 김영갑의 숨결
김영갑갤러리 두모악.

◎ 서귀포시 성산읍 삼달로 137(삼달리 437-5) OPEN 봄·가을 09:30~18:00, 여름 09:30~18:30, 겨울 09:30~17:00 CLOSE 수요일, 1월 1일, 설날, 추석 당일 어른 4500원, 어린이 1500원 064-784-9907

카메라 하나 달랑 메고 제주도에 정착해 살면서 20여 년간 사진에 몰입하다 47세의 나이에 루게릭병으로 세상을 마감한 사진작가 김용갑. 그가 폐교를 개조해 일궈놓은 갤러리다. 2004년에 그가 펴낸 책 〈그 섬에 내가 있었네〉를 미리 읽은 탓일까. 짧은 그의 인생이 애달프게 느껴지는 탓일까. 그의 사진에는 진한 외로움이 고스란히 녹아 있어 강한 전율을 느끼게 한다. 특히 용오름과 구름언덕을 찍은 드라마틱한 제주 중산간의 풍경은 여행자들에게 오름과 중산간의 매력을 환기시킨 1등 공신이다.

옛날 제주 사람들은 어떻게 살았을까
성읍민속마을.

◎ 서귀포시 표선면 성읍정의현로 22번길 9-2(성읍리 987)

아득히 먼 기억이긴 하지만 성읍민속마을은 문화적 충격으로 남아있다. 특히 꺼먹돼지가 꿀꿀거리는 변소 겸 돼지우리인 돗통시와 초가지붕에 사는 굼벵이로 만들었다는 가루약은 지금도 잊히지 않는다. 다행인지 지금 그 모습은 볼 수 없다. 영화세트장 같지만 실제로 주민들의 생활 터전이며 아이들에게도 교육적인 성읍민속마을에서 500년 된 전통가옥을 비롯해 객사, 향교 등을 둘러본다. 7~8만 원이면 묵을 수 있는 전통 초가집에서 이색적인 하룻밤도 경험해볼 만하다.

간단한 산책 삼아 찾아볼 만한
남원큰엉。

◎ 서귀포시 남원읍 태위로 522-1(남원읍 2379-3)

올레길 5코스에 위치한 무비스타 뒤쪽의 남원 해안가에 있는 해안절벽이다. 해안절벽을 따라 조성된 약 1.5km의 산책로를 따라 걷다 보면 중간쯤에 높이 20m 정도의 거대한 바닷가 절벽인 큰엉이 나오는데, 바다로 접한 계단을 따라 밑으로 내려갈 수 있다. 숲을 지나 바다 쪽을 향해 걷다 보면 나무와 하늘이 만든 한반도 지형이 나타나는데 이곳이 요즘 남원큰엉의 인증샷 명소. 인디언 추장의 옆모습을 한 얼굴바위도 있다.

고즈넉하게 생각을 정리하기 좋은 해변
표선해비치해변。

◎ 서귀포시 표선면 표선리

바닷물이 들어와도 어른의 무릎 정도의 깊이에다 파도가 잔잔해서 아이들도 물놀이하기 좋은 해변이다. 27만여㎡에 이르는 드넓은 백사장 반대편으로 바다를 바라보고 있는 12지신 동상들이 서 있는 잔디공원이 있고, 쉬어가기 좋은 정자와 벤치가 있다. 생각을 정리하기 좋은 한적한 해변을 끼고 해비치호텔&리조트가 들어서 있으며, 가까이에 제주민속촌도 있으니 함께 둘러보자.

아이들도 가뿐히 오르는 약초 오름
백약이오름.

◉ 서귀포시 표선면 성읍2리 산1

오름에 자생하는 약초의 종류가 백 가지가 넘는다 하여 '백약이'라는 이름으로 불린다. 나지막한 봉우리처럼 보이는 이 오름은 나무 계단을 따라 7분 정도 올라가면 정상 능선에 닿는다. 어린아이도 가뿐히 오를 수 있을 정도. 정상에 서면 바로 옆의 아부오름을 비롯해 풍력발전기와 성산일출봉이 한눈에 들어온다. 새벽에는 기온 차이로 인해 정상의 원형 분화구에 구름이 낮게 떠 갇혀 있는 신비한 장관을 볼 수 있다. 오름의 한쪽은 삼나무가 숲을 이루고, 반대편은 야생화가 만발한 완만한 풀밭을 이루고 있다. 분화구 능선을 따라 걸으면 쑥, 꿀풀, 엉겅퀴, 큰 강아지풀처럼 생긴 수크령 등이 뒤섞여 자라는데 이 가운데 약초로 쓰이는 풀도 많다고 한다. 운 좋으면 새벽에 노루가 뛰노는 모습도 볼 수 있다.

SIGHTS

가을에 꼭 가봐야 할 오름 넘버원!
따라비오름.

◎ 서귀포시 표선면 가시리 산62

다랑쉬오름과 함께 오름의 여왕 자리를 다투는 오름. '따라비'는 땅할아버지를 이른다. 능선이 워낙 여성스러워서 할아버지와는 어울리지 않는 듯한데, 무엇보다 가을에 꼭 가봐야 할 넘버원 오름이다. 오름 전체가 억새꽃으로 뒤덮여 바람에 모로 누웠다 일어서는 장관이 기막히다. 꼭 가을이 아니어도 세 개의 분화구 능선이 만들어내는 라인이 아름다워 이쪽 능선에서 저쪽 능선을 걷는 이를 찍으면 그대로 한 폭의 그림이다. 상대방도 마찬가지로 카메라로 그림을 그리고 있을 것이다. 따라비오름에서 내려오면 이제 가시리마을 식당에서 몸국과 생고기구이를 먹으며 에너지를 충전할 차례. 오름 뒤의 식사는 언제 먹어도 꿀맛이다.

성산의 숨은 유채꽃 명소
졸띠유채밭.

◎ 서귀포시 성산읍 고성리 296-8   09:00~18:00 (11월 중순~3월 중순까지)   1000원   010-5846-2358

제주의 유채꽃 명소들은 산방산이나 섭지코지 같은 관광 명소를 배경 삼아 조성한 곳들이 대부분. 성산 쪽에서 성산일출봉을 백그라운드 삼은 유채꽃 사진을 찍고 싶다면 졸띠유채밭에 들러봐도 좋을 듯하다. 성산일출봉에서부터 이어지는 광치기해변 옆 일출로 주변은 원래 유채꽃으로 유명한 곳인데, 졸띠유채밭은 광치기해변 유채밭 중 끝부분에 위치해있다. 성산일출봉과 유채밭, 그 뒤편 작은 소류지의 물억새, 모형 감귤나무 그리고 포토존의 단골인 컬러풀한 벤치를 프레임 안에 넣어 인생샷을 건져보자. 유채꽃이 일찍 폈다 일찍 지는 곳이므로 시기가 애매하면 전화 문의해볼 것.

바닷가 목장 따라 걷는 바당올레
신풍 신천바다목장.

◎ 서귀포시 성산읍 신풍리 39-1

푸른 바다를 배경으로 노란 꽃밭 같은 귤껍질들이 널려 있는 한 장의 사진. 신풍 신천바다목장을 강렬하게 각인시킨 이 이미지는 12~2월에 감귤껍질을 말리는 광경이다. 소와 말을 기르는 사유지 목장으로 올레길 3코스에 속하면서 일반인에게 개방되었다. SBS 드라마 〈인생은 아름다워〉에서의 짧지만 강렬한 승마 장면이 인상적이었던 곳이기도 하다. 감귤껍질 말리는 시기가 아니어도 바닷바람을 맞으며 철마다 피고 지는 야생화를 벗 삼아 걷기에 좋다.

가성비 최고의 엄지척 갈치조림 맛집
맛나식당。

서귀포시 성산읍 동류암로 41(고성리 316-9) 08:30~14:00 7~8월 수·일요일(전화 문의 필수) 갈치조림 1만2000원, 고등어조림 1만 원(2인분 이상) 064-782-4771

직접 가서 예약해도 1시간쯤 대기는 기본인 엄청난 인기의 생선조림 맛집이다. 신선한 생물 갈치와 통통한 고등어로 조려내는 조림이 그야말로 밥도둑. 게다가 1인분에 1만2000원이라는 제주도에서 보기 드문 착한 가격도 줄 서게 하는 이유다. 일정량의 갈치조림이 소진될 즈음이면 갈치조림만 2인분이 아니라, 갈치와 고등어를 섞은 조림으로 나온다. 갈치조림과 고등어조림은 어느 것이 더 맛있다 하지 못할 만큼 제각기 별미. 생물 갈치의 부드러움 못지않게 고소함이 입안을 가득 채우는 고등어조림도 맛있다. 간장과 고춧가루 양념이 잘 스며든 생선과 무를 양념까지 묻혀서 밥 위에 얹어 먹으면 금상첨화. 혼자 가도 2인분은 주문해야 하며, 오후 2시 즈음이면 문을 닫기 때문에 미리 문의해보고 방문하는 편이 안전하다.

FOOD

정갈한 제주 가정식
공새미59.

◎ 서귀포시 남원읍 공천포로 59-1(신례리 60-3) OPEN 09:30~17:00 CLOSE 화요일 딱새우덮밥 1만1000원, 돼지고기 된장덮밥 8000원, 돼지고기 간장덮밥 8000원, 보말칼국수 1만 원 📞 064-732-4757

가정집을 리모델링한 '공새미59'는 착한 가격에 담백한 제주 가정식을 먹을 수 있는 식당이다. 딱새우, 돼지고기, 보말, 성게 등 제주 로컬푸드를 식재료로 하여 친근하고 정갈한 일품요리를 내놓는다. 메뉴는 매콤하게 조려낸 딱새우를 얹은 딱새우덮밥, 볶은 강된장과 채소를 얹은 시골 스타일의 구수한 돼지고기 된장덮밥, 달달한 간장 양념과 마늘플레이크를 얹은 돼지고기 간장덮밥, 그리고 보말을 듬뿍 넣어 끓여낸 칼국수 등이 있다. 집밥을 먹는 것처럼 어느 메뉴나 부담 없이 먹기 좋고 요즘 제주 음식값치고는 다소 저렴한 가격도 매력이다. 계산하고 나오면서 '공새미59'라는 상호에 관해 물어 보았다. 공천포의 예전 지명이 '공샘이'고 '59'는 주소이자 이 집이 처음 지어진 해라는 대답이 돌아왔다. 의미 있는 참 예쁜 이름이다.

FOOD

된장 물회로 손꼽히는 현지인 맛집
공천포식당.

◎ 서귀포시 남원읍 공천포로 89(신례리 27-5) OPEN 10:00~19:30 CLOSE 목요일 🍴 전복물회 1만5000원, 한치물회(냉동) 1만2000원, 고등어구이 1만2000원 📞 064-767-2425

2대째 운영하는 40여 년 된 물회 전문 식당. 제주 현지인들이 손꼽는 공천포 맛집이다. 이 식당 물회는 공통으로 제주식 물회다운 진한 재래식 된장 육수에 새콤한 끝맛이 인상적이다. 생된장을 푹 퍼서 맑은 물에 개어 방금 잡아온 뿔소라와 전복을 숭덩숭덩 썰어 말아 먹던 해녀 물회의 원형이 이런 맛이 아니었을까 싶다. 이 육수에 전복이든, 뿔소라든 푸짐하게 넣고 무와 당근을 채 썰어 넣었다. 모둠물회는 정해진 바 없이 앞바다에서 나는 해산물 중 궁합이 맞는 것으로 넣는다. 된장을 베이스로 한 제주식 물회를 좋아한다면 만족도가 높을 듯.

FOOD

가시리에 들러야 하는 바로 그 이유
가시식당。

서귀포시 표선면 가시로565번길 24(가시리 1898)   08:30~20:00(브레이크 타임 15:00~17:00)   둘째, 넷째 일요일   두루치기 8000원, 생고기 1만2000원, 삼겹살 1만2000원, 순대국밥 7000원, 몸국 7000원   064-787-1035

고백하자면, 가시리에 들르는 가장 큰 이유는 가시식당 때문이다. 무수리의 입맛을 타고 났는지 내겐 남들이 다 맛있다는 근고기보다도 가시식당의 자투리 고기가 더 당긴다. 흑돼지 오겹살이 아니더라도 구울수록 담백하고 꼬들꼬들한 식감도 좋고 두루치기로 유명한 용이식당과 또 다른 맛을 선사하는 빨간 두루치기도 맛있다. 함께 따라 나오는 몸국은 또 어떻고? 모자반에서 우러난 진액과 오래오래 삶아 진한 돼지 국물이 입안에서 미끄러지며 위를 부드럽게 감싸준다. 이 몸국은 따로 주문할 수도 있는데 굳이 비교하자면 삼도동의 우진해장국과 비슷하달까. 입맛이 껄끄럽거나 속풀이 해장국을 원할 때 가시식당의 몸국이면 더할 나위 없다. 40여 년간 한자리에서 정육점 식당을 운영한 주인장의 내공이 장난 아님을 알 수 있다. 게다가 제주도답지 않은 착한 가격이라니! 제주 사람들도 먼 길을 달려와 먹는다는 얘기가 과장이 아니었다. 제주시 이도2동에 2호점이 있으니 동선에 따라 이쪽으로 들러도 된다.

FOOD

반전매력 짱! 창의력 돋는 성산 맛집
성산회관.

◉ 서귀포시 성산읍 성산중앙로 8(성산리 167-3) 🕐 11:30~21:00(브레이크 타임 15:00~17:00) 🚫 화요일 🍽 전복밥 1만6000원, 문어면 1만6000원, 한치오일파스타 1만6000원 ☎ 064-783-8448 📷 instagram@jeju_seongsan

'성산회관'이라니 왠지 아저씨들이 이쑤시개를 물고 나올 것만 같은 '아재스러운' 이름이지만 실내로 들어가면 대반전이 펼쳐진다. 노출 콘크리트로 마감한 널찍한 공간에 레이스와 시폰, 줄줄이 달린 오징어 배의 전구들과 벽에 그림처럼 붙은 자개 밥상, 서구식 앤틱 테이블 등 주인 맘 가는 대로 꾸몄는데 어쩐지 그것들이 서로 조화를 이룬다. 4인용 식탁은 물론 가정에서나 볼 수 있을 법한 커다란 소파, 10여 명이 모여 앉아 파티를 열면 좋을 듯한 커다란 테이블, 자개밥상이 올라앉은 평상까지 두루 갖춰 놓아 어디에 앉아야 할지 고민된다. 화산을 모티브로 한 전복밥과 매콤한 국수 위에 문어를 올린 문어면 등 제주 로컬푸드를 이용한 창의적인 메뉴를 갖추고 있다. 코로나19 여파로 한동안 휴식기를 가졌는데, 인스타그램에 재오픈 공지 예정이니 반드시 확인 후 방문할 것.

FOOD

은갈치회, 고등어회 '찐' 맛집
그리운바다 성산포。

◎ 서귀포시 성산읍 성산등용로 94(서귀포시 성산읍 성산리 360-10) OPEN 09:00~21:00 CLOSE 둘째·넷째 화요일 은갈치회 1만5000원, 활고등어회 1만5000원, 한상차림(A코스) 7만 원, 갈치조림(소) 3만5000원, 고등어조림(소) 2만5000원 064-784-2128

성산일출봉에서 차로 3분 거리에 있는 현지인 '찐' 맛집. 제주도에서 꼭 맛봐야 하는 은갈치회와 고등어회가 맛있는 집이다. 무엇보다 선도가 중요한 은갈치회, 고등어회는 차가운 옥돌 위에 가지런히 올린 상태로 서빙된다. 덕분에 오랫동안 식사를 해도 회가 뜨뜻해지지 않고 끝까지 신선한 상태로 즐길 수 있다. 주인장이 추천하는 고등어회를 맛있게 즐기는 방법은 바로 이것! 고추냉이를 잘 섞은 밥을 깻잎 위에 올리고, 두툼한 고등어회 한 점, 소스장의 양파와 생강채를 곁들이면 제주 말로 '배지근한' 맛을 느낄 수 있다. '배지근하다'는 것은 달고 적당히 기름져 감칠맛이 난다는 뜻. 은갈치회, 고등어회, 회국수, 고등어구이, 전복성게미역국까지 함께 먹는 코스 요리를 주문하면 여러 메뉴를 두루 맛볼 수 있고, 매콤한 갈치조림, 고등어조림도 밥도둑 메뉴로 꾸준히 사랑받고 있다.

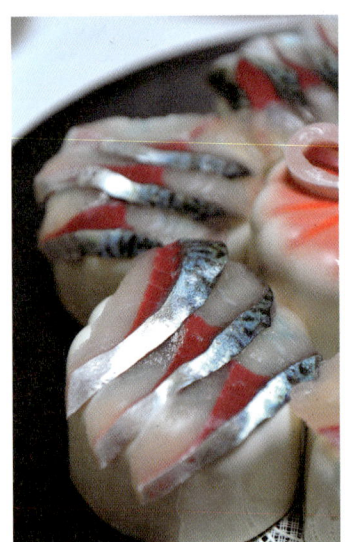

FOOD

〈수요미식회〉, 〈알쓸신잡〉에 등장한 돔베고기 맛집
가시아방국수.

서귀포시 성산읍 고성리 528 OPEN 10:30~21:00 CLOSE 첫째·셋째 수요일 고기국수 7000원, 돔베고기 2만5000원, 커플 메뉴(고기국수, 비빔국수, 돔베고기 1/2, 음료) 2만7000원 064-783-0987

제주에서 꼭 맛봐야 할 토속적이고 푸근한 음식. 바로 뽀얗게 우러난 육수가 진하고 구수한 고기국수와 방금 삶은 흑돼지고기를 덩어리째 도마에 올리고 두툼하게 썰어 내놓는 돔베고기다. 장인어른을 뜻하는 '가시아방'의 돔베고기는 특히나 정평이 났다. 잡내가 전혀 없고 촉촉하고 부드러워 새우젓만 살짝 올려도 그 맛이 일품이다. 더불어 가격 대비 푸짐한 양도 찾는 이들의 마음을 흡족하게 한다. 원래도 기다리는 사람이 많았던 가시아방국수는 〈수요미식회〉와 〈알쓸신잡〉 같은 방송 프로그램에 소개되면서 웨이팅이 더 길어졌지만, 휴대폰 앱을 통해 순번을 알려주는 시스템을 도입해 해변이나 가까운 주변 여행지에서 시간을 보낼 수 있게 되었다.

올레길 별미 보말김밥 있수다
주어코지국수창고.

◉ 서귀포시 성산읍 삼달하동로18번길 9-5(삼달리 55-1) OPEN 11:00~20:00 CLOSE 첫째, 셋째 수요일 특제보말김밥 8000원, 해산물비빔국수 8000원, 고기국수 7000원 ☎ 064-784-3778

삼달리가 고향인 부부가 운영하고 있는 이곳은 모든 음식에 천연재료를 사용하여 깔끔한 맛을 자랑한다. 문어, 뿔소라, 성게알은 마을 해녀가 잡은 것으로 요리하고, 특히 시어머니가 직접 바다에서 채취한 보말이 들어간 특제보말김밥이 별미. 평범한 꼬마김밥처럼 생겼지만 곁들여 나오는 계란지단, 해초무침과 함께 먹으면서 특별해진다. 해산물비빔국수나 고기국수와의 궁합도 좋다. 올레길 3코스 B길에 위치해 있으며, 따로 브레이크 타임이 없어 이르거나 늦은 식사를 하기에도 부담 없다.

제주에서 맛보는 중국 가정식
로이앤메이.

◉ 서귀포시 성산읍 온평상하로 15번길 12-7(온평리 811-1) OPEN 11:30~16:00(사전 예약 필수) CLOSE 토·일요일, 공휴일 중국 가정식 한상차림(2인) 2만5000원, 마라탕 세트(2~3인분) 3만8000원, 마파두부 1만2000원 ☎ 064-782-8108

소박하면서도 감칠맛 있는 진짜 중국 가정식이 궁금하다면 로이앤메이를 찾아보자. 테이블 세 개가 전부인 이 작은 식당은 런던에서 함께 디자인을 공부한 중국인 남편 로이와 한국인 아내 메이가 운영한다. 후난성이 고향인 로이가 어릴 적부터 먹어오던 건강한 중국 가정식 20여 가지를 직접 조리해 내놓는다. 돼지기름과 파기름으로 볶아내는 음식들은 하나같이 맛있다는 평. 중국 가정식이 처음이라면 다진 돼지고기에 마라향 소스가 들어간 밥도둑 사천식 마파두부나 새우계란볶음밥으로 시작하면 무난하다.

FOOD

해녀할망이 끓여낸 조개죽이 맛있는
시흥해녀의집.

서귀포시 성산읍 시흥하동로 114(시흥리 12-64) OPEN 07:00~20:30 CLOSE 연중무휴 조개죽 9000원, 전복죽 1만1000원, 오분작죽(2인 이상) 1만5000원, 소라, 문어, 해삼 접시당 각 1만 원 064-782-9230

시골 할머니가 끓인 것 같은 소박한 조개죽이 맛있다고 소문난 이 식당은 시흥 해녀들이 로테이션하며 운영하고 있다. 모든 죽은 주문과 동시에 불려 놓은 생쌀로 쑤기 시작해서 좀 기다려야 하지만 푹 퍼진 죽과는 비교할 수 없는 맛을 지니고 있다. 비주얼은 평범한 듯 보이지만 쫄깃하게 씹히는 조갯살과 고소한 참기름 향이 입맛을 돋운다. 양도 푸짐한 편. 양식이 되지 않아 전복보다 귀하다는 오분작으로 끓인 죽도 맛볼 수 있다. 겡이튀김, 미역무침, 톳무침 등 해녀 아주머니들이 뜯어온 갯것들이 반찬으로 올라온다.

위미리에서 맛보는 따뜻하고 정갈한 한 끼
뙤미.

서귀포시 남원읍 태위로 86(위미리 3159) OPEN 09:00~13:30 CLOSE 비정기 휴무(인스타그램 공지) 뙤미 비빔밥 8000원, 뙤미 순대국밥 8000원, 뙤미 뚝불고기 8000원 064-764-4588 instagram@ttoemi_jeju

어쩐지 삼삼한 집밥이 그리울 때 들러 제주 가정식을 맛볼 수 있는 집이다. '뙤미'는 요즘 눈에 띄게 활기를 띠는 위미리의 예전 이름. 그날그날 직접 담가 내놓는 김치를 비롯한 모든 반찬은 제주 땅에서 자란 식재료로 만든 것. 오랜 시간 우려낸 돼지고기 국물을 베이스로 한 순대국밥도 맛있고 뚝불고기도 맛있지만, 고사리 철엔 고사리를 얹고 그 외의 계절엔 한라산 표고버섯을 얹은 비빔밥은 가장 만족도 높은 메뉴.

FOOD

천연 염색 작가가 조리한 자연의 맛
무주향.

◉ 서귀포시 남원읍 위미해안로 118-5(위미리 3032-2) ◉ 11:00~15:00(전화 문의 권장) ◉ 연중무휴(전화 확인 권장) ◉ 해초비빔밥 1만 원, 보말국 1만 원, 보말죽 1만 원, 자수정보리수제비 7000원 ☏ 064-764-9088, 010-5511-9088

천연 염색 작가가 운영하는 자연주의 식당으로 자극적이지 않고 소박한 음식을 낸다. 제주 바다에서 나는 해초, 보말 등과 유기농 식재료를 이용하고 조미료를 전혀 쓰지 않아 깔끔한 맛이다. 대표 메뉴는 해초비빔밥으로 새콤하게 양념된 여러 가지 해초에 직접 만든 고추장 소스를 넣어 비벼 먹는다. 바다 향을 품은 해초가 아삭아삭 씹히는 맛이 좋고 먹고 나서 속도 편안하다. 보말과 성게알을 넣은 메뉴나 보릿가루로 만들어 보랏빛이 도는 자수정보리수제비도 자연주의 메뉴다운 삼삼한 맛이다. 서귀포의 숨은 맛집으로 영업시간과 휴무일에 변동이 있으니 방문 전에 전화 문의해보고 가기를 권한다.

담백하고 쫄깃한 감귤나무 초벌구이 돼지구이
정다운김씨네.

◉ 서귀포시 표선면 중산간동로 5238(가시리 2076-1) ◉ 10:00~21:00 ◉ 연중무휴 ◉ 흑돼지생오겹살 1만8000원, 흑돼지생고기 1만3000원, 제주산돼지 생오겹살 1만3000원, 두루치기 7000원 ☏ 064-787-0614

식당 이름처럼 정다운 주인장의 배려 속에서 감귤나무로 초벌구이한 돼지고기를 맛볼 수 있다. 감귤나무를 태워 돼지고기를 구우면 은은한 감귤 향이 돌면서 담백하면서도 육즙이 살아있는 맛을 즐길 수 있다. 효소로 담근 깔끔한 장아찌가 함께 나오는데 고기와 함께 싸 먹으면 환상의 궁합을 자랑한다. 제주산 흑돼지와 제주산 일반 돼지를 함께 취급하는데 일반 돼지고기 맛도 결코 떨어지지 않는다.

CAFE

이국적인 타일 장식이 돋보이는
아줄레주.

◎ 서귀포시 성산읍 신풍하동로19번길 59(신풍리 627) OPEN 11:00~19:00 CLOSE 화·수요일 커피류 5000~6500원, 제주금귤청 7500원, 에그타르트 2500원 📞 010-8518-4052

이런 곳에 카페가 있을까 싶은 조용하고 외진 신풍리에 있는 카페다. 심플한 창고형 건물에 스페인 스타일의 채색 타일로 장식해 이국적인 멋을 풍긴다. '아줄레주'라는 다소 생경한 카페 이름은 포르투갈의 독특한 타일 장식을 이르는 명칭. 스페인 그라나다의 알람브라 궁전 타일 장식의 영향을 받아 포르투갈 전역에 유행하게 되었다고 한다. 노출 콘크리트로 마감한 실내에 온기를 불어 넣는 것은 빈티지한 소품과 앤틱 가구들로, 커다란 창밖으로 펼쳐지는 무밭의 평화로운 풍경과 조화를 이룬다. 시그니처 메뉴인 갓 구운 에그타르트와 제주 금귤청으로 만든 에이드 등 정성이 깃든 메뉴가 준비되어 있다.

CAFE

제주도 천국의 계단
오르다.

◎ 서귀포시 성산읍 한도로 269-37(성산리 308) OPEN 09:00~21:00 에스프레소 5000원, 코코넛쉐이크 1만5000원, 일출뱅쇼 1만원, 생딸기·자몽 에이드 9000원 064-783-8368

요즘 SNS에 인증샷이 넘쳐나는 제주도 천국의 계단, 바로 카페 오르다가 그 주인공이다. 성산일출봉이 한눈에 들어오는 전망 좋은 카페로 그 이름처럼 하늘로 올라가는 계단이 그야말로 명물. 푸른 하늘과 바다를 배경으로 또는 장엄한 일출을 뒤로 하고 쉼 없이 셔터를 누르게 된다. 이른 시간부터 일출 사진을 찍으려는 사람들로 북적이고, 시시각각 달라지는 제주의 하늘빛을 담기에도 좋다. 가슴이 탁 트이는 풀장과 그 너머로 펼쳐진 바다도 한 폭의 그림 같다. 카페에 들어서면 제주의 특색을 듬뿍 담은 베이커리가 맞아준다. 제주도 레드향 페스트리, 오메기떡이 들어간 돌하르방, 제주 당근으로 만든 케이크 등이 침샘을 자극한다. 더운 날에는 고소하고 시원한 코코넛쉐이크, 날씨가 쌀쌀해지면 따뜻한 뱅쇼가 인기. 자몽과 딸기 등 제철 과일을 이용한 생과일 에이드도 맛있다.

CAFE

그림 같은 애기동백 숲이 있는 카페
동백포레스트

⊙ 서귀포시 남원읍 생기악로 53-38(신례리 1767) 🅞 카페 10:00~18:00 🅒 연중무휴 🍴 커피류 4000~6500원, 디저트류 3000~9000원 / 동백포레스트 입장료 어른 4000원, 어린이 3000원 📞 0507-1331-2102

동그란 수형에 붉은 꽃이 홍등처럼 매달린 제주도 애기동백은 11월 중순부터 2월 중순까지 절정을 이룬다. 겨울에 제주를 찾는다면 국내에서 가장 먼저 피는 애기동백 구경은 필수. 일본이 원산지인 애기동백은 1월부터 꽃망울을 터뜨리기 시작해 3월까지 피는 국내 토종 동백에 비해 꽤 이른 시기에 핀다. 더디 자라고 늦게 피는 소박한 토종 동백과 비교하면, 애기동백은 빨리 자라고 진분홍빛 작은 꽃을 좀 더 일찍 피워내는 게 차이점. 제주도에서도 동백으로 가장 이름난 곳이 바로 서귀포시 남원읍으로, 이곳에 위치한 동백포레스트는 동백과 커피, 디저트를 함께 즐기는 공간. 액자 같은 카페 창 너머로 그림 같은 애기동백을 감상할 수 있거니와 동백 숲 사이에 벤치를 두어 사진 찍기도 좋다. 동백 시즌이 아닐 때는 카페만 이용할 수 있다.

CAFE

국민 첫사랑의 감동은 현재진행형
카페 서연의집。

◎ 서귀포시 남원읍 위미해안로 86(위미리 2975) OPEN 10:00~21:00(9-5월에는 19:00까지) CLOSE 연중무휴 ▤ 음료 4500~7000원, 납뜩이머핀 6000원, 서연의와플 5000원 ☏ 064-764-7894

국민 첫사랑 신드롬을 불러일으킨 영화 〈건축학개론〉이 개봉된 것이 2012년. 당시 영화의 세트장이 되었던 바닷가의 집을 '서연의집'이라는 카페로 운영했는데 지금도 여전히 찾는 이가 많다는 것이 놀랍다. 예전에는 옥상 2층의 잔디밭에서 주인공처럼 포즈를 잡고 사진을 찍곤 하였으나 현재는 출입이 금지된 상태. 대신 바다로 난 창 앞에서 인증샷을 찍는 것이 필수다. 영화 속 주인공의 이름을 딴 서연의와플, 납뜩이머핀 등의 재밌는 이름의 디저트를 즐길 수 있다. 커피 한잔하면서 오래 전 영화의 감동을 되새기며 추억에 젖을 수 있는 곳.

먹고, 놀고, 사랑하기 좋은 위미리 카페
카페 EPL.

서귀포시 남원읍 위미항구로 8(위미리 3166-1) 09:00~18:00 연중무휴 커피류 5000~8000원, 테왁도시락(1인) 2만 원, (2인) 3만3000원 0507-1317-6191

카페 'EPL'은 EAT, PLAY, LOVE의 줄임말로 서귀포 위미리에서 먹고, 놀고, 사랑하라는 뜻이다. 백사장보다는 검은 현무암이 가득해 비교적 사색적인 느낌이 강한 위미리 바닷가 부근에 들어섰으며, 1층에는 테왁도시락을 테이크아웃할 수 있는 브런치 레스토랑이, 2층에는 한라산과 위미리 바다가 보이는 루프탑 테라스가 있는 베이커리 카페가 있다. 전체적으로 여유로운 공간이라 햇살 좋은 날 초록 식물로 가득한 야외 테이블이나 루프탑 테라스에 앉아 'EPL'하기 좋은 곳.

녹차아이스크림 맛보는 바닷가 카페
신산리 마을카페.

서귀포시 성산읍 환해장성로 33(신산리 1130-2) 09:00~19:00 연중무휴 수제 녹차아이스크림 4500원, 녹차크런치초콜릿(60g) 5000원, 라떼류 4000~5000원 064-784-4333

성산읍에서 표선해수욕장 쪽으로 내려가는 해안도로에 위치한 마을 카페. 한적한 바닷가 카페에서 쉬어 가고 싶을 때 들르면 좋은 공간이자 녹차아이스크림을 맛보러 갈 만한 가치 있는 곳. 진한 녹차 향이 일품인 쫀득한 이 녹차아이스크림은 신산리 특산물인 녹차와 홍대앞 수제 초콜릿으로 잘 알려져 있는 카카오봄의 카카오가 만나 탄생된 제품이다. 수제 크런치초콜릿 역시 다른 곳에서는 맛볼 수 없는 카카오봄의 고급스러움이 담겨 있다. 가끔 돌고래 떼가 앞바다에 놀러온다 한다. 굿 럭!

바닷가 하얀 카바나의 낭만
간이옥돔역.

서귀포시 남원읍 남태해안로 484 (태흥리 409-5) OPEN 11:00~19:00 CLOSE 화요일 커피류 3500~5500원, 브런치 메뉴 8000~1만 5000원, 청귤에이드 6000원 064-764-9289

'간이옥돔역'이라는 이름이 호기심을 자극하는 이 카페는 옥돔이 많이 잡히는 태흥리 바닷가에 위치하고 있다. 특히 이곳이 유명해진 이유는 바닷가에 놓은 이국적인 느낌의 하얀 카바나 때문. 돌담의 블랙과 카바나의 화이트가 어우러진 풍경이 꽤나 로맨틱해서 SNS에서도 핫한 명소다. 태흥2리에서 운영하는 마을 카페로 마을 이장님이 대표이자 역장 역할을 한다. 마을 부녀회에서 만든 청을 활용한 청귤에이드와 착즙 주스가 인기이고 감자를 재료로 한 지슬그라탕이나 한라봉베리 프렌치토스트 같은 브런치 메뉴도 있다.

와플이 맛있는 공천포 카페
카페숑.

서귀포시 남원읍 공천포로 91(신례리 27-6) OPEN 09:30~18:00 CLOSE 화요일 커피류 4000~6500원, 와플 7000~9000원, 추가 아이스크림 3500원 070-4191-0586

공천포 바다를 향한 커다란 창, 그 앞에서 얘기꽃을 피우는 여행자들이 그림 같다. 카페 문을 열자마자 와플 굽는 달달한 냄새와 커피 향이 뒤섞여 나그네를 행복하게 한다. 살면서 바닷가 카페 한 번 해보고 싶었다는 남자 숑이 운영하는 공천포 카페다. 숑의 와플은 바나나와 호두, 그리고 생크림과 메이플 시럽을 끼얹어 먹는 것을 기본으로, 하겐다즈 아이스크림을 얹거나 초콜릿 범벅을 만들어 먹기도 한다. 진한 에스프레소를 곁들이면 행복 지수가 높아질 듯. 극강의 달달함을 맛보는 초콜릿 음료도 인기다.

주파수를 맞추면 마니아가 되는
라바북스。

⊙ 서귀포시 태위로 87(남원읍 위미리 3192-5) OPEN 11:00~18:00 CLOSE 수요일, 셋째 목요일 📞 010-4416-0444

라바(LABAS)는 프랑스어로 '그곳'이라는 뜻. 라바북스는 코드가 맞는 이라면 단골이 될 만한 위미리의 독립출판 서점이다. 자연스러운 감성이 구석구석 묻어나는 이 공간에는 주인의 취향을 반영한 책들과 김은비, 엄지용 등 독립출판계의 인기 작가의 시집, 감각적인 사진집까지 다양하게 모여 있다. 주인장 역시 직접 찍은 사진으로 엮은 〈오키나와〉를 시작으로 여러 작가와 함께 시리즈로 〈LABAS〉 같은 여행사진집을 내고 있다.

톡 쏘는 위트의 덕후스러운 소품 총집합
B일상잡화점。

⊙ 서귀포시 성산읍 오조로 93(오조리 747-1) OPEN 10:00~17:00 CLOSE 일요일, 둘째·넷째 월요일 📞 010-3301-8793

반복되는 일상 속에 작은 위트를 더하면 특별한 일상이 된다. B일상잡화점은 '사서 집에 가면 엄마에게 등짝 스매싱을 맞을' 그런 것들을 모아 판다. 이곳은 그렇잖아도 톡톡 튀는 시크한 감각의 소유자인 주인장이 자신이 보기에 위트 있어 보이는 소품을 모아 연 편집숍. 슬로우트립 가는 길에 있던 아주 작고 허름한 옛집을 '다행히 지붕을 무너뜨리지 않고' 리모델링해서 마련했다. 스티키몬스터랩의 램프, 태양열로 돌아가는 풍력발전기, 옥돔과 고등어 모빌 등 200여 가지의 덕후스러운 물건들로 가득하다. '쓸데기 없는 것'들에 처절히 분노하는 중장년층이라면 자녀들과 함께 공감대 형성을 시도해봐도 좋겠다.

SHOP

동백 소품으로 간직하는 수목원의 추억
쁘띠동백.

서귀포시 남원읍 태위로 278(위미리 934) 11~3월 10:00~19:00, 4~10월 11:00~17:00 11~3월 휴무 없음, 4~10월 일요일
064-764-7275   instagram@petit_camellia.jeju (쁘띠동백)

제주동백수목원을 오가다 자연스럽게 들르게 되는 소품숍이다. 동백 꽃잎이 흩날리는 핑크핑크한 가게 외관에 이끌려 다가가면 바닥에 '들어와봅써'하고 동백꽃이 유혹한다. 가게 안에는 레진 아트와 프리저브드 플라워가 전문인 안주인이 직접 만들었거나 그녀만의 안목으로 엄선한 다양한 핸드메이드 소품들이 가득하다. 특히 다른 소품가게에서는 만나기 힘든 '동백꽃' 테마의 소품들은 주머니 가벼운 여행자들을 행복한 고민에 빠지게 만든다. 공방과 체험 수업을 겸하는 쁘띠제주도를 함께 운영하는 안주인은 20여 명의 셀러들과 함께 1년 내내 장소를 옮겨 가며 핸드메이드 소품장인 동백장도 열고 있다. 쁘띠동백은 동백이 피는 매년 11월부터 다음해 3월까지 매일 문을 열며, 나머지 계절에는 영업시간을 줄이고 일요일에도 쉰다.

캠핑 테마의 신개념 감성 숙소
어라운드폴리.

⊙ 서귀포시 성산읍 서성일로 433(난산리 2682) 입실 16:00, 퇴실 11:00 로프트(2인) 23만 원~, 트윈(4인) 37만 원~, 스위트(5인) 45만 원~, 풀빌라(4인) 55만 원~ 064-783-6226

캠핑을 즐기던 삼총사 친구가 감각적인 건축 작품을 선보이는 지랩(Z-LAB)과 의기투합하여 론칭한 신개념 스테이. 제주의 방사탑에서 모티브를 얻은 사다리꼴의 건축 형태가 독특한 인상을 주는 이곳은 캠핑 테마를 숙소에 도입해 나름의 차별화를 이루었다. 로프트, 트윈, 스위트, 풀빌라의 총 네 가지 타입으로 나누어 7개 동으로 구성한 숙소 건물과 세 가지 사이즈의 1960~70년대 빈티지 에어스트림 카라반이 있고, 공용 공간의 데크나 잔디밭에도 캠핑 사이트를 구축할 수 있어 다양한 선택이 가능하다. 1층의 에이그라운드는 펍 & 카페이자 투숙객을 위한 리셉션 공간으로 조식이 유료로 제공된다. 바비큐 세트나 그릴 대여, 화목 스토브와 장작 등을 빌려주는 스토브 패키지 등 '감성 캠핑'이라는 콘셉트에 충실한 서비스를 갖추고 있다.

감귤나무가 있는 평화로운 쉼의 공간

인디언썸머。

서귀포시 남원읍 하례망장포로 26번길 3(하례리 37-1) 입실 16:00, 퇴실 11:00 모든 객실 13만 원(비수기 주말 기준) 010-2220-8341

남원읍 하례리 감귤밭에 지은 모던한 노출 콘크리트 건물. 객실 안은 차분한 화이트와 나무가 주는 자연 친화적인 느낌으로 꾸몄다. 요란한 장식은 없지만 고급스러운 느낌이 드는 것은 톡톡한 질감의 천연 린넨으로 만든 커튼과 침구 때문. 모두 원단 샘플 작업을 하는 안주인이 직접 만든 것으로 적당한 무게감이 세련미를 연출한다. 여기에 빈티지 조명과 돌 등으로 포인트를 주었는데, 특히 의자 욕심이 많다는 안주인의 취향이 엿보이는 각 객실 의자도 눈여겨볼 것. 한실이 두 개, 트윈베드룸과 더블베드룸이 각각 하나씩으로 일반 예약 시에는 모든 룸이 랜덤으로 배정된다. 객실 자체도 편안한 느낌이지만, 객실 문을 열면 바로 보이는 감귤 정원이 주는 평화로움 때문에 신혼여행이나 태교여행을 오는 손님도 많다고 한다. 취사는 할 수 없지만 맛있는 조식이 준비된다. 귤 수확 철에는 갓 수확한 감귤로 짠 착즙 주스를 서비스해준다.

달을 모티브로 한 북유럽 감성 인테리어
달1037.

📍 서귀포시 성산읍 중산간동로 4204-12(삼달리 1037-1) 입실 16:00, 퇴실 11:00 모든 객실 9만9000원(비수기 주말 기준) / 숯+그릴 2만 원 📞 010-2041-1037

··

한적한 삼달리 시골 마을에 위치한 '달1037'은 달을 모티브로 한 객실 안팎이 매우 독특한 펜션이다. 컨테이너 형태의 네 개의 객실 앞에는 달을 형상화한 듯 둥글게 오려낸 사각형의 벽이 있다. 밤이 되면 이곳에서 마치 달나라 토끼처럼 독특한 달 사진을 기념으로 남길 수 있다. 객실마다 달 사진 액자와 조명등, 독수리 모양의 옷걸이 등 심플한 오브제를 세팅하여 북유럽 스타일 인테리어로 꾸몄다. 객실이 다소 좁은 듯하지만 바깥쪽으로 시원하게 뚫린 통창 덕분에 좁아 보이지 않는다. 취사가 가능하며 아메리칸 스타일의 조식을 예약하면 룸이나 개별 테라스에서 여유롭게 즐길 수 있다. 바비큐 역시 사전 예약을 하면 숯과 그릴을 대여해준다. 내비게이션에 주소를 찍으면 엉뚱한 곳으로 안내하는 경우가 많으니 '물고기나무게스트하우스'를 입력할 것.

Simple is the best!
심플토산.

◎ 서귀포시 표선면 토산중앙로 287번길 15(토산리 1397-1) 입실 16:00, 퇴실 11:00 18만 원(비수기 주말 기준) 010-8784-8296 simpletosan.com

---

구불구불 돌담 올레를 따라 들어가면 한적한 동네 토산리에 다다른다. 심플토산은 이름처럼 토산리에 지은 매우 심플하고 단아한 집. 원래 귤밭이었던 이곳에 건축가인 남편은 원룸형 스테이와 카페, 그리고 자신들이 살 집을 지었다. 사진작가이자 바리스타인 아내는 특유의 섬세한 감성으로 그야말로 공간을 똑 떨어지게 꾸몄다. 집의 콘셉트대로 심플하면서도 디자인과 퀄리티가 좋은 물건들이 제자리에 놓이자 한결 고급스러운 이미지가 완성되었다. 침실 창으로 보이는 마당의 방풍림은 한결 제주다운 분위기를 자아내 온전한 쉼을 유도한다. 스메그 냉장고, 헤이 체어, 알레시 오프너, 마샬 스피커, 오반 유니언 디퓨저 같은 생활 명품을 직접 사용해보는 즐거움이 있고, 미니빔을 작동시켜 우리만의 영화관으로 만들 수도 있다. 14세 이하 영유아나 어린이는 숙박이 불가하고, 2인 이외의 추가 인원을 받지 않는다.

스웨그 넘치는 힙한 복합 놀이문화 공간
플레이스 캠프 제주.

◎ 서귀포시 성산읍 동류암로 20(고성리 297-1) ⊙ 입실 14:00, 퇴실 11:00 🛏 스탠더드룸 11만 원, 스탠더드 더블플러스룸 13만 원(비수기 주말 기준) 📞 064-766-3000

제주 동부에서 며칠을 지루하지 않게 보낼 수 있는 숙소가 있다면, 그것은 바로 플레이스 캠프 제주다. 성산일출봉의 경관이 한눈에 들어오는 이곳엔 호텔은 물론 카페, 레스토랑, 비어펍, 베이커리, 감성 소품숍 등이 들어서 있고 때때로 프리마켓이나 패션쇼 리허설이 열리는 광장도 있다. 여러 유형이 객실이 있지만 특히 혼자 여행할 때 이용하는 숙소로는 가성비 최고, 숙소 사이트나 자체 홈페이지 등을 부지런히 검색하면 의외의 착한 가격에 묵을 길이 있다. 인더스트리얼 인테리어로 꾸민 객실은 좁은 편이지만 혼자 지내기에 부족함은 없다. 티비가 없어도 문만 열고 나가면 문밖이 어른들의 놀이터인 콘셉트라 심심할 일도 없다. 코로나19 상황인 요즘, 아고다에서 대폭 할인된 가격으로 이용할 수 있는 기회를 노려보자.

제주에서 즐기는 스칸디나비안 라이프
ILO SUITE。

◎ 서귀포시 남원읍 신례로 309-7(신례리 1060-1) 스탠더드 입실 16:00, 퇴실 12:00 / 스위트 입실 15:00, 퇴실 11:00 스탠더드 23만 원, 스위트 40만 원(비수기 주말 기준) 064-901-2922

북유럽까지 가지 않아도 제주에서 스칸디나비안 라이프를 즐길 수 있다면? 남원읍 신례리에 자리한 ILO SUITE는 몇 년 전부터 유행하는 북유럽 스칸디나비아 스타일 인테리어의 진면목을 볼 수 있는 공간이다. 스칸디나비아 스타일 인테리어의 특징은 절제미와 실용성, 그리고 편안함이다. 우리나라에도 핀율, 한스 베그너, 아르네 야콥슨 같은 디자이너들과 마리메꼬, 헤이, 이케아 등 익숙한 브랜드가 많다. 스탠더드와 스위트 룸은 이들의 작품과 브랜드로 꾸민 공간에서 묵으며 그 제품들을 직접 사용해볼 수 있도록 꾸며졌다. 스칸디나비안 브랜드에 관심이 있다면 안목을 키우는 데 도움이 될 듯하다. 핀란드식 사우나와 야외 자쿠지를 갖추고 있으며, 바비큐를 즐길 수 있는 라운지도 있다.

우아하고 시크한 유럽 스타일 풀빌라
호텔창고.

◉ 서귀포시 하례망장포로 37(하례리 31-1) OPEN 입실 16:00, 퇴실 11:00 ₩ 어반시크 20만 원, 마메종(독채형 풀빌라) 29만 원(비수기 주말 기준) ☎ 064-763-1307

호텔창고는 펜션 건축가로서 전국 최고의 감각이라고 꼽히는 강화도 게스트하우스 무무의 강신천 대표의 작품이다. 서귀포 망장포 앞바다와 한라산이 바라보이는 남원읍에 펼쳐놓은 그의 감각은 이전의 작품인 제주무이와 더불어, 한눈에 그 특유의 스타일을 눈치챌 수 있다. 서귀포 감귤창고를 모티브로 한 네 개 동의 노출 콘크리트 독채와 카페로 구성되어 있으며, 무무가 그랬듯이 유럽 스타일의 빈티지와 앤틱을 베이스로 각각 다른 콘셉트의 인테리어로 꾸몄다. 월풀이 놓여 있는 어반시크와 코코블랑, 야외 스파가 있는 메르시, 그리고 야외 풀장과 자쿠지가 있는 마메종 등 수공간 취향에 따라 객실을 선택할 수 있다.

STAY

귤나무와 삼나무로 둘러싸인 과수원집
소원재.

서귀포시 남원읍 남한로 418-1(한남리 335-10) OPEN 입실 16:00, 퇴실 10:30 16만 원(비성수기 주말 기준) 010-8360-7455

귤나무와 삼나무로 둘러싸인 아담한 규모의 스테이로 '과수원집 소원재'로 많이들 부른다. 서로 분위기가 다른 앞집과 뒷집, 공용공간이라고 할 수 있는 티룸으로 구성되어 있다. 본래 과수원이었던 공간을 살려 두 개의 독립된 프라이빗 숙소를 만들어낸 점이 돋보인다. TV와 주방이 없는 숙소는 하릴없이 책과 음악, 그리고 온전히 쉼을 누리기에 안성맞춤. 정원이 보이는 앞집보다 널찍한 창을 통해 사계절 내내 귤나무가 보이는 뒷집이 더 인기가 많다. 특히 노란 귤이 익어가는 겨울에는 마치 우르르 쏟아질 듯 나무에 탐스럽게 매달려 있는 귤이 분위기를 더한다. 티룸에서는 아침 식사와 커피 대신 차가 제공된다.

스몰웨딩 장소로 좋은 '땡땡이' 펜션
르페도라펜션.

◎ 서귀포시 남원읍 신례중앙로 8(신례리 997-1) OPEN 입실 16:00, 퇴실 11:00 파크룸 7만 원~, 오션S룸 9만 원~(비수기 주말 기준) ☎ 064-732-7002

유난히도 널찍한 잔디밭 끄트머리에 우뚝 선 펜션에서 통통 튀는 발랄한 여자아이 이미지가 물씬 풍긴다. 건물 중앙의 까만 도트 무늬와 옥상의 리본 때문이다. 큰 규모의 건물에 이처럼 앙증맞은 느낌을 내고 싶었던 안주인은 이곳을 스몰웨딩, 셀프웨딩, 태교여행, 화보촬영 콘셉트의 펜션이라고 소개하고 있다. 실제로 이곳 잔디밭에서는 스몰웨딩이 이루어지고, 사진이 예쁘게 나오는 포토존이 많아 태교여행이나 화보촬영을 위해 찾아온다. 객실은 저상형 침대와 화이트 베딩, 거실 가구는 블랙 & 화이트로 깔끔하게 꾸몄다.

모던&오덕을 지향하는 자칭 '동쪽의 핫플레이스'
슬로우트립.

◎ 서귀포시 성산읍 오조리 85번로 4(오조리 741) OPEN 입실 17:00, 퇴실 10:00 1인실 4만 원, 2인실 도미토리(1인) 2만5000원 ☎ 010-3301-8793

플레이 모빌 덕후이자 톡톡 튀는 시크함이 무기인 전 광고 카피라이터가 운영하는 게스트하우스. 모던 & 오덕 콘셉트의 플레이 모빌로 꾸민 게스트하우스는 혼자 놀기 좋아하거나 조용한 공간에서 뒹굴뒹굴하며 푹 쉬고 싶은 여행자에게 안성맞춤. '스팸메일보내지마요'도 먹을 수 있고 365일 창밖을 바라보고 앉아있는 케니 아저씨도 만날 수 있는 카페와 사다리를 타고 올라가면 나타나는 비밀 아지트 다락방인 '잉여룸'은 안드로메다적인 정신세계를 가진 주인장이 가장 애정하는 공간이다.

STAY

브런치 스타일 조식 서비스
하마다 게스트하우스

서귀포시 남원읍 일주동로 6863(태흥리 582-1) OPEN 입실 17:00, 퇴실 10:00 빌라노하마다 1~2인 8만 원, 하마다 게스트하우스(여성 전용) 1인 3만5000원~4만 원 064-764-5821

빈티지한 감성의 인테리어와 브런치 스타일의 조식 서비스가 돋보인다. 2인실 별채 원룸인 빌라 노 하마다와 여성 전용 1인실 하마다 게스트하우스가 별도로 분리되어 있다. 커플이나 친구와 함께라면 독립된 공간인 빌라 노 하마다를, '혼행'하는 여성이라면 하마다 게스트하우스를 이용하면 된다. 공용 공간에는 테이블과 소파, 책장 가득 책이 구비돼 있으며, 섭지와 코지라는 강아지도 손님을 반긴다. 10분 정도 바다 쪽으로 걸어 나가면 태흥포구가 있어 일출·일몰을 감상하기에 좋다.

가성비 좋은 제주 최고의 야영장
모구리야영장

서귀포시 성산읍 서성일로 260(난산리 2960-1) OPEN 입실 12:00, 퇴실 12:00 야영장(1박 1인) 어른 3000원, 어린이 2000원(비수기 주말 기준) 064-760-3408

아이 둘을 포함한 한 가족이 모구리야영장에서 캠핑한다면 하루 8000원 가격도 착한데 시설도 최고다. 16만㎡의 널따란 부지에 시설 면적만 5만3000㎡. 가족영지, 한라산영지, 일출봉영지 등 파쇄석이 깔끔하게 깔린 4개 영지로 구성되어 있다. 한겨울에도 따뜻한 물로 샤워할 수 있고 전기 역시 사계절 쓸 수 있다. 수도꼭지를 넉넉하게 갖춘 깔끔한 개수대와 따뜻한 물로 설거지할 수 있는 것도 캠핑에 취미 없는 아내의 마음을 얻는 포인트. 인라인스케이트장과 놀이터, 서바이벌 게임장이 있어 아이가 마음껏 뛰놀기에도 좋다.

STAY

섭지코지 품 안에서 편안한 휴식
휘닉스 제주 섭지코지.

◎ 서귀포시 성산읍 섭지코지로 107(고성리 127-2) ⓞ 체크인 14:00, 체크아웃 11:00 🏨 벨라테라스(112㎡) 55만 원, 로열스위트(178㎡) 77만 원(비수기 주말 기준) ☎ 064-731-7000~5

비회원도 이용할 수 있는 휘닉스 제주 섭지코지의 벨라테라스 콘도는 화이트 베이스에 나무 마감재로 포인트를 준 편안한 분위기. 뷰가 서로 다른 블루, 오렌지, 레드동에 112㎡과 178㎡ 두 종류의 객실이 있는데 역시 바다가 보이는 오션뷰가 인기다. 널찍한 편의점은 상품이 다양하여 출출할 때 '야식 쇼핑'하러 들르기 좋고, 아이들이 놀 수 있는 키즈카페도 있다. 조식을 먹을 수 있는 뷔페 레스토랑은 회원 전용과 비회원도 이용할 수 있는 곳이 따로 있다.

여유로운 럭셔리 숙소에서 최고의 힐링
해비치호텔 & 리조트.

◎ 서귀포시 표선면 민속해안로 537(표선리 40-69) ⓞ 입실 15:00, 퇴실 12:00 🏨 호텔 30만~43만 원대, 리조트 30만~33만 원대(비수기 주말 기준) ☎ 064-780-8100

표선 바다가 내려다보이는 해비치호텔과 널따란 정원을 끼고 있는 해비치리조트는 서귀포시 동부권에서 가장 쾌적하고 수준 높은 숙소. 총 500여 개 객실 중 호텔이 300여 객실, 리조트가 200여 객실로 구성된 거대한 규모다. 객실 자체가 여느 특급호텔에 비해서도 매우 널찍한 편으로 연인끼리 오붓하게 쉬고 싶다면 호텔을, 가족 단위로 묵으면서 식사를 직접 마련하겠다면 리조트가 편하겠다. 동남아의 여느 휴양지를 연상시키는 야외풀장과 실내수영장, 자쿠지, 스파 등의 수 공간이 충분하고, 키즈 프로그램도 갖추고 있다.

PART 8

서귀포시 서부권

서귀포시 서부권은 대정읍, 안덕면을 아우르고 올레길 10코스를 포함한다. 제주도를 시계 반대 방향으로 돈다면 모슬포항을 시작으로 송악산, 용머리해안, 산방산을 차례로 만나게 될 터. 바람이 많고 척박한 모슬포는 큰 규모의 리조트도 없고 고만고만한 식당들이 연신 매운탕 냄새를 풍기는 푸근한 곳이다. 가파도와 마라도에 갈 때도 모슬포에서 출발하므로 함께 묶어서 일정을 짜는 것도 좋겠다. 내륙 쪽으로 들어가면 제주신화월드를 비롯해 오설록 티뮤지엄, 카멜리아힐, 제주항공우주박물관, 세계자동차박물관 등 다양한 테마도 즐길 수 있다.

서귀포시 서부권 버킷리스트 10

1 세계적인 건축물 비오토피아 감상하기 **2** 제주 10대 비경 안덕계곡에서 피서 즐기기 **3** 오설록티뮤지엄에서 먹고 마시고 바르며 녹차 즐기기 **4** 제주항공우주박물관에서 파일럿 되어보기 **5** 송악산에서 미친 바람 맞아보기

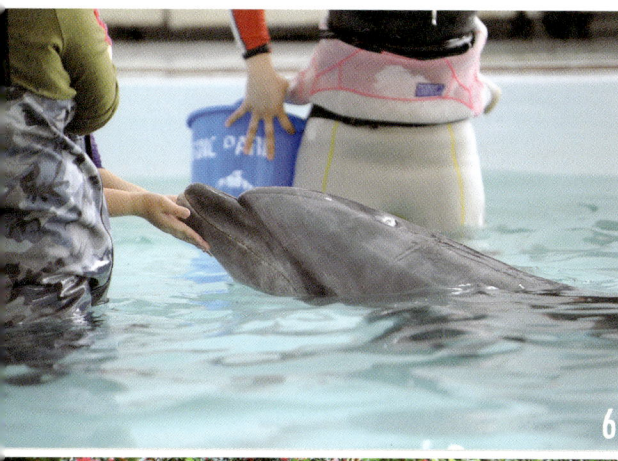

6 마린파크에서 돌고래 조련사 되어보기 **7** 카멜리아힐에서 동백길 걷기 **8** 모슬포항 맛집에서 갈칫국 도전하기 **9** 대평마을 느릿느릿 산책하기 **10** 용머리해안에서 자연의 조각품 감상하기

● 오설록티뮤지엄　● 제주항공
　　　　　　　　　우주박물관

● 월정리갈비밥(서귀포점)　● 풀베개

● 스모크하우스 인 구억

● 마노르블랑
● 제주고로
● 서귀포 김정희 유배지
● 제이앤클로이

1120

● 젠하이드어웨이 제주
사계생활　● 더머움
　　　　　　● 사계의시간
● 인스밀　　춘미향식당　● 제주아올

대정읍

　　　　　● 와토커피　● 사계어촌체험마을
● 홍성방　　　　　　　● 형제해안도로
● 덕승식당　● 산방식당
　　　　● 모슬포항
　　　　　　● 스테이위드커피
　　　　● 이듬해봄

● 송악산

서귀포시 서부권 지도

SIGHTS

먹고 마시고 바르는 그린티 세상
오설록티뮤지엄.

서귀포시 안덕면 신화역사로 15(서광리 1235-1) 09:00~18:00 연중무휴 녹차아이스크림 5000원, 티스톤 다도체험(2인) 3만 원 064-794-5312

입장료가 없는 데다 볼거리가 풍성하여 사시사철 관람객이 끊이지 않는 곳. 아모레퍼시픽에서 운영하는 오설록티뮤지엄은 구석구석 우아함을 잃지 않아 '역시! 화장품 회사가 주인 맞군!'하는 감탄사를 연발하게 한다. 맞은편 광활한 서광다원과 더불어, 제주산 녹차와 천연 재료를 활용한 화장품이 볼거리. 내부는 차를 테마로 한 티뮤지엄과 티스톤, 화장품을 테마로 한 이니스프리 등이 있다. 티뮤지엄에 들어서면 양쪽으로 진열된 세계의 찻잔에 자연스럽게 시선이 머문다. 안쪽에서는 녹차 덖음 시연도 볼 수 있고 녹차 제품을 살 수도 있는데, 역시 장사진을 이루는 곳은 녹차아이스크림, 녹차롤케이크 등을 맛보는 카페. 깔끔하고 풍요로운 녹차 맛이 일품인 이 메뉴를 맛보기 위해 기꺼이 줄을 선다. 추사 김정희의 벼루를 모티브로 한 티스톤에서는 티 소믈리에의 지도에 따라 다도 체험도 해보길. 벚꽃이 우수수 휘날리는 날, 통유리창 안으로 자연을 끌어들인 티스톤에 앉아 맑은 차 한잔을 마신 경험은 두고두고 잊히지 않는다.

서귀포시 서부권

여심 저격! 감성 터지는 동백꽃 동산
카멜리아힐.

◎ 서귀포시 안덕면 병악로 166(상창리 271) 6~8월 08:30~19:00(3~5월, 9~11월은 18:30까지, 12~2월은 18:00까지) 연중무휴
어른 8000원, 어린이 5000원 064-792-0088

이제 제주에서는 동백꽃 하면 자연스럽게 카멜리아힐이 떠오른다. 세상의 모든 동백꽃은 다 이곳에 모였다 싶을 만큼 500여 종에 이르는 동백꽃과 철마다 피고 지는 아름다운 꽃들이 하모니를 이루는 곳. 게다가 제주의 많은 수목원들 중에 유독 돋보이는 이유는 바로 여심을 사로잡는 감성, 그것이다. 털목도리를 두르고 꽃으로 장식한 선글라스를 낀 돌하르방이나 니트로 감싼 겨울나무가 등장하더니 해를 더할수록 아기자기한 감성으로 무장하고 있다. 멋진 글귀가 적힌 패브릭 가랜드를 달거나 동백꽃이 그려진 휘장 앞에 의자를 놓아 포토존을 만들고, 마음의 정원 옆 잔디밭에 놓인 빈백을 놓으면서 SNS가 더욱 뜨겁게 달궈졌다. 후박나무 숲길에는 전구를 달아 독특한 분위기를 연출하더니 요즘에는 이해인 수녀의 시 '동백꽃 연가'의 한 구절이 적힌 휘장 앞에 의자를 놓아 인증샷을 남기지 않고는 결코 그냥 지나칠 수 없게 만들었다. 꽃향기 가득한 온실 카페 역시 이곳을 다시 찾게 만드는 매력 포인트. 앞으로는 또 어떤 깜찍한 아이디어로 여심을 저격할지 못내 궁금해진다. 5kg 미만의 반려견도 동반 입장이 가능하다.

하늘을 날고 싶은 이카로스의 꿈
제주항공우주박물관。

◎ 서귀포시 안덕면 녹차분재로 218(서광리 산39) ▣ 09:00~18:00 ▣ 셋째 월요일 ▣ 어른 1만 원, 어린이 8000원 ☎ 064-800-2000

제주 박물관 중에 규모나 내용 면에서 단연 1등이다. 볼거리 많고 배울 거리도 많아 아이가 즐기는 모습에 흐뭇한 엄마 미소가 지어진다. 약 33만㎡의 부지로 워낙 방대한 규모라 돌아보는 데만 2~3시간은 기본이다. 워밍업은 박물관 마당에 진열된 진짜 항공기들을 둘러보면서 시작된다. 영화 <탑건>의 주인공을 흉내 내고 싶다면 헬리콥터 조종석에 앉아보고 화물기에도 탑승해보자. 천문우주관에서는 가상 비행체험도 가능한데, 비행기가 뜨는 원리는 물론, 우주비행사는 생리 현상을 어떻게 해결하는가 등 소소한 호기심까지 답을 얻게 된다. 특히 첨단과학과 결합하여 우주의 신비를 보여주는 캐노푸스, 폴라리스, 프로시온, 아리어스 등은 박물관에서도 특별히 내세우는 테마 시설. 각각 2000원을 내야 하지만 그만한 가치가 있다.

원스톱으로 끝내는 세상의 모든 즐거움
제주신화월드

◉ 서귀포시 안덕면 신화역사로 304번길 38(서광리 산24) ⒪ 신화테마파크 12:00~20:00 ⒞ 연중무휴 💰 자유이용권 2만 원, 빅5 1만8000원, 싱글라이드 4000원 📞 1670-1188

제주신화월드는 약 250만㎡에 이르는 가족 중심의 복합 휴양 리조트. 5성급 리조트, 콘도, 비즈니스 리조트를 망라한 2000여 개의 객실, 테마 식당가, 쇼핑몰 등으로 구성되어 있어 제주신화월드 내에서 모든 것을 원스톱으로 즐기고 해결할 수 있다는 것이 장점. 특히 토종 애니메이션 캐릭터인 라바를 테마로 한 놀이기구가 있는 신화테마파크와 워터파크, 체험과 액티비티, 키즈카페 등 아이가 좋아할 만한 공간이 많은 편이다. 신화테마파크를 온종일 무제한으로 즐기자면 자유이용권, 원하는 어트랙션만 골라 타려면 싱글라이드, 빅3, 빅5 중 선택해 구입하면 된다. 아이와 어른 모두를 위한 개별적인 액티비티가 있고, 여름 한 철을 시원하게 보낼 수 있는 워터파크도 있다. 다만 코로나19로 인해 탈 만한 놀이기구들이 운영을 중단해 아쉬운 상황. 그러므로 자유이용권보다는 운영하는 몇 가지 중 골라 타는 편이 나을 수 있다.

SIGHTS

돌고래와 스킨십으로 교감한다
마린파크

서귀포시 안덕면 화순중앙로 132(화순리 823) OPEN 09:30~18:30 CLOSE 연중무휴 24개월 이상 1만 원 / 입장권 2000원, 돌고래 조련사 체험 9만5000원, 돌핀 스위밍 23만 원, 돌핀 태교 30만 원 064-792-7776

동물이라면 무조건 좋아하는 사람, 고래와 소년의 우정을 다룬 영화 〈프리윌리〉에 눈시울을 적신 사람, 돌고래 지느러미를 잡고 함께 헤엄치는 해외 다큐멘터리에 깊은 감동을 받은 적이 있는 사람이라면, 여기 마린파크에 가보자. 프라이빗하게 돌고래를 만날 수 있는 프로그램이 마련돼 있다. 마린파크에는 영리한 군기 대장 '화순이'를 비롯해 네 마리의 큰돌고래가 살고 있다. 사람을 좋아하는 돌고래는 아이들에게도 매우 친근한 친구. 매끄러운 고무공 같은 피부를 만져보기도 하고 조련사처럼 먹이를 주며 교감하는 시간을 갖는다. 돌고래 조련사 체험이 인기 있고 뱃속의 아이와 돌고래가 초음파로 교감하는 돌핀 태교 프로그램은 아내에게 바치는 애처가 남편의 최고 선물. 그밖에 아이가 좋아하는 잉어밥 주기, 금붕어 잡기, 돌고래 천연비누 만들기 등의 체험도 있다.

SIGHTS

아저씨 가슴도 울렁이게 하는 핑크빛 나라
헬로키티아일랜드。

서귀포시 안덕면 한창로 340(상창리 1963-2) 09:00~18:00(7·8월은 20:00까지) 연중무휴 어른 1만4000원, 어린이 1만1000원 064-792-6114

헬로키티의 방과 주방, 카페 등 한 건물이 온통 블링블링한 핑크빛으로 가득찬 헬로키티 천국이다. 앙증맞은 헬로키티 캐릭터는 여자아이들이나 좋아할 거로 생각하지만 천만의 말씀! 물론 헬로키티아일랜드를 찾는 손님 대부분이 어린 딸의 손을 잡고 찾아온 가족들이지만, 의외로 20대 아가씨도 많다. 단언컨대, 헬로키티는 워낙 귀엽고 사랑스러운 캐릭터라 '아저씨'가 가더라도 무장해제를 당하고 말 듯하다. 특히 인기가 많은 곳은 헬로키티의 방. 다 큰 처녀들도 핑크빛 침대에 누워 사진도 찍고, 화장대에 앉아보며 즐거운 시간을 보낸다. 출구 쪽에 있는 기념품숍에선 조르는 아이와 달래는 엄마의 신경전이 벌어지기도 하지만 결국 쇼핑백 하나씩은 손에 들려 있게 마련이다.

세계의 명품 자동차와 피아노가 한자리에

세계자동차 & 피아노박물관.

서귀포시 안덕면 중산간서로 1610(상창리 2065-4) 09:00~18:00 연중무휴 어른 1만3000원, 어린이 1만2000원 064-792-3000

인터넷에 올라 있는 한 어린이의 재미있는 질문 하나. "시발자동차는 욕인가요?" 욕설처럼 들리는 이 자동차는 '시작'이란 의미를 담은 엄연한 우리나라 최초의 자동차. 세계자동차박물관에 가면 시발자동차 외에도 1886년 제작된 세계 최초의 자동차인 벤츠 '페이턴트 모터바겐', 갈매기가 날개를 편 모양으로 양쪽 문이 열리는 '걸윙 쿠페인 벤츠 300SL' 등 클래식 카 70여 대를 만날 수 있다. 그리고 실내에는 '캐딜락 엘도라도', 야외에는 전설적인 미국 서부 영화의 주인공 존 웨인이 타고 다녔다는 '머큐리 몬테레이'와 함께 기념 촬영을 할 수 있게 포토존을 마련했다. 전체적인 분위기가 1950년대 미국 빈티지 무드로 꾸며져 있어서 편안하게 전시물을 감상하기 좋다. 아이들에겐 명차 구경보다 보호자와 함께 직접 전기자동차를 운전해보는 어린이 체험장이 훨씬 재미있을 듯. 여기에 더해 로댕이 조각한 세계 유일의 피아노 등 피아노 예술품들을 만날 수 있는 피아노박물관도 있고, 사슴·토끼 먹이주기 체험도 함께 할 수 있다.

SIGHTS

이타미 준의 건축작품을 만나는
수풍석뮤지엄.

◎ 서귀포시 안덕면 산록남로 762번길 71(상천리 380-7) 디아넥스호텔(집결지) OPEN 6월 1일~9월 15일 10:00, 16:00 / 9월 16일~5월 31일 14:00, 15:30(하루 두 차례 관람, 선착순 10명 제한) 어른 2만5000원, 어린이 1만2500원 ☏ 064-794-6178, 010-7145-2366

제주도 서쪽의 안덕면 상천리는, 동쪽의 섭지코지에 버금가는 세계적인 수준의 건축물을 만날 수 있는 동네. 이타미 준의 방주교회, 수풍석뮤지엄, 포도호텔과 안도 다다오가 지은 본태박물관이 있기 때문이다. 이 중 수풍석박물관에는 이타미 준이 제주의 물, 바람, 돌을 각각 테마로 삼아 지은 수(水) 박물관, 풍(風) 박물관, 석(石) 박물관이 함께 있다. 하지만 개인이 거주하는 타운하우스이므로 레스토랑을 이용하지 않고는 접근이 어려웠던 것도 사실이다. 다행히도 요즘에는 인터넷으로 예약하면 하루 두 차례 박물관 관람이 가능하다. 디아넥스호텔에서부터 셔틀버스로 이동하는데, 박물관과 생태공원을 1시간가량 도보로 관람하므로 편한 신발을 신고 가는 것이 좋다.

키덜트의 천국
피규어뮤지엄 제주.

◎ 서귀포시 안덕면 한창로 243(상창리 1875-8) OPEN 10:00~18:00 CLOSE 연중무휴 어른 12000원 어린이 9000원 ☎ 064-792-2244

다 큰 어른이 웬 장난감이냐 하던 시절은 옛말. 이젠 TV에서 피규어 진열대를 집에 고이 모셔둔 연예인들의 모습이 자연스럽게 소개되곤 한다. 피규어는 영화나 게임, 애니메이션에 등장하는 캐릭터나 유명인을 실제 모습처럼 정교하게 재현한 것을 일컫는데, 아이들의 장난감과 비교할 수 없는 월등한 퀄리티를 뽐낸다. 이런 피규어를 좋아하거나 수집하는 키덜트들에게 피규어뮤지엄은 그야말로 천국. 1관 액션 피규어, 2관 무비 스태츄, 3관 라이프 사이즈로 분류하였는데 엄청난 수량과 다양함에 감탄사가 절로 나온다. 이쯤 되면 작품이라고 해도 좋을 듯. 아이랑 함께 구경하기도 좋고 피규어 마니아가 아니라도 한 번쯤 들러볼 만한 이색 테마 박물관이다.

SIGHTS

동심을 사로잡는 블랙홀 놀이터
뽀로로앤타요 테마파크

◎ 서귀포시 안덕면 병악로 269(안덕면 상창리 79) OPEN 10:00~18:00 CLOSE 연중무휴 자유 이용권 : 어른 3만 원, 어린이 4만 원 / 미니 이용권 : 어른 1만5000원, 어린이 2만5000원 / 공원 이용권 : 어른 1만 원, 어린이 2만 원 / 애프터3 이용권 : 어른 2만5000원, 어린이 3만5000원 ☎ 064-742-8555

제주에서 4~6살배기 아이와 함께 최고의 시간을 보낼 수 있는 곳으로 뽀로로앤타요 테마파크를 추천한다. 이곳을 크게 나누면, 뽀로로파크·타요 트램펄린파크로 구성된 실내 공원과 어린이용 바이킹이 있는 실외 공원으로 구분할 수 있다. 티켓은 모든 곳을 다 이용할 수 있는 자유 이용권, 실외 공원과 실내에서 신발을 신고 이용할 수 있는 공간만 입장 가능한 공원 이용권, 뽀로로파크나 타요파크만 각각 이용할 수 있는 미니 이용권으로 구분해서 판매한다. 그러므로 아이의 연령대와 취향, 머무를 수 있는 시간을 잘 생각해서 티켓을 구입하면 가성비를 높일 수 있다. 제주 여행자들은 보통 오후 3시 이후부터 입장 가능한 애프터3 티켓을 구입하는 편으로, 모든 놀이시설을 이용할 수 있다. 부모와 함께 즐길 수 있는 놀이시설도 있고 키 제한이 있는 것도 있으니 참고할 것. 한 번 이곳에 들어온 아이가 나가고 싶어 하지 않는다는 게 고민이라면 고민이다.

SIGHTS

제주 최고의 가성비 테마파크
파더스가든.

서귀포시 안덕면 병악로 44-33(상창리 804) OPEN 09:00~18:00 CLOSE 연중무휴 10월 초~1월 말 : 어른 1만 원, 어린이 24개월까지 무료 / 감귤체험 기간 외 7000원 070-8861-8899

꽃도 보고 싶고, 동물도 보고 싶은데, 체험까지도 하고 싶다면 단연 이곳이다. 5만여 평의 넓은 부지에 해마다 축제를 여는 수국을 비롯해 철마다 꽃을 볼 수 있고, 동심을 잃지 않은 어른이(?)들도 좋아할 만한 동물농장도 있다. 특히 당근 선물을 줘야만 아는 척해주는 알파카와 당나귀가 인기. 감귤 철에는 입장료 만 원으로 제주 최대 크기의 귤밭에서 감귤 체험도 가능해 그야말로 가성비 갑!

행복바이러스 가득, 여기는 1년 내내 크리스마스!
바이나흐튼 크리스마스박물관.

서귀포시 안덕면 평화로 654(서광리 456) OPEN 10:30~18:00(크리스마스마켓 기간에는 휴무 없이 10:30~20:00) CLOSE 수요일 무료(기부금으로 운영) 010-2645-7976

사라 씨 부부가 제주 서광리에 아담한 크리스마스박물관을 짓기까지의 과정은 그 자체가 해피엔딩의 동화 같다. 부부는 독일 로텐부르크의 크리스마스박물관과 호두까기 인형의 원산지인 자이펜까지 찾아가 목공예품과 크리스마스 관련 자료를 모아 독일의 크리스마스를 제주 땅에 재현해냈다. 박물관과 잡화점 토마스하우스, 앤틱샵, 베이커리카페 등으로 구성된 이곳은 매주 수요일을 제외하고 1년 내내 열려 있어 '8월의 크리스마스'도 가능하다. 매년 12월 25일을 기점으로 4주 전 토요일부터 크리스마스마켓이 시작된다.

안도 다다오의 건축 작품 속 전통과 현대
본태박물관.

서귀포시 안덕면 상천리 산록남로 762번길 69(상천리 380) OPEN 10:00~18:00 CLOSE 연중무휴 어른 2만 원, 어린이 1만2000원 064-792-8108

노출 콘크리트가 트레이드 마크인 안도 다다오의 건축 작품과 전통 문양의 한국적인 담장이 이색적인 조화를 이룬다. 현대가의 일원이 된 노현정 전 아나운서의 시어머니가 오픈한 박물관으로, 미디어 아티스트 백남준과 안도 다다오의 특별 공간을 비롯해 '땡땡이' 패턴의 설치작품으로 유명한 쿠사마 야요이의 작품, 우리나라 전통 상여에 쓰인 소품 등 한 공간에서 전통과 현대를 모두 만날 수 있다. 야외 조각공원은 데이비드 걸스타인, 자우메 플렌사 등 해외 작가들의 조각 작품들로 꾸며져 있다.

거인 놀이하며 동심의 세계로
소인국테마파크.

서귀포시 안덕면 중산간서로 1878(서광리 725) OPEN 09:00~18:00 CLOSE 연중무휴 소인국테마파크 어른 9000원, 어린이 5000원 / 앨리스 인투더래빗홀 어른 1만3000원, 어린이 9000원 / 패키지 어른 1만7600원, 어린이 1만1200원 064-794-5400

몇 시간 안에 세계의 유명한 곳을 모두 여행할 수 있다면 얼마나 좋을까. 꿈 같은 얘기일 뿐이지만, 소인국테마파크에서는 어느 정도 가능하다. 5만㎡ 부지에 30여 개국 100여 곳의 명소를 미니어처로 제작해 아기자기하게 배치해 놨다. 축소된 비율은 저마다 조금씩 다르지만 한 바퀴 걸어서 돌다 보면 명소에 대한 지식도 얻게 된다. 어른도 탈 수 있는 미니기차를 타고 소인국을 누벼보는 것도 좋다. 〈이상한 나라의 앨리스〉를 미디어아트로 재탄생시킨 앨리스 인투더래빗홀은 또 다른 즐거움을 줄 것이다.

이타미 준의 건축 작품
방주교회.

◎ 서귀포시 안덕면 산록남로762번길 113(상천리 427) 주중 09:00~18:00 월요일, 공휴일 무료 064-794-0611

세계적인 건축가 이타미 준이 노아의 방주를 모티브로 하여 지은 교회다. 출입구가 있는 교회 정면은 배 앞부분인 선수를 닮았고, 건물 사면에 물이 흐르게 설계하여 그야말로 물 위에 떠 있는 배를 연상시킨다. 교회 내부에서는 바깥쪽의 물이 보여 마치 배에 타고 있는 듯한 느낌을 준다. 빛과 바람에 따라 물에 비친 반영이 오묘하게 변화하는, 자연과 건축물의 하모니가 아름다운 건축물이다. 사진 촬영 명소로 알려져 많은 이들이 찾고 있지만, 종교 시설인데다 코로나19 상황인 만큼 교회 내 출입은 더욱 각별한 주의가 필요하다.

추사 김정희의 숨결이 고스란히
서귀포 김정희 유배지.

◎ 서귀포시 대정읍 추사로 44(안성리 1661-1) 09:00~18:00 월요일 무료 064-710-6803

추사 김정희의 〈세한도〉에 등장하는 집을 재현한 추사관과 제주 대정으로 유배 왔던 추사가 거주하던 추사적거지로 구성되어 있다. 추사관에는 〈세한도〉에 관한 자료들과 행서체 편지들, 그리고 추사에 관한 〈완당평전〉을 쓴 바 있는 유홍준 교수의 추사체 탁본 등이 전시되어 있다. 추사의 흉상이 있는 2층에서 연결된 뒤뜰을 따라 나가면 그가 탱자나무 울타리에 갇혀서 위리안치형을 살았던 초가인 추사적거지로 이어진다. 추사가 머물던 밖거리(바깥채)와 안거리(안채) 등 조선시대 생활문화도 엿볼 수 있다.

사부작사부작 걷기 좋은 예쁜 마을

대평마을。

◎ 서귀포시 안덕면 대평감산로 43(창천리 930-4)

대평리 버스정류장을 중심으로 트렌디한 게스트하우스, 카페, 분식점 등이 오밀조밀 들어서면서 분위기가 확 달라졌다. 바닷가 마을이라 바람이 많은데, 초록빛 마늘밭이 바람결에 흔들리는 풍경이 매우 평화롭다. 올레길 8코스가 끝나는 지점이자 9코스의 시작점인 대평포구에는 소녀 조각상이 있는 등대가 있고, 제주 출신 이승수 작가의 해녀 작품도 만날 수 있다. 뚝 떨어진 절벽 같은 박수기정을 감상하며 바닷길을 걷다가, 사부작사부작 마을 안쪽 골목으로 들어서면 담벼락에 타일 꽃이 활짝 피어 여행자를 즐겁게 한다.

포구 별미가 가득한 정겨운 항구

모슬포항。

◎ 서귀포시 대정읍 하모리

모슬포항은 가파도와 마라도로 가는 배가 뜨는 곳이자 한림항과 더불어 제주의 큰 항구로 꼽힌다. 쉴 새 없이 큰 어선들이 분주하게 드나드는 이곳은 올레길 10코스의 종점이자 11코스의 시작점. 시기에 따라 포구에서 자리돔, 조기, 멸치 작업을 하는 제주 어촌 사람을 만날 수 있고 항구 안에는 신선한 생선을 맛보는 별미 음식점들이 여럿 있다. 겨울의 문턱을 넘어서면 모슬포항은 더욱 활기를 띤다. 모슬포 앞바다의 거친 물살에 단련된 탱탱하고 고소한 방어가 제철이기 때문. 이런 모슬포는 방어 유통의 중심이 되는 항구이자 최남단모슬포방어축제가 열리는 곳이기도 하다.

SIGHTS

파노라마처럼 펼쳐지는 서쪽 해안 절경
송악산.

◎ 서귀포시 대정읍 송악관광로 421-1(상모리 131)

산이라고 하지만 비교적 완만한 경사를 가진 기생화산이다. 제주도의 남쪽 해안에 불쑥 튀어나와 있는 지형 때문에 일몰과 일출을 모두 볼 수 있는 곳이기도 하다. 특히 바다 위로 해지는 풍경이 장관이라 일몰 무렵에야 이곳을 찾는 사람들이 많다. 송악산 전망대에 서면 산방산, 한라산, 형제섬 그리고 멀리 가파도, 마라도가 파노라마처럼 펼쳐진다. 어느 계절에나 가슴을 탁 트이게 하는 전망을 자랑하지만 특히 바람이 많이 부는 가을에 센 바람에 모로 눕는 억새가 인상적이다. 해안절벽에는 일제강점기 때 제주도 주민들을 강제 동원하여 뚫은 진지 동굴 여러 기가 남아있다.

뿔난 옥황상제가 내던진 뭉툭한 저것은?
산방산 & 산방굴사。

◎ 서귀포시 안덕면 사계리 산16 OPEN 산방굴사 08:30~17:30 ₩ 산방굴사 1000원

산방산은 화산이 폭발하면서 흘러나온 마그마가 천천히 굳어지면서 종 모양이 된 이른바 종상화산이다. 산 정상까지는 약 395m인데 현재는 중턱에 위치한 산방굴사까지만 개방되어 있다. 산방산 둘레가 백록담의 그것과 같아서 옥황상제가 홧김에 한라산 봉우리를 뽑아서 던진 게 산방산이라는 전설이 내려오지만, 생성과정이나 시기가 전혀 다르다. 봄날이면 산방산 근처에 노란 유채꽃이 흐드러지게 피는데 1000원 정도를 내고 기념사진을 찍을 수 있다.

해녀 모드로 용궁의 보물을 캐는
사계어촌체험마을。

◎ 서귀포시 안덕면 형제해안로 13-1(사계리 2147-30) OPEN 해녀체험 6~10월 ₩ 해녀체험 2만5000원 ☎ 064-792-3090, 010-5068-5853

산방산과 용머리해안에서 가까운 사계어촌체험마을은 제주도 해녀체험을 처음 시도한 마을이다. 해녀복, 수경, 테왁 등 해녀 모드로 완전 무장하고 허리 높이쯤 되는 바다에 들어간다. 바닷속에는 전복, 해삼, 뿔소라, 보말 등이 지천이다. 따는 대로 모두 가져올 수 있는 건 아니고, 뿔소라 한 접시를 즉석에서 맛볼 수 있도록 준비해준다. 단가가 높은 전복과 해삼은 시가로 저렴하게 살 수 있다. 체험은 2인 이상만 가능하고 물때를 맞춰야 하므로 최소한 이틀 전에는 예약하자.

큰 바위를 통째로 주물러 뒤틀어 놓은 듯한
용머리해안.

서귀포시 안덕면 사계리 09:00~17:00 기상 상태가 좋지 않을 때 1+2코스 어른 2000원, 어린이 1000원 064-794-2940

80만 년이라는 장대한 지구의 시간을 품은 용머리해안은 수월봉에 이어 제주에서 두 번째로 생긴 지질트레일의 출발점이다. 화산 폭발 후 용암이 식으면서 암반에 구멍이 숭숭 뚫린 풍화혈과 해식동굴 등 다채로운 지질 형태가 고스란히 남아있다. 바다와 기암절벽 사이 길을 통해 안으로 들어가는데 용의 뒤틀림 같은 기묘한 기암괴석들이 해안을 빙 둘러가며 펼쳐져 있다. 원래는 용머리해안을 한 바퀴 돌게 되어 있었으나 현재는 낙석이 떨어진 지점을 출입 통제하고 있어서 다시 되돌아 나와야 한다. 1코스는 다이내믹한 풍경이 10분가량 굵고 짧게 펼쳐지고, 2코스는 1코스에 비해 완만한 풍경을 보다 오래 즐길 수 있다. 중간쯤에 직접 채취한 뿔소라나 전복을 썰어서 팔던 유쾌한 해녀 할망들이 계셨는데 지금은 어떤지 모르겠다. 용머리해안은 물때와 날씨가 여의치 않을 때는 관람하기 어렵기 때문에 미리 문의하는 게 낫다.

SIGHTS

엄지 첵! 하게 되는 최고의 풍광
형제해안도로.

◉ 서귀포시 대정읍 알뜨르비행장에서 사계항까지

산방산 아래에서 송악산 입구로 이어지는 약 5km의 최고 드라이브 코스. 올레길 중에서도 절경을 만끽하며 바닷가를 따라 온전히 걷는 10코스에 해당한다. 그러니 형제해안도로 드라이브는 올레길을 차로 달리는 셈. 두 개로 보였다가 하나로 합쳐지는 바다 위 형제섬. 돌산인 산방산과 그 뒤로 보이는 한라산까지…. 오르락내리락 끊어질 듯 휘어지는 형제해안도로를 품고 보석 같은 자연을 콕콕 박아놓은 조물주의 솜씨라니! 게다가 유채꽃 출렁이는 봄날. 푸른 하늘을 배경으로 유유히 풀을 뜯는 초원의 말과 조우한다면? 어찌 차에서 내리지 않고 그냥 지나칠 수 있을까. 중간중간 차를 세울 수 있는 주차장이 있으므로 잠시 멈춰 부서지는 파도를 감상하자. 바람이 유난히 많은 이곳의 장쾌한 파도는 마음속까지 시원하게 뚫어준다.

천상의 계곡이 있다면 바로 이곳
안덕계곡.

◎ 서귀포시 안덕면 일주서로 1524(감산리 359)

MBC 드라마 〈구가의 서〉에서 구월령이 머물던 천상의 공간이자 〈추노〉의 추격전을 찍은 그 장소. 제주 10대 비경 중의 하나로 추사 김정희도 즐겨 찾았다고 전해지는 추사유배길 3코스이기도 하다. 물 맑은 계곡 양쪽의 주상절리와 바위그늘, 그리고 구실잣밤나무, 곰솔, 돈나무 등과 양치식물이 울창해 천연기념물로 지정되었다. 끊이지 않고 귓가를 울리는 계곡 물소리가 청량감을 더하는 가운데 한여름 대낮에도 서늘하여 신비감이 감돈다. 데크로 이어진 산책길을 걷다 보면 울창한 나뭇가지와 덩굴 줄기들이 앞을 가리고 때론 동백나무 군락도 만난다. 안덕계곡은 무더운 여름 제주 사람들의 피서지이기도 하다. 김밥이라도 싸와서 숲속의 한낮을 보내면 좋겠지만, 한여름에는 모기가 사정없이 달려든다. 모기퇴치용 스프레이를 준비하자.

FOOD

맛의 신세계가 펼쳐지는 고로덮밥
제주고로.

◎ 서귀포시 대정읍 서삼중로 94(무릉리 2892-1) ◉ 11:30~20:30 ◉ 연중무휴 ▤ 고로덮밥 1만5000원, 딱새우크림우동 1만3000원, 아보카도참치덮밥 1만4000원 ☎ 064-794-9080

제주에서도 외진 편인 대정읍 무릉리는 여행자를 끌 만한 관광 명소가 드문 편. 이런 동네에 일본 일품요리 식당을 낸 셰프의 저의(?)가 궁금했던 것도 사실. 사람 없는 조용한 동네를 택한 것인지 아니면 음식 맛으로 승부를 보겠다는 자신감인지 말이다. 고로덮밥을 먹어보니 두 가지 다 맞다는 결론이다. 고슬한 밥 위에 연어와 아보카도 그리고 달걀을 깍둑썰기로 썰어 얌전히 올린 고로덮밥은 이 집을 줄 서는 맛집으로 이름나게 한 시그니처 메뉴. 밥과 연어, 아보카도, 달걀을 얌전하게 떠서 먹어보니 무엇보다 전체적인 간이 훌륭하다. 약간 짭짤한 듯하지만 밥과 함께 어우러지니 이보다 훌륭할 수 없다 싶다. 아마도 덮밥 소스가 비법인 듯. 가까이에 의상을 전공한 아내가 새로 오픈한 카페 & 편집숍 앤더스가 있어 제주고로에서 식사하고 앤더스에서 커피도 마시고 편집숍도 둘러보는 동선이 자연스럽게 이어진다.

FOOD

한 그릇에 제주를 담아냈다
월정리갈비밥(서귀포점)

서귀포시 대정읍 영어도시로 56(구억리 1007-1) 11:00~20:00(브레이크타임 15:00~17:00) 화·수요일 갈비밥 1만1900원, 똥보샤 5000원, 제주타워 5000원 0507-1425-1177

'갈비밥'이라니. 밥 위에 갈비구이를 얹어 내놓는다는 것일까? 잘게 썬 갈비에 밥을 비빈 비빔밥일까? 처음 듣는 갈비밥이라는 메뉴에 호기심이 생겨 고개를 갸우뚱했다면 그대는 월정리갈비밥에 제대로 낚인(!) 것이다. 월정리갈비밥은 편백나무 그릇에 제주산 마늘 베이스의 간장소스로 양념한 흑돼지, 딱새우, 방울 토마토 등을 얹은 먹음직스러운 메뉴. 요즘에는 흑돼지의 단가가 비싸져서 수입산 돼지고기를 사용하고, 대신 가격을 2000원 낮췄다. 뚱뚱한 멘보사인 '뚱보샤'와 슬라이스한 한라봉을 탑처럼 쌓은 한라봉 에이드 '제주타워'도 신박하다. 하늘하늘한 하얀 시폰 커튼 너머로 귤밭이 보이는 서귀포점은 우아하게 홍차라도 마셔야 할 듯한 분위기로 여심을 사로잡기에 충분하다.

FOOD

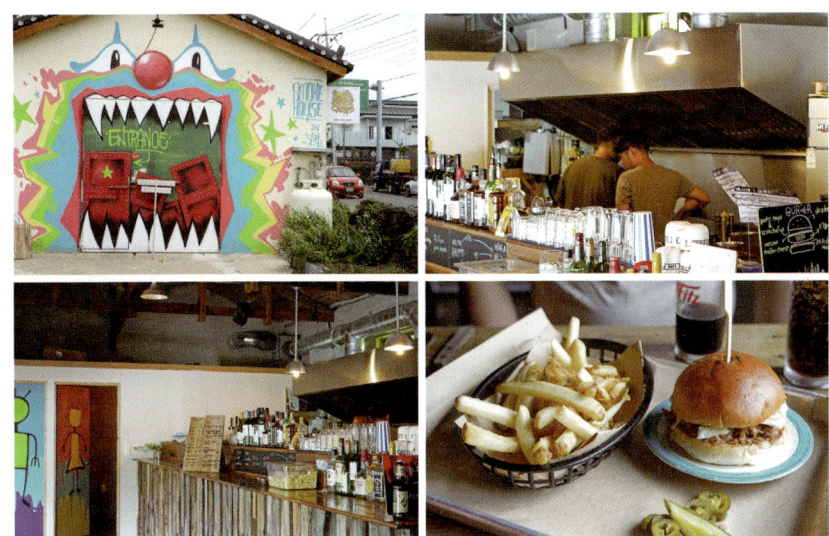

바비큐 달인의 텍사스 스타일 수제 버거
스모크하우스 인 구억.

서귀포시 대정읍 보성구억로 223(보성리 465-15) 11:00~22:00(브레이크 타임 15:00~17:00) 월요일 쿼터파운드 버거류 7000~1만 원, 풀드포크 샌드위치류 8000~1만2000원, 맥파이 생맥주류 4000~8000원 070-7776-8217

새별오름에서 푸드트럭을 운영하다가 대정읍에 마늘창고를 개조해 문을 연 버거 & 펍이다. 맛있는 걸 먹고 싶다면 내 입으로 들어오라는 듯 날카로운 이빨을 드러낸 그래피티 쪽에 입구가 있다. 내부는 서부 영화에서 나올 듯한 미국 술집 분위기로 안팎이 자유분방한 분위기로 꾸며져 있다. 이곳에서는 간접 열을 이용해서 서서히 조리하고 훈연을 통해 고기에 스모키한 향이 배도록 하는 로우 & 슬로우 방식의 정통 텍사스 바비큐를 맛볼 수 있다. 고기의 촉촉한 육즙과 육질의 부드러움을 살려내 '고기 덕후'라면 그냥 지나치지 못할 곳이다. 바삭하게 구운 고기를 잘게 다져서 먹는 색다른 바비큐 요리인 풀드포크 샌드위치가 시그니처 메뉴. 햄샌드위치는 흑돼지 등심을 손질해서 염지, 훈연, 슬라이스 작업을 거친 후 손님 테이블에 올린다. 직접 만든 소 가슴살 바비큐인 브리스켓이나 햄도 판매한다. 애견 동반이 가능하다.

입 떡 벌어지는 해물 요리 비주얼
홍성방。

서귀포시 대정읍 하모항구로 76(하모리 938-4) OPEN 11:00~21:00(하절기는 22:00까지, 브레이크 타임 15:30~16:30) CLOSE 첫째, 셋째 화요일 빨간해물짬뽕 9000원, 탕수육(2인) 1만2000원, 새우요리+탕수육+해물짬뽕(2인 세트) 3만 원 064-794-9555

제주 인근에서 잡은 황게를 통째로 얹고 통통한 오징어와 홍합을 넣어 어마어마한 비주얼을 자랑하는 짬뽕으로 유명한 집. 산처럼 쌓인 푸짐한 해물은 그 자체를 보는 것만으로도 배가 부른데 이 짬뽕 한 그릇이 9000원! 사골 육수로 끓인 진한 국물에 칼칼한 고춧가루를 풀어 후르르 들이마시면 속이 확 풀린다. 둘이 가면 주로 이 짬뽕과 함께 탕수육을 주문하는데 수북하게 얹은 양파와 함께 씹는 쫀득쫀득한 탕수육의 식감은 한번 맛보면 잊을 수 없다. 해물볶음밥이든 해물짜장면이든 일단 해물을 통 크게 넣어준다는 점에서 해산물 마니아들에겐 만족감이 클 것이다. 홍성방표 메뉴들은 모슬포 여행의 기대를 북돋우는 또 다른 재미. 양이 푸짐하므로 여자끼리 간다면 인원수보다 약간 적게 주문해도 괜찮을 듯.

FOOD

엄마 손맛으로 요리하는 자연산 활어 메뉴
덕승식당。

⊙ 서귀포시 대정읍 하모항구로 66(하모리 770-3) ⊙ 09:00~21:00(전화 문의 후 방문 권장) ⊙ 화요일 ⊙ 갈치조림 1만5000원(2인분 이상 주문), 갈칫국 1만3000원, 물회 1만2000원 ☎ 064-794-0177

모슬포항에는 갓 잡아 올린 생선으로 요리하는 소박한 음식점들이 꽤 있다. 그 가운데 〈식신로드〉에 소개된 덕승식당 음식은 한결같이 싱싱하고, 또 소박하다. 엄마 손맛으로 척척 요리해내는 안주인은 남편인 덕승호 선장님이 낚아온 자연산 활어만 고집한다. 제철 생선이 아니거나 그날 낚지 못했다면 다음을 기약해야 한다. 인기 메뉴인 갈치조림은 단순한 레시피에 육수도 따로 쓰지 않지만 워낙 재료가 신선해서 비릿하기는커녕 달콤한 맛이 난다. 간이 잘 배어든 갈치살뿐만 아니라 자박한 국물도 맛있어서 바닥까지 싹싹 긁어먹게 된다. 맑은 국물의 제주도 갈칫국이 궁금하다면 이곳에서 도전해보자. 비린내 전혀 없는 의외의 별미다. 생선조림류와 갈칫국은 2인분만 주문 가능하고 성게미역국, 회덮밥, 고등어구이는 1인분도 가능하다. 근처 대정읍과 중문에도 분점이 있다.

부산 밀면이냐 제주 밀냉면이냐
산방식당.

◎ 서귀포시 대정읍 하모이삼로 62(하모리 864-3) OPEN 11:00~18:00 CLOSE 수요일, 명절 🍜 밀냉면 8000원, 비빔밀냉면 8000원, 수육 1만 5000원 ☎ 064-794-2165

밀냉면 한 그릇을 맛보겠다고 제주 사람, 여행자 할 것 없이 영업시간 전부터 길게 줄을 서는 맛집이다. 진한 고깃국물에 주문 즉시 뽑는 굵은 면발, 여기에 고명으로 큼직하게 썬 돔베고기를 얹은 제주 밀냉면. 살얼음 동동 띄운 시원한 국물, 쫄깃한 면발이 압권이다. 부산의 밀면과는 비슷하지만 면이 굵고 국물은 덜 자극적이라는 게 일반적인 평. 제주산 돼지고기를 껍질째 부드럽게 삶아낸 돼지 수육은 밀냉면과 함께 먹으면 금상첨화. 미리 비벼져 나오는 비빔밀냉면은 맵고 칼칼한 맛이 좋다. 비교적 일찍 문을 닫기 때문에 서둘러 가봐야 하는 집.

다금바리 명인이 썰어내는 명품 회
진미명가.

◎ 서귀포시 안덕면 사계남로 167(사계리 2072) ⓞ 11:30~20:30 ⓒ 월·화요일 중 휴무 ▤ 제주 다금바리(자연산, kg당) 23만 원, 참돔(양식) 10만 원, 광어(양식) 8만 원, 활회회 정식 3만 원, 백탕(지리) 1만5000원 ☎ 064-794-3639

'횟감의 황제'라고 불리는 다금바리(자바리) 한 마리로 32가지 맛을 요리해내는 강창근 명인의 집. '다금바리 발명특허'를 가진 그는 〈한식대첩〉, 〈수요미식회〉, 〈테이스티 로드〉 등 웬만한 요리 프로그램에도 소개되어 잘 알려져 있다. 해녀의 아들로 태어나 '세계 100대 셰프'로 꼽히며 역대 대통령과 전 소련의 고르바초프 대통령, 남북정상회담 만찬을 위한 자리에 초빙되었던 전력도 유명하다. 현재는 대를 잇는 아들과 함께 4대째 횟집을 운영하며 변함없는 회 맛을 선보이고 있다. 다금바리가 잡히면 가장 먼저 이곳으로 공수되는 만큼 진미명가에 가면 언제든 다금바리를 맛볼 수 있다. 꼭 다금바리가 아니어도 횟감의 결을 살리는 '당겨썰기'로 뜬 참돔이나 광어회도 찰지고 달다. 기본적으로 대부분의 메뉴를 2인분 이상 주문해야 하지만 나 홀로 여행자의 경우는 '1인분+α' 선에서 맛볼 수 있다.

넉넉한 마음이 느껴지는 제주 밥상

춘미향식당。

⊙ 서귀포시 안덕면 산방로 382(사계리 2818) OPEN 11:30~20:30(브레이크 타임 15:00~17:30) CLOSE 수요일 춘미향정식 2만 원, 보말미역국정식 1만 원 ☏ 064-794-5558

동네 주민만 아니라 여행자에게도 편안한 사랑방 같은 동네 식당이다. 살뜰한 손맛으로 차려낸 밥상은 한결같이 맛있고 가격도 착하다. 춘미향정식은 두툼한 돈목살 100g에 보말미역국, 옥돔, 딱새우를 비롯한 밑반찬이 함께 나오는 푸짐한 메뉴. 보말미역국정식도 보말을 넣어 끓인 미역국과 생선, 밑반찬이 따라 나온다. 벵에돔을 비롯한 밥상 위 대부분의 생선이 바다낚시로 가족들이 잡아오는 것. 매콤하게 양념한 두루치기나 재료를 아끼지 않고 듬뿍 넣은 구수한 보말 요리, 각종 생선을 찌거나 굽거나 조려서 내놓은 음식들은 매끼 바꿔가며 먹어도 물리지 않는다. 이렇게 내놓고도 남는 게 있을까 손님들이 도리어 미안해질 정도. 혼자 가도 식사 가능한 메뉴들이 있어서 여행자들에겐 더없이 고마운 집이다.

FOOD

알음알음 소문난 사계리 장어덮밥
사계의시간.

서귀포시 안덕면 사계남로 214(사계리 132-2) OPEN 09:00~식재료 소진 시 마감 CLOSE 월요일 장어덮밥 9000원, 장어덮밥(특) 1만 4000원, 장어탕 7000원 010-4758-2480

산방산 아래 자리한 가성비 좋은 장어 요리 맛집이다. 휴무인 월요일을 제외한 매일 아침 9시부터 딱 50인분만 한정으로 내놓는 장어덮밥이 알음알음 소문이 났다. 11시쯤이면 이미 소진되기 때문에 문을 열자마자 가는 것이 상책. 아침부터 웬 기름진 장어덮밥인가 하겠지만 그 맛이 전혀 무겁지 않고 아침 식사로 적당하다 싶을 만큼이다. 양념이 잘 밴 아나고 구이 아래로는 달짝지근하게 볶은 양파가 깔려 있는데 밥이랑 함께 떠먹으니 그야말로 '순삭'이다. 안쪽에 '혼밥'할 수 있는 공간이 따로 있다.

바다향 물씬한 성게라면
서광춘희.

서귀포시 안덕면 화순서동로 367(서광리 141-10) OPEN 11:00~20:00(브레이크 타임 16:00~17:30) CLOSE 화요일 춘희면 1만2000원, 새우튀김라면 1만 원, 비양도 성게비빔밥 1만8000원 064-792-8911

'춘희면'이라고 불리는 성게라면이 시그니처 메뉴다. 아루요 김승민 셰프의 레시피로 알려진 이 성게라면은 해산물 베이스로 끓여낸 시원한 국물에 생면을 넣고 그 위에 숙주와 성게알로 알려진 성게 생식소를 올린 것. 거기에 청양고추를 넣어 약간의 칼칼함을 가미했다. 맑은 국물을 한 입 먹어보면 시원한 바다향이 나면서 살짝 쓴맛도 느껴진다. 신선한 성게소는 숟가락으로 퍼먹어도 고소함이 일품인데, 이 성게라면의 그것은 고개를 갸웃거리게 하는 맛. 성게소라면 어떤 맛이라도 좋아한다면 한 번쯤 시도해봐도 좋을 듯.

CAFE

빈 마음으로 쉬어가는 감성 카페
풀베개。

서귀포시 안덕면 화순서서로 492-4(안덕면 서광리 175) 10:00~20:00 인스타그램 공지 스윗풀베개 6500원, 마음 7000원, 풀베개 블렌딩 8000원 064-792-2717 instagram@pullbege

〈나는 고양이로소이다〉로 잘 알려진 일본 작가 나쓰메 소세키의 또 다른 소설 〈풀베개〉에서 이름을 따왔다는 카페다. 복잡한 인간사에서 벗어나 희노애락에 구애되지 않는 자연 속 '비인정'의 경지를 추구하는 책 속의 주인공을 닮고 싶은 오너의 마음일까. 단지 인생샷을 건지기 좋은 제주도 빈티지 감성 카페라는 표현만으로는 이 독특한 분위기를 설명하기에 부족하다. 제주 농가 특유의 밖거리와 안거리를 꾸미지 않은 듯 꾸민 '꾸안꾸' 스타일로 표현한 이 카페는 무채색의 벽에 커다란 통창을 내어 실내에 자연을 들여놓았다. 입구의 수수께끼 같은 그림, 옛것과 새것, 차가움과 따뜻함, 모던함과 레트로함이 뒤섞인 풍경이 특별하고도 조화롭다. 마실거리와 베이커리가 있고, 일본 감성의 자연주의 생활소품을 비롯해 〈풀베개〉 도서도 구입할 수 있다.

산방산과 사계리 바다 뷰가 압권인
원앤온리.

서귀포시 안덕면 산방로 141(사계리 86) 09:00~21:00 연중무휴 커피류 7000~1만 원, 디저트류 1만~1만2000원, 푸드류 1만6000~2만2000원 064-794-0117

같은 서귀포 권역의 '바다다' 카페가 온전히 앞쪽으로 바다를 감상할 수 있다면, 사계리의 '원앤온리'는 뒤로는 든든한 산방산이, 앞으로는 사계리 바다가 펼쳐지는 배산임수 버전의 카페. 카페가 있는 대포포구는 산방산부터 용머리해안, 송악산까지 쭉 연결되는 입지여서 많은 여행자들이 이곳을 찾으며 SNS를 뜨겁게 달구고 있다. 봄에는 카페로 향하는 길 양쪽에 활짝 피어난 유채꽃도 아름답지만, 형제해안도로를 달리며 드라이브를 즐기기에도 좋은 위치다. 오션뷰 카페가 그렇듯 이곳도 안에서 바다를 감상할 수 있는 통창을 낸 루프탑 카페와 직접 바닷바람을 맞을 수 있는 야외 좌석으로 구성되어 있다. '바다다' 카페 야외 공간이 솔숲이라면, '원앤온리'는 야자수를 심어 보다 이국적인 느낌이 강한 것이 특징. 가족 단위로도 많이 찾는데 메뉴 가격은 꽤 사악한 편.

산방산 배경의 핑크뮬리 핫스폿
마노르블랑。

서귀포시 안덕면 일주서로 2100번길 46(덕수리 2952) 09:30~18:30 연중무휴 입장료 3500원, 커피류 5000~7000원 064-794-0999

안주인의 안목으로 엄선한 홍차를 즐기는 티하우스로 시작해 지금은 산방산 배경의 아름다운 정원으로 더욱 유명하다. 명품 찻잔 컬렉션을 감상할 수 있는 카페를 지나면, 멀리 산방산을 배경으로 겨울부터 봄까지 동백, 여름날의 수국, 가을날의 핑크뮬리 등 사계절에 걸쳐 다양한 정원 풍경을 만끽할 수 있다. 최고의 전망을 위해 계단형으로 정원을 조성했으며, 곳곳에 가랜드와 나무 소품을 배치하고 그랜드피아노를 놓아 감성 사진을 찍을 수 있는 포토존으로 꾸몄다. 특히 카페 2층에서 내려다보면 더욱 극적인 풍광이 펼쳐지니 꼭 올라가보자. 이른바 '뷰맛집'으로 통하는 이 카페의 정원으로 가려면 출입구를 통과해 주문부터 해야 한다. 초등학생부터 1인 1메뉴를 주문해야 하며, 그냥 입장료 3500원을 낸 후 사진만 찍고 가도 된다. 핑크뮬리와 잘 어울리는 핑크 우산도 판매 중.

CAFE

세 스쿱 크림 커피 한 잔의 행복
와토커피.

서귀포시 대정읍 동일하모로 238(상모리 3854-5) OPEN 08:00~20:00 CLOSE 일요일 커피류 3000~5000원, 티류 3000~4500원, 디저트류 3000~5000원 010-8324-1455

We are the one, WATO. 커피로 하나 되기를 원하는 와토커피는 커피 마니아들에게 제주도 커피 순례 코스 중 하나로 꼽힌다. 직접 로스팅한 신선한 커피를 착한 가격에 만날 수 있으며 카페로 모슬포 외곽에 위치하고 있다. 맛있는 커피의 첫째 조건은 좋은 생두를 잘 볶아 신선함이 유지될 것. 직접 커피를 볶는 로스터리 카페로서의 존재감은 실내에 가득 쌓인 생두 자루에서부터 확인된다. 기본 아메리카노부터 플랫화이트, 핸드드립에 이르기까지 다양한 메뉴가 있지만 특히 이 카페를 인스타에서 유명하게 만든 메뉴는 에스프레소 위에 세 스쿱의 크림을 듬뿍 올린 와토알프스라는 비엔나커피다. 너무 달지 않을까 싶지만 이런 크림커피를 좋아한다면 비주얼부터 만족할 듯.

CAFE

커피와 함께 행복한 순간에 머물다
스테이위드커피

서귀포시 안덕면 형제해안로 32(사계리 2147-1) OPEN 09:00~19:00 핸드드립 커피 7000~1만 원, 커피미각여행(2~3인) 1인당 2만 원, 커피홀릭 3만5000원 070-4400-5730

뒤에는 산방산, 옆에는 용머리해안, 앞으로는 형제섬이 보이는 바다와 올레길. 이 모든 풍광을 만끽하며 맛있는 커피를 음미하는 명당 카페. 사계리 바닷가에 자리한 이 로스터리 카페에서는 아프리카, 중남미, 아시아 등 대륙별 스페셜티 커피와 다양한 더치커피 베리에이션 메뉴를 맛볼 수 있다. 이 더치커피는 병입된 상태로도 판매하기 때문에 구입해서 아이스크림, 맥주, 우유, 빙수 등에 섞어 별미로 즐길 수 있다. 이곳이 여느 카페와 차별화되는 것은 지극한 커피 사랑에 빠진 주인장이 제안하는 여러 커피여행 코스. 전 세계 커피를 맛볼 수 있는 '커피미각여행' 코스는 다양한 커피의 맛과 향 속에서 나만의 커피를 찾을 수 있는 프로그램이다. '커피홀릭' 코스를 선택하면 온종일 전 세계의 다양한 커피를 즐길 수 있다. 종류가 각기 다른 커피를 작은 데미타세 잔에 담아 맛보기용을 제공하는 것도 독특하다.

CAFE

제주인의 시각으로 재해석한 방앗간 카페

인스밀.

◎ 서귀포시 대정읍 일과대수로27번길 22(일과리 1291) ⓞ 10:30~20:30(11~3월은 19:30까지) ⓒ 연중무휴 🍴 보리아이스크림 7000원, 보리개역 6000원, 보리스콘 4000원 📞 0507-1352-5661

가장 제주스러우면서도 뭔가 이국적인 느낌이 가득한, 언밸런스가 주는 묘한 매력이 느껴지는 카페다. 카페 이름에 붙인 '밀(mill)'에서 짐작할 수 있듯이 이곳은 전통 방앗간을 현대적으로 설계한 곳이다. 인스밀은 제주 출신의 가구 디자이너 문승지 씨가 할아버지가 운영하시던 방앗간을 '제주 사람의 시각으로 제주를 해석하자'는 뜻으로 고향 친구들과 함께 의기투합하여 꾸민 공간. 외형은 고수하고 내부는 통창을 내서 바다와 뒤쪽의 정원을 감상할 수 있게 했다. 카페 앞쪽에 깔린 붉은 황토와 우뚝 선 야자수가 함께 어우러지며 이곳만의 독특한 감성을 연출한다. 방앗간 카페답게 보리를 원료로 하여 만든 향토적 메뉴가 시그니처로, 제주 전통 미숫가루인 보리개역, 보리 낟알과 보리가루를 넣어 누룽지처럼 구운 바삭한 쿠키를 얹은 보리아이스크림, 마늘을 넣은 마농스콘 등이 인기.

CAFE

감각 돋는 빈티지 스타일 브런치 카페
소자38。

○ 서귀포시 안덕면 사계남로 168(사계리 2071-1) OPEN 10:30~22:00 CLOSE 첫째, 셋째 목요일 파니니 1만5500원, 샐러드 1만3000원, 커피류 4000~6000원, 과일주스 6000원 ☎ 070-8882-9433

빈티지 스타일에 꽂힌 여행자라면 꼭 가봐야 할 사계리의 브런치 카페. 올레길 10코스 중간, 사계리 바닷가 모퉁이에 위치한 소자38은 어쩐지 그냥 지나칠 수 없는 묘한 끌림이 있다. 외관도 그렇지만 내부에 펼쳐진 리얼 빈티지 무드는 단숨에 마음을 빼앗는다. 빛바랜 빈티지 가구와 소품, 손수 그린 그림을 감각적으로 매치시켜 소자38만의 개성을 완성했다. 창밖으로 파도치는 바다를 감상하며 커피, 과일주스, 그라니타 등 다양한 음료를 마실 수 있고, 파니니, 샐러드, 피자, 돈가스 등 브런치와 식사 메뉴도 갖추고 있다.

사계농협의 의미 있는 변신
사계생활。

○ 서귀포시 안덕면 산방로 380(사계리 2819-1) OPEN 11:00~17:00(인스타그램 확인) CLOSE 화·수요일 산방산카푸치노 5500원, 구좌하면당근이지 주스 5500원, 우도개역참깨라떼 6000원 ☎ 064-792-3803 instagram @sagyelife

계간 제주 감성 잡지 〈리얼제주 인iiin〉을 발간하는 재주상회가 운영하는 카페 & 소품숍이다. 1층에는 카페와 기념품 숍, 2층엔 전시공간이 있다. 1996년부터 20년 넘게 사계농협 건물로 쓰이던 이곳은 2017년 농협 이전 후 한동안 비어 있다가 2018년 새 단장한 것. 카페에서는 마을에서 난 재료로 만든 빵과 구좌당근주스, 우도개역참깨라떼 같은 음료를 즐기며 제주를 소재로 한 디자인 굿즈까지 구경할 수 있다. 코로나19로 인해 영업시간을 축소해 운영하고 있기 때문에 방문 전 인스타그램으로 확인하는 편이 안전하다.

조용히 머물다 가고 싶은 작은 책방
이듬해봄.

서귀포시 대정읍 하모백사로29번길 6-6(하모리 549-3)　11:00~16:00　토·일요일, 공휴일　010-6388-8037

오래된 제주의 농가를 크게 손대지 않고 내부만 제주다움을 살려 꾸민 독립출판 전문 서점이다. 대정읍 하모리 외곽의 마을 골목 끝에 숨어있는 책방으로 책을 좋아하는 주인이 조용히 살고 싶어 제주에 내려왔다가 자연스럽게 오픈하게 되었다고 한다. 동화책, 소설, 잡지, 시집 등 다양한 장르의 책을 만날 수 있고 반려견을 위한 책을 모아둔 코너, 주인장이 추천하는 에세이 코너 등이 눈에 띄는데, 진열되어 있는 책은 그리 많지 않은 편. 하지만 고즈넉한 분위기 속에서 소품을 구경하는 재미가 쏠쏠하다. 잠시 앉아서 책을 읽을 수 있는 테이블이 마련되어 있어 조용히 읽어보다가 마음에 드는 책 한 권 고르는 즐거움을 누릴 수 있는 공간. 부정기적으로 문을 닫기도 하니 미리 전화해보고 가자.

제주의 자연 속에서 힐링하기 좋은
제이앤클로이

⊙ 서귀포시 대정읍 무릉중앙로 203(무릉리 3869-4) ⊙ 입실 15:00, 퇴실 11:00 ⊙ 펜션형 13만 원~, 호텔형 12만 원~(비수기 주말 기준) ☎ 010-8557-9171

제주 자연 속에서 고즈넉하게 쉬어가고 싶을 때 좋은 숙소. 앞으로는 파도가 철썩이는 바다가, 뒤로는 드넓은 초록 밭이 펼쳐져 있는 대정읍 무릉리에 우뚝 서 있다. 모던한 노출 콘크리트로 완성한 이 멋진 건축물은 호텔형과 펜션형, 두 가지로 나뉜다. 이 두 유형의 차이는 취사 시설의 유무. 아늑하고 오붓한 호텔형은 커플이 이용하기 좋고, 취사 시설이 있는 펜션형은 가족 단위로 이용하기 편리하다. 객실은 오리엔탈, 내추럴, 빈티지 등 세 가지 콘셉트의 인테리어로 꾸며져 있어 취향대로 선택할 수 있다. 특히 테라스 공간에 세팅된 노천형 자쿠지는 게스트의 마음을 들뜨게 한다. 바다로 난 창을 열고 노천욕을 즐기며 로맨틱한 추억을 만들기 좋다. 바비큐 세트도 주문 가능하며, 1층 카페에서는 와인을 구입할 수 있다. 운이 좋다면 이곳의 바다를 지나는 돌고래를 볼 수 있다고.

가성비 좋은 대평리 부띠끄호텔
라림부띠끄호텔.

서귀포시 안덕면 대평로 39(창천리 907-1) 입실 15:00, 퇴실 11:00 스탠더드룸 10만 원~, 스위트룸 20만 원~(비수기 주말 기준) 064-738-3869

감각적이고 모던한 하얀 외관의 라림부띠끄호텔은 대평리 시골 풍경 속에서 유독 두드러진 존재감을 보여준다. 특히 빨간 등대와 박수기정이 어우러진 대평포구 옆에 위치해 그림 같은 풍경이 압권. 두 개 동으로 나뉜 2층 건축물로, 호텔 내부는 노출 콘크리트와 에폭시, 그리고 인더스트리얼 느낌이 물씬한 조명과 독특한 디자인 의자와 소품을 곳곳에 배치하여 세련미가 돋보인다. 다양한 간접 조명으로 무드를 돋운 아늑한 침실에는 푹신하고 뽀송뽀송한 침구가 세팅되어 꿀잠에 들게 한다. 노출 콘크리트와 타일을 조화시킨 욕실도 멋지고, 해 질 무렵 객실에서 감상하는 박수기정의 일몰은 감탄사가 절로 터지는 장관. 이런 조건에 가격까지 합리적인 가성비 높은 호텔이다. 2층에는 아침을 해결할 수 있는 카페가 있다. 메뉴를 주문하면 귤주스나 커피가 함께 제공된다.

STAY

사계리 풍광의 서사시가 펼쳐지는 리조트
젠하이드어웨이 제주.

📍 서귀포시 안덕면 사계남로 186-8(사계리 2032-7) OPEN 입실 15:00, 퇴실 11:00 29만 원(비수기 주말 기준) 📞 064-794-0133

왼쪽에는 산방산과 용머리해안, 바로 앞에는 사계해변. 혼자 보기 아까워 여기에 이리도 멋진 건축물을 지었을까. 사실 이곳은 이미 서울 압구정동과 홍대, 명동에 레스토랑을 운영하며 입소문 난 '젠하이드어웨이'가 제주에 펼쳐낸 리조트＆카페. 규모가 웅장한 건 아니지만 이 정도의 뷰라면 제주 특급호텔이 부럽지 않다. 붉은 벽돌로 무게감을 준 익스테리어만큼 인테리어도 결코 가볍지 않다. 서울의 젠하이드어웨이 레스토랑의 분위기가 리조트 객실에서 고스란히 전해진다. 널찍한 침대가 놓인 킹베드룸, 평상형 침대에 매트가 두 개인 트윈베드룸, 그리고 복층형으로 2층에 침대가 놓인 듀플렉스룸을 갖추어 취향에 따라 선택하면 된다. 터프한 느낌의 자쿠지까지 실내에 두어 다소 남성적인 느낌이지만 하얀 클래식TV, 컬러풀한 스메그 냉장고와 블루투스 오디오 등의 포인트로 여심마저 사로잡는다. 리조트를 이용하지 않아도 카페에 들러 이 풍광을 즐기며 제주 로컬푸드로 조리한 요리와 차를 즐기며 쉬어갈 수 있다.

남경미락에서 운영하는 모던한 숙소
더머뭄.

◉ 서귀포시 안덕면 사계북로 157-20(사계리 396-2) ◐ 입실 15:00, 퇴실 11:00 ▤ 커플룸 9만7000원, 풀빌라 18만7000원(비수기 주말 기준) ☎ 064-792-6306

자연산 활어회로 유명한 남경미락에서 운영하는 숙소다. 올레길 10코스가 지나가는 산방산 자락에 위치해 모든 객실에서 용머리해안, 형제섬, 송악산으로 이어지는 해안 절경을 파노라마 뷰로 즐길 수 있다. 더머뭄의 5개 객실은 깔끔하고 군더더기 없이 모던한 인테리어로 꾸몄다. 커플룸은 복층 구조로 베란다에 야외 바비큐장이 있고, 한여름 더위를 식혀주는 아담한 개별 풀장도 딸려 있다. 나머지 객실은 가족 단위로 이용하기 편리하다.

친정 언니네 집 같은 키즈 펜션
제주아올.

◉ 서귀포시 안덕면 사계중앙로 13-15(사계리 2606-2) ◐ 입실 15:00, 퇴실 11:00 ▤ 아올 22만~24만 원, 프리미엄 아올 42만 원(비수기 주말 기준) ☎ 010-7655-9513

친정 언니네 집에 온 듯 아이랑 편안히 머물며 놀기 좋은 키즈 펜션이다. 키즈 펜션이 그리 흔하지 않던 시절부터 제주 아올1을 연 이후 엄마들의 폭발적인 관심에 힘입어 현재는 프리미엄 아올까지 4개의 독채를 운영하고 있다. 아이의 눈높이에 맞춘 가구와 아이를 위한 탈것과 장난감, 인형, 책 등이 준비되어 있고, 젖병 소독기나 세척솔을 비롯해 세탁기까지 세심하게 준비해두었다. 잔디마당에는 풀장을 갖추어 한여름 아이들이 물놀이하기에도 좋다.

PART 9

제주의 섬

제주 본섬 이상으로 그 인기가 식을 줄 모르는 우도를 포함해 제주에서 가볼 만한 유인도는 마라도, 가파도, 비양도, 추자도다. 낚시 천국인 추자도는 늘 가보고 싶은 로망이 있지만 다소 긴 이동 시간으로 일단 제외. 제주 여행 중에 잠깐 들러볼 만한 이 섬들을 위해 시간을 빼두자. 언제 가도 좋지만 특히 봄날에는 유채꽃이 섬을 수놓는 우도와 청보리밭이 낭만적인 가파도를 추천한다. 한림항에서 배를 타고 5분이면 건너갈 수 있는 비양도와 앙증맞은 성당이 있는 마라도까지, 섬 속의 섬 여행 출발!

우도

제주 본섬의 축소판으로 알려진 우도는 제주 여행 중에 안 들르면 섭섭한 최고의 부속 섬이다. 섬 자체가 올레길 1-1코스로 한 바퀴 돌면 12km 안팎. 스쿠터나 자전거를 타고 대충 돌자면 두어 시간쯤이면 되지만 올레길도 걷고 보트도 타며 우도의 진면목을 보자면 하루 정도 머물러 가야 한다. 어둠이 깃든 후나 동트기 전의 새벽이라야 비로소 그 아름다움을 만끽할 수 있는 포인트도 많다. 특히 우도 보트투어는 우도 8경 중 4경을 감상하는 필수 코스. 일정이 빠듯하다면 산호해수욕장에서 에메랄드빛 바다를, 우도봉에서 전망을 감상한 후 맛집과 카페를 찾는 정도로 만족하고 다음을 기약하자.

우도로 가기

우도 가는 배는 성산항과 종달항에서 뜬다. 성산항에서 뜨는 우도행 배편은 1항차만 같은 시각에 출발하고 그 이후에는 30분 차이를 두고 출발, 각각 천진항과 하우목동항에 도착한다. 종달항은 성산항에 비해 운항 항차가 적은 편이지만 대기 시간이 짧은 편. 계절이나 코로나 상황에 따라 운항시간이 달라지므로 터미널에 반드시 사전 확인해야 한다.

한편, 우도는 2022년 7월 31일까지 섬 내에서 숙박하는 관광객과 1~3급의 장애인, 만 65세 이상의 노약자, 임산부, 만 6세 미만의 영유아를 동반하는 경우를 제외하고 외부 차량 입도 제한 조치를 실시하고 있다. 그러므로 우도에서 숙박하지 않는 일반 관광객들은 우도 버스나 자전거, 소형 전기차 등을 이용해 우도를 돌아볼 수 있다.

· 성산항 → 우도
- 성산항 → 천진항 07:30~17:00(1시간 간격)
  성산항 → 하우목동항 07:30~17:00
  (1항차 07:30, 2항차 08:00 이후 1시간 간격)
- 어른 1만500원, 어린이 3800원,
  중소형·9인승 이하 승합 2만6000원(왕복)
- 성산항 여객터미널 064-782-5671

· 종달항 → 우도
- 종달항 → 우도(하우목동항)
  09:30~15:30(1일 4회)
- 어른 1만원, 어린이 3500원,
  중소형·9인승 이하 승합 2만6000원(왕복)
- 종달항 여객터미널 064-782-7719

■ 등대
● 밤수지맨드라미
● 하하호호
● 우도 비양도
● 안녕, 육지사람
● 하고수동해변
■ 하우목동항
● 우도박물관
● 풍원
● 우도면사무소
● 회양과 국수군
● 산호해수욕장
● 호로락
● 우도 보트투어
● 검멀레해변 &동안경굴
● 노닐다 게스트하우스
■ 천진항
● 우도봉 &우도등대
■ 주간명월

우도 내 교통수단

① 우도 버스 투어
우도 천진항이나 하우목동항에 도착하면 버스 매표소가 있으며 원하는 코스나 일정에 따라 하얀 버스와 빨간 버스를 선택해 이용할 수 있다. 📞 마을버스 064-782-2626

<u>하얀 버스</u> 해안도로를 따라 주요 관광지 6곳을 포함한 총 27구간을 한 방향으로 돌며, 각 정류장에서 시간과 관계없이 자유롭게 승하차가 가능하다. 🎫 어른 5000원, 어린이 3000원

<u>빨간 버스</u> 이 역시 티켓 한 장으로 우도 한 바퀴를 도는데, 검멀레해변에서 10여 분 정차하고 나머지 세 곳에선 승하차만 가능. 📍 검멀레(우도등대 도보)-비양동(안비양)-하고수동(해수욕장)-서빈백사(산호해수욕장) 🎫 어른 6000원, 어린이 24개월~7세 3000원, 초·중·고생 5000원

② 자전거·스쿠터·전기차 렌트
우도 천진항과 하우목동항에 내리면 섬 내에서 타고 다닐 수 있는 교통 수단을 대여해주는 레저 업체들이 즐비하다. 대여 시 운전면허증이 필요한 전기차와 사이드카를 비롯해 전기자전거, 전기스쿠터 등 다양한 선택지가 있으며 현장 대여보다는 포털 사이트에서 미리 대여권을 구입해 가는 것이 훨씬 경제적이다.

SIGHTS

우도 4경을 한 번에 마스터
우도 보트투어.

📍 검멀레해변 근처 🎫 어른 1만5000원, 어린이 5000원 📞 010-4132-8279

우도에 가면 다른 건 몰라도 보트투어는 꼭 해볼 것을 권한다. 보트를 타야만 우도 8경 중 4경을 볼 수 있거니와 바다 쪽에서 우도를 바라봐야 왜 우도가 소를 닮았다고 하는지 고개를 끄덕거리게 되기 때문이다. 보트를 타면 낮달을 볼 수 있는 동굴(주간명월), 고래가 살았다는 동굴(동안경굴), 깎아지른 절벽에 아로새겨진 파도의 무늬(후해석벽), 바위로 조각해낸 소가 누워 있는 형상(전포망도)을 바다 쪽에서 바라볼 수 있다. 특히 우도 8경 중 1경인 '주간명월'은 수면에 반사된 빛이 동굴 천장의 암벽에 반사되어 달처럼 비치는 것을 말하는데, 보통 11~3월 아침 10~11시에 보트를 타면 볼 확률이 높다. 롤러코스터를 능가하는 스릴과 시원한 바닷바람, 가이드의 위트 넘치는 설명과 기념촬영까지 해주는 센스를 단돈 1만 원에 몽땅 덤으로 즐길 수 있다. 다만, 주간명월과 동안경굴은 밀물과 썰물 등 여러 영향을 받기 때문에 이 모든 풍경을 다 보게 된 여행자라면 그야말로 행운아!

맥주 안주로 삼고 싶은 팝콘 해변
산호해수욕장。

예전에는 팝콘처럼 덩어리진 백사장의 모래를 산호가루로 생각하여 '산호사해수욕장'이라 불렀다. 그 다음엔 '홍조단괴해변' 혹은 '서빈백사'라는 어려운 이름으로 불렀으니 한자에 어두운 신세대에겐 대략난감이다. 요즘엔 '산호해수욕장'이라는 예쁜 이름으로 바뀌었으니 천만다행이다. 어쨌거나 팝콘 덩어리 같은 해변의 작은 알갱이를 가만히 들여다보면 궁금하지 않은가? 적갈색을 지닌 홍조류 덩어리가 왜 붉은 색이 아니고 백옥처럼 하얀가 말이다. 그래서 폭풍 검색을 해보니 우도 바닷속의 홍조류는 재주가 남달라서 '광합성을 통해 세포에 탄산칼슘을 침전시키는' 석회 조류라는 거다. 그러니까 우도의 홍조류는 원래 적갈색이지만, 스스로 광합성을 통해 석회화되었다는 것. 세계에서도 보기 드문 경우라 천연기념물로까지 지정되었기에 보호 차원에서 외부 반출을 엄격히 규제하고 있다. 맑고 투명한 바닷물은 당장 뛰어들라 손짓하지만 수심이 깊고 파도가 센 편이라 아이와 해수욕을 즐기기엔 다소 위험하다. 주변에 편의점이 있고 밤이면 오색 라이트를 켜기 때문에 캔맥주 한잔하면서 밤바다를 즐기기에 좋다.

제주에는 한라산, 우도에는 우도봉
우도봉&우도등대

우도라는 이름 자체가 소를 닮았다고 붙여진 것. 우도봉은 소의 머리에 해당하는 소머리오름의 다른 이름이다. 133m 높이 정상에 우도등대가 있고, 전망대 뒤쪽으로 작은 동산이 하나 더 있는데 이곳이 알오름이다. 우도봉을 향해 오르다 보면 왼쪽으로는 너른 바다가, 오른쪽으로는 완만한 초지 언덕에서 한가로이 풀을 뜯고 있는 소들의 풍경이 묘한 대비를 이룬다. 바람이 있는 날 다소 가파른 나무 계단을 오르면 몸을 가누기 힘들 정도. 이런 날 바람막이 재킷은 필수다. 정상을 향해 오르면 오를수록 시시각각 다른 앵글의 풍경을 볼 수 있는데 가까이에는 천진항과 톨칸이가, 멀리는 제주 오름의 능선과 성산일출봉을 볼 수 있다. 우도 8경에서 말하는 '지두청사'란 이렇게 우도봉 정상에서 바라본 우도 전경과 눈부시게 빛나는 백사장을 말한다. 우도봉 정상에는 100년이 넘은 옛 등대 옆으로 2003년 새로 설치한 16m 높이의 등탑이 있다. 등대박물관에는 우리나라 주요 등대를 비롯하여 세계 7대 불가사의 중 하나인 파로스등대 등 국내외 유명 등대 모형 14점과 항로표지 3D체험관이 있는데, 그다지 재미는 없는 편이다.

검은 모래와 고래 콧구멍 동굴
검멀레해변 & 동안경굴.

우도봉 아래쪽에 보일 듯 말 듯 온통 검은 빛깔을 띤 모래해변이 있다. 도로에서 계단을 따라 내려가면 나오는 이곳이 폭 1000여m의 검멀레해변이다. 짐작하다시피 모래가 검어서 '검멀레'라는 이름이 붙었다고 한다. 해변 끝에는 두 개의 동굴이 있는데, 고래가 살았다고 하는 동안경굴은 규모가 훨씬 커서 최대 500명까지 들어갈 정도란다. 공명 또한 엄청난 이 동굴에서는 매년 10월 피아노까지 옮겨와서 음악회를 열기도 했다. 이때 우도에 간다면 꼭 보기를 권한다. 썰물 때라면 검멀레해변 쪽에서 걸어 들어갈 수 있고, 어느 정도 물이 차면 보트투어를 통해 안쪽까지 가볼 수도 있다. 검멀레해변 앞쪽 도로는 우도 땅콩아이스크림의 격전지. 서로 원조라고 우기지만 개인적으로 땅콩가루가 듬뿍 얹힌 아이스크림이 훨씬 맛있었다.

SIGHTS

떠오르는 백패커의 성지
우도 비양도.

제주에는 두 개의 비양도가 있는데 하나는 협재해수욕장 건너편의 한림읍 비양도고 다른 하나는 우도의 비양도다. 우도의 동쪽 끝에 자리 잡고 있는 비양도는 하고수동해변에서 걸어가자면 1km 안팎이고, 전기차나 스쿠터를 타고 우도를 한 바퀴 돌다 보면 만날 수 있다. 소원성취 돌의자와 등대, 입구의 펜션, 비양도 해녀의집 등 큰 볼거리는 없는 편. 대신 진짜 비양도를 느끼고 싶다면 텐트를 치고 하룻밤 지내보는 건 어떨까. 비양도는 백패커의 성지이기도 하니 말이다.

캠핑을 즐길 수 있는 해변
하고수동해변.

우도 8경에는 속해 있지 않지만 하고수동해변의 물빛은 제주 본섬의 협재해수욕장과 쌍벽을 이룰 정도. 산호해수욕장보다 수심도 완만하고 바다도 잔잔해 여름철이면 아이들과 함께 해수욕하기 좋다. 여름밤 이곳에서 바라보는 멸치잡이 배의 불빛도 아름답고 주차장, 샤워장, 화장실 등의 편의시설이 잘 갖춰진 한적한 캠핑사이트가 있다.

FOOD

키다리아저씨가 로컬푸드로 담아낸 제주의 맛
호로락.

제주시 우도면 우도해안길 1132(연평리 317-2) OPEN 08:00~18:00 CLOSE 풍랑주의보 시 가격 : 전복게우밥 1만5000원, 보말칼국수 1만 원, 해물라면 1만 원 064-784-0054

우도 검멀레해변 입구에 자리한 '호로락'은 서귀포가 고향인 블로거 키다리아저씨가 운영하는 맛집. 바로 전복돈가스가 맛있던 마을 안쪽의 그 식당 주인이다. 우도에 왔다면 누구나 지나가는 검멀레해변 입구 노란 리치망고 바로 옆에 자리 잡아 이젠 눈에도 잘 띈다. 제주도 토박이답게 전복, 보말, 딱새우, 황게 등 최대한 제주 로컬푸드를 이용해 음식을 만든다. 메뉴는 고소한 전복게우밥, 담백한 보말칼국수, 칼칼한 해물라면과 해물칼국수. 전복 내장인 게우는 그 고소함이 버터와 간장으로 비빈 리조또 같은데 독특하게도 귤과 전복, 달걀프라이가 얹혀 있다. 어떤 맛인지 궁금하면 게우밥에 귤을 얹어서 직접 맛보시라. 라면 스프를 넣지 않고 직접 만든 비법육수로 끓여내는 건강한 해물라면이나 해장용으로도 딱인 보말칼국수 모두 두루 사랑받는 메뉴다.

FOOD

제주 탄생 스토리로 완성한 한라산볶음밥의 원조

풍원.

◎ 제주시 우도면 우도해안길 340(연평리 2427-1) OPEN 09:00~17:00 CLOSE 연중무휴 한치주물럭(2인분) 3만 원, 제주산돼지주물럭(2인분) 3만 원, 한라산볶음밥(1공기) 3000원 📞 064-784-1894

제주 한라산볶음밥의 원조인 풍원의 인기는 단발성이 아니었다. 산호해수욕장의 로뎀가든에서 '풍원'이라는 이름으로 바꾸어 하우목동항 근처에 자리 잡은 지 몇 해, 그 인기는 날로 급상승 중. 이젠 대기 줄을 서지 않고는 그 맛을 보기 힘든 우도 대표 맛집이 되었다. 제주산 한치, 양파, 떡 등을 매콤한 양념에 무쳐낸 한치주물럭은 오징어가 대신할 수 없는 부드럽고 쫄깃한 맛이 잘 살아있다. 무엇보다도 이 양념에 모짜렐라 치즈, 달걀물 등을 부어 볶아낸 한라산볶음밥은 맛은 물론, 비주얼과 아이디어의 승리! '옛날 옛적에~'로 시작되는 주인장의 한라산볶음밥 퍼포먼스는 한라산의 형성 과정을 재미있는 스토리텔링으로 승화시킨다. 언젠가 〈생활의 달인〉에 '가위질의 달인'으로 소개된 바 있는 사장님의 가위질도 눈여겨보길.

어부의 가족이 운영하는 해산물 전문점
회양과 국수군.

제주시 우도면 우도해안길 270(연평리 2473-9) 10:30~21:00 연중무휴 회국수(2인) 2만 원, 방어회 코스(2~4인) 5만~8만 원, 돌문어해물탕 5만~7만 원 064-782-0150

어부의 가족으로 손이 큰 주인장이 내놓는 '가성비' 높은 제주 해산물 요리 전문점. <슈퍼맨이 돌아왔다>, <VJ특공대> 등에도 소개되어 유명세를 탄 맛집이다. 제주 바다에서 갓 건져 올린 신선한 해산물을 아낌없이 사용하여 두툼한 회를 얹은 우도 회국수 원조집이자, 꿈틀거리는 전복과 키조개, 개조개, 딱새우, 뿔소라 같은 해산물을 산더미처럼 쌓아올린 돌문어해물탕도 입이 딱 벌어지는 비주얼. 특히 찬바람이 부는 겨울에 제철인 자연산 방어회 코스를 선택하면 찰진 회는 물론, 방어 머리를 푹 곤 육수로 끓인 매운탕, 회국수, 머리구이까지 풀코스로 즐길 수 있다. 도시에서는 이 가격에 이처럼 신선하고 푸짐한 해산물을 접할 수 없을 터. 산호해수욕장 바로 앞에 위치해 있다.

우도 끝에서 만나는 작은 책방

밤수지맨드라미.

제주시 우도면 우도해안길 530(연평리 860) OPEN 10:00~18:00 CLOSE 비정기 휴무 010-7405-2324

우도에서 유일한 독립서점일 것이다. 우도의 북쪽 바닷가, 수제 버거로 유명한 '하하호호' 근처에 있는 작은 책방으로 그 생경한 이름부터 일단 호기심을 자극한다. '밤수지맨드라미'는 제주도 해안에서 자생하는 연산호 이름. 맨드라미꽃 같기도 하고 붉은 밤송이 같기도 한 이 산호는 멸종 위기종으로 우리 삶에서 아련히 멀어져가는 책과 어딘지 닮아 있어서 이런 이름을 붙였다고 한다. 독립서점답게 주인장의 감성과 취향을 반영한 바다, 해녀, 생태, 예술에 관한 서적들과 가볍게 읽을 만한 여행에세이, 시집이 꽂혀 있다. 차 한잔 마시면서 책을 찬찬히 들여다 볼 수 있는 테이블이 있고, 제주를 기념할 만한 우도 지도를 그려 넣은 손수건이나 뜨개실로 짠 우도땅콩 등 다른 곳엔 없는 독특한 소품도 있다.

마늘로 잡은 우도 수제 버거의 맛
하하호호.

제주시 우도면 우도해안길 532(연평리 859) 5~8월 11:00~17:30(4·9월은 17:00까지, 3·10월은 16:30까지, 11·12월은 16:00까지) 연중무휴 버거류 1만 원, 아이스크림 5000원, 제주청귤에이드 6000원 010-9768-4620

할머니댁을 개조해 카페를 만들었다는 젊은 주인장 부부가 운영한다. 수제 버거의 맛도 좋지만 바다 쪽으로 난 액자 같은 창이나 바닷가에 작은 의자를 둔 포토존도 여심을 저격한다. 두툼한 흑돼지 패티와 샐러드를 꽉 채운 수제 버거와 핫도그, 마늘을 이용한 아이스크림, 한라봉을 직접 갈아서 만든 한라봉레모네이드까지 어느 메뉴 하나 소홀함이 없다는 점이 이 카페의 대박 비결. 버거와 핫도그, 아이스크림은 마늘과 땅콩 두 가지 중에서 선택할 수 있는데, 마늘을 넣어 느끼한 맛을 잡은 메뉴가 반응이 좋다. 1.5인분 사이즈인 버거는 '1인 1버거' 하기에 벅찰 만큼 푸짐하다. 둘이 간다면 버거 한 개에 아이스크림, 한라봉레모네이드를 주문하면 세 가지 메뉴를 골고루 맛보며 적당히 요기할 수 있다.

CAFE / STAY

다정한 위로가 필요할 때는
안녕, 육지사람.

제주시 우도면 우도해안길 792(연평리 1197-4) 성수기 10:00~18:00, 비수기 10:00~16:30 연중무휴 땅콩아이스크림 5000원, 흑돼지땅콩버거 1만2000원, 라떼류 6000~6500원 010-2823-0170

하고수동해변 바로 앞. 예전에는 '마를린먼로'라는 카페였던 납작 엎드린 하얀 건물이다. "안녕, 육지사람!" 이라고 인사하는 다정한 그 누군가를 떠올리게 하는 시적인 카페 이름 앞에선 저절로 "안녕, 섬사람!"하고 인사를 나누고 싶어진다. 작은 창밖으로 펼쳐지는 하고수동 바다를 하염없이 바라볼 수 있고, 마음을 따뜻하게 위로해주는 글귀들이 여기저기 붙어 있다. 직접 재배한 땅콩으로 만든 땅콩아이스크림과 흑돼지땅콩버거가 시그니처 메뉴.

하룻밤 머물며 우도 삼매경
노닐다 게스트하우스.

제주시 우도면 우도해안길 84-3(연평리 1785) 입실 16:00, 퇴실 11:00 초록방 8만 원, 오렌지방 8만 원, 게스트룸 2만5000원 (비수기 주말 기준, 무료 조식) 010-5036-5470

일정에 여유가 있다면 하룻밤 묵으면서 우도의 밤과 아침을 경험해보기를 권한다. 우도의 인기는 날로 높아져 가지만 이곳이다 싶을 정도의 숙소는 드문 편. 별장처럼 조용하게 쉬다 갈 수 있는 노닐다 게스트하우스를 추천한다. 우도에 반한 전직 국어교사가 커피 로스터인 남동생과 함께 운영하는 이곳은 10인용 도미토리 게스트룸 2개를 갖추고 있다. 규모는 소박하지만 유기농으로 직접 키운 허브와 땅콩을 넣어 만든 허브피자와 땅콩머핀을 맛보고, 직접 로스팅한 신선한 커피와 허브차도 마실 수 있다.

마라도

뱀도 없고 개구리도 없고 나무 한 그루 없고 해변도 없는 우리나라 땅끝 섬. 학교, 성당, 교회, 절은 딱 하나뿐이지만 짜장면집이 무려 10여 개나 되는 섬. 모슬포에서 뱃길로 12km, 30분가량이면 도착하는 마라도는 모든 것에 '최남단'이란 형용사가 붙는 섬이다. 하늘에서 뚝 떨어진 고구마 같은 모양의 이 섬은 4.2km 해안 둘레길을 따라 한 바퀴 걷다 보면 웬만한 곳을 다 둘러볼 수 있다. 어느 날 혼자서 예정에도 없이 갇혀서 하룻밤을 보내고 싶어지는 로망을 불러일으키는 섬이기도 하다.

마라도로 가기

마라도에 가려면 모슬포의 운진항(가파도 · 마라도 정기여객선 선착장)이나 송악산 선착장에서 마라도행 여객선을 타면 된다. 신분증은 필수이며, 마라도까지 소요시간은 편도 25~30분. 계절이나 기후, 성수기 · 비수기, 코로나 상황 등 다양한 변수에 따라 여객선의 운항 일정이 바뀌므로 인터넷이나 전화로 예매하면 보다 확실하다. 편도 예매 시에는 마라도에서 숙박하지 않는 이상 마지막 배를 꼭 확인할 것. 최소 출항 20분 전까지 도착해서 수속을 마쳐야 하며, 현장 발권은 출항 10분 전에 마감된다.

· 운진항(가파도 · 마라도 정기여객선 선착장) → 마라도
서귀포시 대정읍 최남단해안로 120(하모리 646-20) OPEN 09:40~13:50(1일 4항차) 어른 1만9000원, 어린이 9500원(왕복) 064-794-5490 아름다운섬나라 www.wonderfulis.co.kr

· 송악산 선착장 → 마라도
서귀포시 대정읍 송악관광로 424(상모리 1983-3) OPEN 09:20~16:20(왕복은 1일 7항차) 어른 1만9000원, 어린이 9500원 064-794-6661 마라도가는여객선 www.maradotour.com

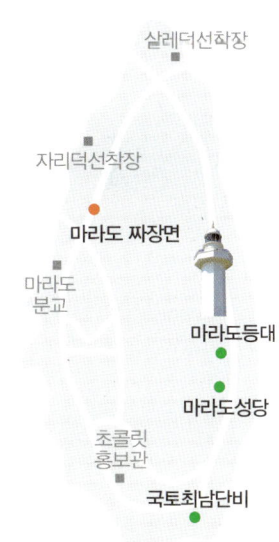

우리나라 남쪽 끝은 바로 여기!
국토최남단비.

국토최남단비는 살레덕선착장에서 보면 가장 반대쪽이자 마라도의 가장 남쪽에 있다. 우리 국토의 가장 남쪽을 기념하는 국토최남단비 주변은 언제나 기념촬영하는 사람들이 모여 있다. 때론 줄을 서야 할 정도. 기념사진 한 장이면 족하고, 바로 옆 쉼터에서 마라도에 온 기념으로 해산물 한 접시를 간단히 먹는 것도 좋다.

세계 해도상의 존재감 있는 등대
마라도등대.

1915년에 지어졌으니 100여 년이 넘은 오래된 등대다. '동중국해와 제주도 남부해역을 지나는 배들에 아주 중요한 표지로 세계 여러 나라의 해도에서 제주도는 빠져도 마라도의 등대는 절대 빠지지 않고 기록할 만큼 중요한 등대'란다. 바다를 바라보고 서 있는 등대 앞에는 세계지도 모형 위에 한국 최초의 인천 팔미도등대를 비롯해 남아프리카의 희망봉등대 등 기념비적인 등대 모형을 체스판의 말처럼 세워 놓았다.

동화 속에서 튀어나온 듯한 작은 성당

마라도성당.

마라도에서 가장 앙증맞고 예쁜 건물이라면 단언컨대 마라도성당이다. 지붕이 버섯 모양인 스머프의 집이라든가 전복 뚜껑을 엎어놓은 모양 같다고 하는데, 배고플 때 보면 먹음직스럽게 구워놓은 유럽식 통밀빵 같기도 하다. 신부님은 상주하지 않지만 때로 안에 들어가서 기도드릴 수 있게 개방해놓기도 한다. 이렇게 동화 같은 성당에서 만나는 하나님은 유쾌한 농담을 날리는 그런 위트 있는 분이 아닐까.

마라도 인증샷을 위한 한 그릇

마라도 짜장면.

'짜장면 시키신 분~' CF와 〈무한도전〉 팀의 오버액션이 마라도에서 무한대의 짜장면 신화를 낳은 이래, 마라도에 가면 선택해야 한다. 짜장면을 먼저 먹고 섬을 한 바퀴 도느냐, 섬을 돈 다음에 짜장면을 먹느냐. 이젠 마라도 짜장면도 '희미한 옛사랑의 그림자'가 됐을 법 하지만 뿔소라도 없고 톳도 얹어 비주얼 경쟁은 끝이 없다. '철가방을 든 해녀'니 '심 봉사 눈뜬 짜장'이니 위트를 담은 상호 경쟁도 치열하다.

가파도

멀리서 보면 금방이라도 바닷물에 잠길 것만 같은 가파도. 해발 20.5m로 우리나라에서 가장 납작한 섬이다. 모슬포항에서 가파도까지 뱃길 5.5km로 15분 남짓이면 도착하는 섬이지만 '파도에 파도를 더한다'는 가파도답게 파도가 높아 예전에는 배가 뜨지 않을 때도 잦았다. 현재는 배의 규모도 보다 커지고 가파도를 찾는 관광객도 늘면서 상황이 더 나아지는 추세. 가파도 상동에는 선착장도 있고 펜션, 음식점이 모여 있어 활기를 띤다면, 하동쪽은 해녀가 유난히도 많은 전형적인 섬마을의 풍경. 전복과 뿔소라가 지천이라 인구 대비 해녀가 많은 섬이기도 하다. 가파도 올레길 10-1코스가 있으며 매년 4~5월에 열리는 청보리축제 때는 쉴 새 없이 밀려드는 관광객으로 가파도가 출렁인다.

가파도로 가기

모슬포 남항인 운진항에서 가파도 가는 배는 하루 5회 운항하며 10분이 소요된다. 가파도 청보리축제 시기인 4~5월에는 보통 증편 운항을 한다. 가파도에서 숙박할 계획이 없다면 (주)아름다운섬나라 홈페이지에서 하루 전까지 왕복 티켓을 예약을 해야 한다. 가파도를 돌아보는 방법은 걷기 아니면 자전거 타고 돌기, 둘 중의 하나. 마라도와 마찬가지로 자동차를 가지고 들어갈 수 없을뿐더러 택시도 없다.

- 운진항(가파도 · 마라도 정기여객선 선착장) → 가파도

  서귀포시 대정읍 최남단해안로 120(하모리 646-20)
  09:00~16:00   어른 1만3100원, 어린이 6600원(왕복)
  064-794-5490   아름다운섬나라 www.wonderfulis.co.kr

- 가파도 상동대합실(자전거 대여)

  09:00~16:00   1인용 일반 5000원, 2인용 1만 원
  010-2695-7125

■ 가파도선착장
■ 가파도상동대합실
● 청보리밭
● 가파도 올레길
■ 가파초등학교
● 낚시&바릇체험
● 가파도 용궁정식

바다 끝과 맞닿은 초록 물결
가파도 청보리밭.

가파도 개발 프로젝트가 진행되고 있어 옛말이 되어 버렸지만, 배가 미어터질 정도로 관광객을 가득 태워 나르는 마라도에 비하면 가파도는 한적했던 섬이었다. 그때도 납작한 섬 자체가 초록빛으로 보일 만큼 청보리로 뒤덮이는 4월에는 청보리축제가 열리곤 했다. 이제는 더더욱 많은 관광객이 찾는 축제가 되어 그 시기 가파도에 들어가는 배를 타기도 쉽지 않을 정도다. 축제는 매년 4월 초부터 5월 초까지 한 달가량 진행된다.

두 다리로 씩씩하게 가파도 한 바퀴
가파도 올레길.

가파도는 전체 면적이 82만㎡쯤 되는 작은 섬으로 올레길도 비교적 짧은 4.3km이다. 배낭 하나 둘러메고 나선 길이라면 산책 삼아 자박자박 걸어볼 만하다. 상동포구를 출발해서 서쪽 해안도로를 지나 가운데 가파초등학교가 있는 마을길을 통과, 동쪽 해안도로를 따라 걸으면 된다. 마을길을 통과하는 올레길 말고 해안길로만 삥 둘러 걸어도 좋다. 한눈을 팔며 걸어도 2시간 정도면 충분하다.

SIGHTS / FOOD

가파도 바다를 즐기는 방법
낚시&바릇체험.

몇 년 전만 해도 가파도를 찾는 이들은 대부분 낚시꾼이었다. 하동 방파제 너머에 낚시꾼들 사이에서 '냉장고 포인트'라고 불리는 두섬 갯바위를 비롯해 물고기들의 입질이 잦은 곳이 많기 때문. 체험 삼아 낚시를 해보고 싶다면 가파리 어촌계에 문의하면 전통 방식의 낚싯대나 릴낚싯대를 빌려준다. 가파도 앞바다에는 보말, 삿갓조개(배말), 거북손, 군벗, 고동 등이 어디에나 널려있다. 체험료를 받지 않기 때문에 마음만 먹으면 누구나 바릇체험을 할 수 있다.

갯것으로 차려낸 거한 한 상
가파도 용궁정식.

⊙ 서귀포시 대정읍 가파로 67번길 7(가파리 71-2) OPEN 10:00~18:00 CLOSE 연중무휴(전화 문의 후 방문 권장) 용궁정식(2인) 2만 6000원, 해물죽 1만 원, 소라볶음밥 1만 원 ☎ 064-794-7089

몇 년 전 〈1박 2일〉 팀이 맛보고 '용궁정식'이라 이름 붙여준 이 집의 백반은 가파도 바닷가에 나가면 누구나 잡을 수 있는 것들이 반찬으로 오른다. 오독오독한 군벗무침, 삶은 거북손, 성게미역국, 삿갓조개전 등 가파도 별미로 상다리가 휘어진다. 안주인의 손맛이 좋아 용궁정식을 맛보려고 일부러 가파도에 들르는 단골도 많다. 민박집도 겸하고 있는데 그녀의 조개 컬렉션이나 소라 껍데기 인테리어도 구경거리.

비양도

〈어린왕자〉에 나오는 코끼리 삼킨 보아뱀의 모습을 닮았다고도 하고, 중절모를 닮았다고도 한다. 맞은편 협재 바다에서 잠깐 헤엄치면 금방이라도 닿을 듯한 비양도는 멀리서 보기에 작아 보이는데 도착해보면 더 작다. 섬 한 바퀴를 빙 돌면 3.5km로 마라도보다 작은 편. 비양도는 섬 전체가 화산박물관이라 할 정도로 화산생태계가 독특하다. 이 섬에서 특히 눈길을 끄는 것은 '애기 업은 돌'로 불리는 용암굴뚝과 국내 유일의 염습지인 펄랑못, 화산탄 등. 〈tvN 어쩌다 어른〉에서 한 과학탐험가에 의해 비양도의 매력이 부각된 데 이어 비양도가 바라보이는 해안 근처에서 촬영한 〈강식당〉 등 매스컴을 통해 그 진면목이 알려지고 있는 중이다.

비양도로 가기

한림항에서 비양도로 가는 배편은 천년호와 비양호 두 신사가 오선 9시부터 1일 4회 출항하며 비양도까지 약 10분가량 소요된다. 여름 성수기에는 마지막 배가 1시간가량 늦어지며 날씨에 따라 출항이 취소되기도 한다. 배 시간을 잘 맞추면 반나절 여행 코스로 괜찮다. 신분증은 필수.

· 한림항 → 비양도(비양도 정기여객선)
  어른 9000원, 어린이 5000원(왕복)
  비양도 천년호 064-796-7522, 비양도 비양호 064-796-3515

SIGHTS

천 년의 섬 반나절 구경
비양도 산책로.

비양도 산책은 걸어서 1시간 남짓. 선착장의 왼쪽부터든 오른쪽부터든 마음 끌리는 대로 돌면 된다. 시멘트로 단장한 해안길을 따라 걸으며 검은 현무암과 어우러진 불그스름한 화산쇄설물이 만든 기암괴석. 바닷물이 바닥으로 스며들어 연못을 이룬 펄랑못. 그리고 아담한 한림초등학교 비양분교도 만난다. 내가 갔을 때는 동네 터줏대감 겸 가이드인 듯한 강아지가 산책길 동무가 되어 주었는데 지금도 그런지 모르겠다. 만나면 안부 좀 전해주시라. 일정이 바쁜 사람은 선착장 앞 슈퍼마켓에 문의하면 자전거를 빌려준다.

비양봉의 정점
비양봉 등대.

입구에서 정상까지 500m쯤 되는 비양봉으로 오르는 길은 경사가 가파른 나무계단으로 이어진다. 점점 오를수록 비양도가 한눈에 들어오고 바다 건너 한림항과 한라산도 보인다. 위쪽으로 올라가면 조릿대가 양쪽으로 호위하듯 서 있는 좁은 길이 나오고 비양봉 정상에 이른다. 자그마한 등대가 있는 정상까지는 20여 분. 숲이 우거져 잘 보이지는 않는 두 개의 분화구도 있다.

천 년 전 이 섬에는 어떤 일이?
비양도 기암.

지금으로부터 천 년 전인 고려 시대에 화산 분출로 형성된 비양도는 제주도에서 가장 늦게 형성된 섬이자 우리나라에서 유일하게 화산 활동 시기가 기록으로 남아 있는 섬이기도 하다. 젊은 화산섬답게 울퉁불퉁하고 동글동글하고 때론 존재의 형상을 한 돌들이 해안가를 따라 천 년 전 그 자리를 지키고 있다. 코끼리바위, 아기 업은 돌 등 특이한 화산지형이 펼쳐져 있는 용암기종군은 비양도만의 볼거리.

비양도를 찾는 또 하나의 즐거움
호돌이식당.

제주시 한림읍 비양도길 284(협재리 3026) OPEN 09:00~15:00 CLOSE 연중무휴 보말죽 1만 원, 보말회무침 2만 원, 보말문어칼국수 1만 원, 보말국 1만 원 064-796-8475

비양도선착장 바로 앞에 있는 호돌이식당은 보말죽으로 유명한 비양도 유일의 맛집이다. 이 보말죽 한 그릇을 먹지 않으면 비양도를 다녀간 것이 아니라 할 정도로 맛있다고 소문났는데, 고소하면서도 진해서 전복죽보다도 맛있다는 이도 있다. 직접 채취해서 만든 갱이볶음과 해초장아찌가 반찬으로 나온다. 산책로를 걷기 전에 미리 주문해놓으면 시간을 절약할 수 있다. 보말죽 외에도 메뉴가 늘어나 보말회무침이나 보말국, 보말문어칼국수도 맛볼 수 있다.

PART 10

한라산

싱싱한 회와 함께 즐기는 한라산 소주도 좋지만 제주를 사랑한다면 한라산에 올라봐야 하지 않을까. 해발 1950m! 그 정상의 백록담을 만나기 위해서는 10시간 가까이 왕복 20km를 오르내리는 수고를 아끼지 말아야 한다. 한라산 등반 코스는 백록담 정상까지 오를 수 있는 성판악, 관음사 탐방로와 남벽분기점까지 오르는 영실, 어리목, 돈내코 탐방로가 있다. 탐방로만 이탈하지 않는다면 급경사 로프 구간이나 위험한 곳은 없지만, 평소 하체부실 운동 부족이라면 단단히 마음먹을 것. 한 걸음 한 걸음 수고한 그대에게 대피소의 컵라면은 진정 축복일지니.

COURSE

사라오름을 품은 정상 코스
성판악 탐방로

성판악 탐방안내소 — 4.1km/1시간 20분 — 속밭대피소 — 1.7km/40분 — 사라오름 입구 — 1.5km/1시간 — 진달래밭대피소 — 2.3km/1시간 30분 — 정상 총 9.6km 4시간 30분 소요

성판악 탐방로는 관음사 탐방로와 더불어 한라산 정상인 백록담까지 오를 수 있는 코스다. 해발 750m의 성판악에서 출발해 속밭대피소와 진달래밭대피소를 경유해 해발 1950m의 백록담까지 오르는 코스로 정상의 백록담과 '작은 백록담'으로 알려진 사라오름의 산정호수를 함께 만날 수 있다. 대부분 숲길로 이어져 있는 이 코스는 한라산 탐방로 중 가장 길고 왕복할 경우 약 20km를 걸어야 하므로 체력 안배를 잘해야 한다. 매점이 있는 해발 1500m 지점의 진달래밭대피소에서부터 2.3km 더 올라야 하는 정상까지는 급격히 가팔라지므로 잠시 쉬어가며 에너지를 비축하자. 나무계단과 경사가 심한 돌계단이 이어져 다리가 팍팍하지만 중간중간 뒤돌아보면 올록볼록한 제주 오름들이 한눈에 보이고 온난화로 인해 눈에 띄게 사라지고 있다는 구상나무 군락을 만난다. 그 정상에는 카메라로도 다 담을 수 없을 만큼 넓은 백록담이 있다.

깊고 웅장한 풍광의 거친 코스

관음사 탐방로.

관음사지구 야영장 → 3.2km/1시간 → 탐라계곡 → 1.7km/1시간 30분 → 개미등 → 1.1km/50분 → 삼각봉대피소 → 2.7km/1시간 40분 → 정상 ◎ 총 8.7km ⓛ 5시간 소요

한라산 등반 코스 가운데 가장 험하지만 계곡이 깊고 산세가 웅장하여 성판악 탐방로와는 판이한 풍경을 보여준다. 관음사에서 백록담까지는 성판악보다는 짧은 8.7km이지만 전체 코스 중 60% 이상이 험한 구간이다. 1km 정도의 구간을 제외한 나머지는 등산 마니아들에게도 만만치 않은 경사 코스. 관음사지구 야영장을 출발해 숲길을 따라 30분 정도 오르다 보면 천연 동굴이자 얼음 창고로 활용했던 구린굴이 나온다. 숯가마터를 지나면 연리지가 많은 탐라계곡과 급경사로 이어지는 탐라계곡대피소가 나온다. 다시 조릿대숲과 소나무숲이 울창한 개미등, 여기서 더 오르면 개미목이다. 삼각봉과 삼각봉대피소를 지나 계곡을 내려가면 용진각계곡을 가로지르는 흔들다리를 만난다. 탐라계곡에서 삼각봉대피소에 이르는 길만큼 가파른 또 하나의 코스가 용진각에서부터 백록담까지 이어진다. 백록담을 지나는 두 탐방로를 모두 경험하려면 비교적 완만한 성판악 탐방로로 올랐다가 절경이 빼어난 관음사 탐방로로 내려오는 코스를 추천한다.

백록담을 대신하는 아기자기한 풍경
영실 탐방로.

📍 영실휴게소 —1.5km/50분→ 병풍바위 —2.2km/40분→ 윗세오름 —2.1km/1시간→ 남벽분기점 총 5.8km 2시간 30분 소요

정상까지 이어진 코스가 아니라 백록담을 볼 수 없지만, 성판악이나 관음사 탐방로에 비해 거리가 짧고 소요시간이 왕복 5~6시간 정도로 크게 무리하지 않으면서 한라산의 맛을 보기에 좋다. 영실 탐방로는 영주 10경 중 하나인 영실기암과 병풍바위가 사계절 볼거리인데 특히 죽기 전에 꼭 가봐야 한다는 겨울 한라산에 오르는 길이 예쁘다. 등반은 영실탐방안내소에서 시작하거나 15인승 이하의 자동차를 타고 영실휴게소로 조금 더 올라가서 그곳에서부터 시작하는 두 가지 방법이 있다. 영실휴게소에서 최종 지점인 남벽분기점까지 5.8km 정도, 대체로 오르기 힘겨운 편은 아니지만 영실계곡에서 병풍바위 정상에 이르는 구간은 매우 가파르다. 헉헉거리며 병풍바위를 지나 윗세오름대피소에서 꿀 같은 컵라면을 먹고 다시 기운을 차려 방애오름 샘을 거쳐 남벽분기점에 오른다. 최종 지점인 남벽분기점에서는 어리목과 돈내코 탐방로로 내려올 수 있다.

COURSE

고른 난이도를 갖춘 대중적인 코스
어리목 탐방로.

어리목 탐방안내소 — 2.4km/1시간 → 사제비동산 — 0.8km/30분 → 만세동산 — 1.5km/30분 → 윗세오름 — 2.1km/1시간 → 남벽분기점 총 6.8km 3시간 소요

백록담 정상까지 오를 수는 없지만 한라산을 찾는 탐방객들이 가장 많이 이용하는 코스다. 내내 다이내믹한 풍경이 펼쳐지며 돈내코와 영실 탐방로로 내려올 수 있다. 해발 970m의 어리목탐방안내소에서 시작하여 1시간가량 올라가면 약 2.4km쯤에서 경사가 가장 가파른 사제비동산이 나온다. 이 구간만 지나면 나머지 구간은 비교적 평탄한 지형이 이어진다.

가파른 구간 없는 무난한 코스
돈내코 탐방로.

돈내코 탐방안내소 — 5.3km/2시간 50분 → 평궤대피소 — 1.7km/40분 → 남벽분기점 총 7km 3시간 30분 소요

서귀포 돈내코유원지에 위치한 해발 500m의 돈내코탐방안내소에서 시작해 썩은물통, 살채기도를 지나고 해발 1450m의 평궤대피소를 거쳐 해발 1600m의 남벽분기점까지 이어진다. 다른 코스에 비해 가파른 구간이 없는 무난한 코스로 어리목과 영실 탐방로로 내려올 수 있다. 어리목과 영실 탐방로에 비해 선호도는 떨어지는 편.

PART 11

올레길

2007년 1코스를 시작으로 제주를 한 바퀴 돌고 우도, 가파도, 추자도 등 부속 섬까지 총 26개의 코스로 이어진 제주 올레길. 총 길이가 무려 서울과 부산 간의 거리에 버금가는 412km에 달한다. 느리게 걸으며 몸과 마음을 치유하고 내가 인생의 주체라는 것, 내 마음을 뜨겁게 만드는 무언가를 찾아보자는 것이 제주 올레의 메시지다. 바다, 마을, 돌담을 따라 상념을 덜어내고 자연과 호흡하며 함께 웃을 수 있는 이 길이야말로 진짜 제주의 속살이다.

올레길 BEST 7

총 26개의 코스로 이루어진 올레길은 다소 짧은 편인 7km 안팎의 코스도 있지만 20km에 육박하는 코스도 있다. 따라서 1코스당 3~4시간 정도 소요되는 경우도 있고 6~7시간 소요되기도 하는데, 그야말로 '놀멍 쉬멍 사진 찍으멍 먹으멍' 하다 보면 두어 시간 정도는 더 추가해야 한다. 요즘에는 굳이 올레길 전 코스를 완주하는 데 의미를 두기보다, 하이라이트 구간만 걷거나 코스 상에서 만나는 미술관에 들르는 등 자유롭게 즐기는 분위기. 올레길과 더불어 중산간 지역의 용눈이오름이나 사려니숲길, 비자림 등을 함께 연결해 걷기도 하고, 코스에서 살짝 벗어나 황우지 해안이나 청수곶자왈, 무릉곶자왈 같은 숨은 비경을 찾아 걷는 것도 큰 재미다. 다만 몇 해 전, 올레길 1코스에서 발생했던 불미스러운 사건을 굳이 떠올리지 않더라도 여자 혼자서 으슥한 길을 걷는 것은 다시 생각해볼 일이다. 간혹 역방향으로 걷는 경우도 있는데 권하지 않는다. 나무나 바닥, 돌에 새겨진 올레길 표식을 찾기 힘들어 길을 헤매는 수가 있기 때문. 제주올레 사이트(www.jejuolle.org)에 방문해 각 코스에 따른 충분한 정보를 알고 출발하는 게 좋고, 이 사이트에서 '올레길 함께 걷기'를 신청하면 자원봉사자와 함께 안전하게 걸을 수 있다. 다음은 직접 걸어보고 저자가 추천하는 '올레길 BEST 7'이다.

올레길

오름과 바다를 함께 즐기는 바당올레
올레길 1코스

♀시흥초교 1.1km, 말미오름 2.3km, 알오름 3.6km, 종달리 옛 소금밭 4.5km, 성산갑문 입구 3.5km, 광치기해변 ⊘총 15km ⏱4~5시간 소요

제주 올레길 1코스는 제주 동쪽의 시흥리에서 시작하여 두 개의 오름에 오르고 성산일출봉 입구를 지나 광치기해변까지 이어진다. 맑은 날 말미오름과 알오름 정상에 오르면 지미봉 우도, 성산일출봉이 한눈에 들어온다. 특히 말미오름 정상에는 시흥리 주민들이 '한반도 언덕'이란 안내석을 세워 놓았는데, 아래쪽을 내려다보면서 한반도 지도 모양의 밭을 찾아보자. 마을 삼거리의 늠름한 팽나무가 인상적인 종달리에는 철새들의 쉼터인 갈대 무성한 저수지와 지금은 갈대숲으로 변해버린 옛 소금밭이 있다. 올레길 1코스의 매력 포인트는 시흥리와 종달리를 이어주는 해안도로다. 그 길에는 바닷가에 빨래처럼 널린 준치가 펄럭이고 있어 한 마리 사서 질겅질겅 씹으며 꼬닥꼬닥 걷기 좋고, 작은 휴게소가 있어 잠시 쉬며 목도 축이고 라면으로 에너지를 충전할 수도 있다. 종달리포구를 지나면 성산갑문과 성산항이 이어진다. 성산일출봉 입구를 지나 바닷길이 이어지고 이윽고 종점인 광치기해변에서 15km의 대장정을 마무리한다.

COURSE

서귀포의 속살을 만지며 걷다
올레길 6코스.

쇠소깍 —2.6km→ 병풍바위 —4km→ 검은여쉼터 —1.5km→ 제주올레안내소 —1.5km→ Ⓐ 서귀포매일올레시장 —3.1km→ 삼매봉 오르는 길 —1.3km→ 외돌개
                                                                    —2.6km→ Ⓑ 천지연폭포 —1.5km→

총 14km 4~5시간 소요

차량 통행이 잦은 도로를 끼고 있기는 하지만 비교적 한적하고 걷기에 무난하다. 테우와 투명카약을 타려는 관광객들로 붐비는 쇠소깍 입구에 올레길 6코스의 시작을 알리는 표지석이 있다. 자리축제로 유명한 보목동의 제지기오름에 오르면 가까이 섶섬, 문섬, 범섬, 지귀도와 포구를 품은 마을이 한눈에 들어오고, 이들 섬을 벗삼아 바다를 끼고 걷는 작은 숲길이 이어진다. 숲길을 벗어나면 중간 지점인 하수처리장이다. 검은여쉼터를 끝으로 바닷가 산책길은 이제 서귀포칼호텔과 파라다이스호텔로 인해 더 이상 전진할 수 없다. 소정방폭포를 지나 제주올레안내소에서 올레 패스포트를 구입한다. 근처에는 작가의 산책길과 쉬어갈 수 있는 정자가 있어 포장해온 김밥을 먹는다. 정방폭포가 있고 근처에 잠시 들러 그림 구경하기 좋은 왈종미술관에도 들른다. 정방폭포 옆의 서복전시관에서부터는 서귀포매일올레시장을 돌아볼 수 있는 A코스와 천지연폭포 쪽으로 가는 B코스로 갈라진다. B코스를 선택하니 이중섭을 테마로 조성한 자구리공원을 비롯해 서귀포잠수함을 탈 수 있는 서귀포항, 새연교와 새섬 등 한눈팔기 좋은 포인트가 즐비하다. 총 14km에 이르는 6코스는 외돌개 제주올레안내소에서 스탬프를 찍으며 마무리한다.

COURSE

변함없는 인기, 국민 올레
올레길 7코스.

♀ 외돌개 5.6km ▸ 법환포구 2km ▸ 서건도 앞 5.2km ▸ 월평포구 1.9km ▸ 월평마을 아왜낭목 ⊘ 총 15.5km ⊕ 4~5시간 소요

올레길 가운데 가장 인기 있어 '국민 올레길'이라 부르는 7코스는 외돌개 주차장에서부터 출발한다. 유독 기념 샷을 날리는 중국인 관광객들이 많은 이곳은 사실 외돌개보다는 계단을 내려가면 나오는 황우지가 압권이다. 마치 터키 파묵칼레의 하얀 온천 지대를 보는 듯한 천연탕이 여러 개. 여름이면 제주 최고의 스노클링 포인트로 꼽히는 이곳을 모르고 그냥 지나가면 섭섭하다. 문섬과 범섬을 감상하며 바닷길을 걷다 보면 7코스의 하이라이트인 대륜동 해안 올레로 접어든다. 언젠가 태풍이 몰려오기 직전에 '미친 바다'가 보고 싶어 이곳을 찾은 적이 있었는데 과연 기대를 저버리지 않았다. 탁 트인 바다의 장쾌한 파도를 감상하며 할머니가 끓여주는 해물라면 한 그릇을 먹는다. 식후에는 법환포구의 제스토리에 들러 문섬, 섶섬, 범섬이 펼치는 기막힌 풍경을 감상하며 감성 소품을 구경한다. 하루 두 번 길이 열린다는 서건도 근처를 지나갔으나 물때가 맞지 않아 그냥 지난다. 돌로 만든 다리 장식이 독특한 악근천을 따라 걷다 보면 좁은 오솔길로 접어드는데 그 끝에는 풍림콘도와 빨간 우체통이 있는 바닷가 우체국이 있어 한참 사진놀이를 한다. 씁쓸한 마음을 금할 수 없는 강정포구 해군기지 공사장과 월평포구를 지나 월평마을 아왜낭목에서 여정을 마무리한다.

COURSE

올레길 473

COURSE

버라이어티한 재미
올레길 8코스.

🚩 월평마을 아왜낭목 1.2km 약천사 1.5km 대포포구 1.9km 주상절리안내소 8.4km 예래생태공원 2.3km 논짓물 3.5km 대평포구 ⊘ 총 18.8km ⏱ 5~6시간 소요

8코스는 월평마을에서 출발해 대평마을에서 끝난다. 동양 최대의 법당으로 8만 불상을 모신 약천사에 들르고 유난히 많은 감귤밭을 지나고 대포포구도 지난다. 발걸음은 바닷속에 육각 철심을 박아놓은 듯한 대포주상절리가 보이는 포인트에서 멈춘다. 이 길에선 굳이 입장료를 내지 않아도 주상절리의 전경을 볼 수 있다. 하얏트호텔과 씨에스호텔 정원 앞의 해안 데크길을 따라 걷는다. 중문색달해변에서는 잠시 신발을 벗고 모래사장을 걸으니 발의 피로가 가시는 듯하다. 올레길을 따라 중문관광단지 쪽으로 접어들기 전에, 하얏트호텔 계단으로 내려가면 수직절벽이 아찔하게 올려다보이는 갯깍주상절리를 만난다. 해병대 길에는 낙석 위험이 있어 출입을 통제한다는 동굴이 있는데 하지 말라니 더 하고 싶어지는 건 인지상정. 낙석 위험을 무릅쓰고 동굴에 들어가봤는데 사실 별로 볼 게 없다. 중문관광단지를 지나 중문컨트리클럽을 끼고 다시 바닷가 쪽으로 내려오면 논짓물로 접어든다. 해수와 담수가 만나 형성된 자연산 익스트림 파도풀인 논짓물은 여름철 더위를 식히기 좋은 포인트. 8코스의 마무리는 박수기정이 우뚝 서 있는 바닷가 마을 대평리. 대평리의 골목을 걸으며 예쁜 카페에서 커피 한 잔, 혹은 마을 안쪽의 맛집에서 식사도 좋겠다.

COURSE

올레길 475

COURSE

제주의 자연과 역사가 담긴
올레길 10코스.

📍 화순금모래해변 2.5km 산방연대 1.3km 사계포구 3.4km 송악산 4km 섯알오름 2.6km 하모해수욕장 1.7km 모슬포 하모체육공원 ⊘ 총 14.8km ⏱ 4~5시간 소요

2016년 6월까지 1년간의 휴식년을 끝내고 다시 올레꾼을 맞이하는 10코스는 7코스와 쌍벽을 이루는 인기 코스. 주상절리, 오름, 지질명소, 해식동굴, 선사유적, 일제강점기의 군사유적에 이르기까지 제주의 자연과 역사에 관련된 볼거리가 숨 돌릴 틈 없이 계속 이어진다. 10코스의 출발점은 워터슬라이드가 있는 담수풀장과 파라솔이 자못 이국적인 분위기를 연출하는 화순금모래해변. 바닷길을 따라 걷다 보면 ATV 체험장이 나오고 산방연대 아랫길로 이어진다. 하멜상선 전시관이 있는 용머리해안과 사계포구 사이의 설쿰바당 해변길로 접어든다. 사계포구에서부터 송악산까지 3km가량 이어지는 형제해안로는 제주 최고의 해안드라이브 코스이자 눈부시게 푸른 바다와 바람을 맞으며 걷기 황홀한 길. 그 중간쯤 해변의 갯바위로 나가면 1만5000년 전의 사람과 동물 발자국 화석이 발견된 유적지다. 유난히 드센 바람을 맞으며 송악산에 오른다. 마라도와 가파도, 한라산과 산방산. 알뜨르비행장 터와 모슬포항까지 한눈에 들어온다. 제주 4·3 유적지인 섯알오름과 알뜨르비행장 터를 지나면 인적이 뜸한 하모해수욕장, 그리고 10코스의 종점인 모슬포 하모체육공원에 다다른다.

COURSE

올레길 477

COURSE

손바닥 선인장과 제주 최고의 바다를 만나는
올레길 14코스

저지예술정보화마을(웃뜨락센터) 2.4km 큰소낭숲길 3km 굴렁진숲길 4.8km 월령선인장군락지 4.4km 협재해수욕장&금능으뜸해변 4.3km 한림항 총 19km 6~7시간 소요

제주 서부 내륙의 중산간에서 시작해 제주에서 물빛 예쁘기로 둘째가라면 서러운 바닷길로 이어지는 올레길. 저지예술정보화마을의 웃뜨락센터에서 출발하여 월령리까지 저지고망숲길, 큰소낭숲길, 굴렁진숲길 등 꽤나 긴 숲을 지나게 되고, 코스의 중간 지점에 다다라서야 비로소 바닷길이 열린다. 코스가 상당히 긴 편이라 6~7시간 정도 소요되는데, 월령선인장군락지와 협재해수욕장&금능으뜸해변 외 나머지 구간에서 특별한 볼거리가 별로 없는 편. 그래서 14코스 전체를 걷기보다 월령선인장군락지에서부터 협재해수욕장&금능으뜸해변 구간만 걷는 이들도 많다. 월령선인장군락지는 올레길이 생기기 전 우연히 들렀었는데, 그리스나 터키에서 많이 보던 종류의 손바닥 닮은 선인장을 제주에서 만나 놀라웠다. 멕시코에서 '노팔'이라고 부르는 손바닥 선인장이 해류를 타고 우리나라에 상륙한 것이라는데, 그 열매는 건강식품이나 음식의 재료로 애용되고 있다. 14코스에서 조금 더 안쪽으로 들어가는 14-1코스에는 아직도 숨은 비경이라 할 만한 청수곶자왈 숲길이 있다. 봄이면 백서향의 향기가 숲속에 진동하고 한여름이면 반딧불이의 군무를 볼 수 있다. 아무도 모르게 혼자서만 간직하다 살짝 귀띔해주는 '비밀의 숲'이다.

COURSE

올레길

제주에서 가장 핫한 바람의 길
올레길 20코스

김녕 서포구 6.9km 월정리해변 4.1km 좌가연대 2.3km 계룡동 마을회관 2.1km → 뱅듸길 1.2km 세화오일장 0.8km 해녀박물관 ◎ 총 17.3km ⊙ 5~6시간 소요

'바람의 길'로 불리는 20코스는 제주 동쪽의 김녕 서포구를 출발해 하도리의 해녀박물관까지 걷는다. 김녕 마을에는 해녀와 바다를 모티브로 제작한 금속공예벽화 30여 점이 설치되어 있어 천천히 둘러본다. 구좌농공단지 옆길로 들어서면 광어 양식을 하는 수산업체들이 모여 있고 방파제 끄트머리부터는 월정리다. 카페와 음식점, 숙소들이 월정리해변부터 행원리까지 이어진다. 바람이 많은 곳답게 해안을 따라 줄지어 서 있는 풍력발전기가 이국적인 풍광을 선사한다. 이 길은 제주에서도 손꼽히는 최고의 해안드라이브 길 중 하나. 길은 다시 마을 안쪽으로 접어들어 한참을 마을길로만 걷다가 한동리 환해장성 부근부터 평대해수욕장을 지나 종점에 이르기까지 계속 바닷길로 이어진다. 벨롱장이 열리는 세화항을 지나면 곧바로 세화오일장. 운 좋게 장이 서는 날이라 감귤도 사고 튀김, 떡볶이로 요기하고 종점인 해녀박물관까지 내쳐 걷는다. 바닷길과 마을길을 번갈아가며 걷는 20코스는 험한 길 없이 자분자분 걷기에 좋고 특히 바닷길을 따라 걷는 것이 로맨틱하다. 곳곳의 뷰가 멋져 사진찍기에도 물론 좋다.

COURSE

올레길

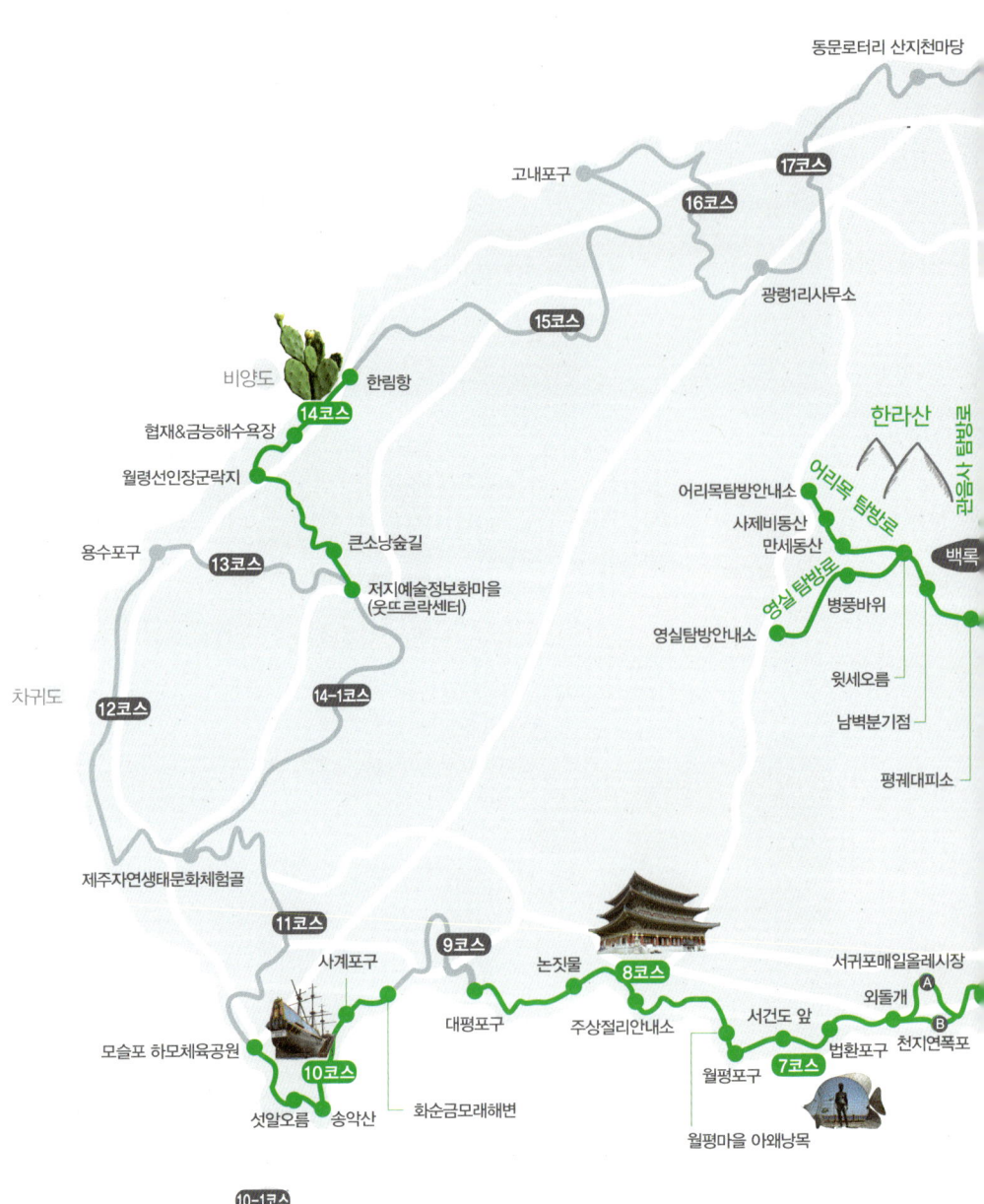

한라산 · 올레길 지도

요즘 제주

개정 5판 1쇄 인쇄 2021년 6월 1일
개정 5판 1쇄 발행 2021년 6월 10일

지은이 염관식, 옥미혜

발행인 양원석 **편집장** 최혜진
영업마케팅 윤우성, 박소정

펴낸 곳 (주)알에이치코리아
주소 서울시 금천구 가산디지털2로 53 한라시그마밸리 20층
편집 문의 02-6443-8892 **도서 문의** 02-6443-8800
홈페이지 http://rhk.co.kr
등록 2004년 1월 15일 제2-3726호

ⓒ 염관식, 옥미혜 2021

ISBN 978-89-255-8841-4(13980)

※이 책은 (주)알에이치코리아가 저작권자와의 계약에 따라 발행한 것이므로
  본사의 서면 허락 없이는 어떠한 형태나 수단으로도 이 책의 내용을 이용하지 못합니다.
※잘못된 책은 구입하신 서점에서 바꾸어 드립니다.
※책값은 뒤표지에 있습니다.